# Lo que dicen sobre este libro...

## Fernando Martínez Heredia

"Análisis y exposición detallada de las concepciones desarrolladas por el Che en el curso de sus actividades de dirección económica en los primeros años de nuestra revolución. Explicado con rigor y abundancia de fragmentos de textos e intervenciones del propio Che, el libro permite al lector valorar aquel esfuerzo revolucionario de pensar y hacer en el comienzo de la transición al socialismo y al comunismo".

Fundador y director de la revista *Pensamiento Crítico*
Autor de *Che, el socialismo y el comunismo*
TOMADO DEL PRÓLOGO A LA PRIMERA EDICIÓN

## Elier Ramírez

"Muy poco se había publicado de la propia obra del Che hasta la aparición del libro pionero de Tablada. Para el Che, la meta no era solo crear una nueva sociedad como antípoda de la sociedad capitalista, sino crear seres humanos distintos. El Che colocaba al hombre en el centro, como actor consciente de la historia. El libro se convirtió en una referencia obligada en Cuba a partir de 1986 con el Proceso de Rectificación dirigido por Fidel. El Che vino nuevamente a combatir junto a nosotros las deformaciones que solo podían conducirnos hacia el capitalismo".

Subdirector del Centro Fidel Castro Ruz, La Habana
TOMADO DE LA PRESENTACIÓN DE LA EDICIÓN CUBANA DE 2019

## Celia Hart Santamaría

"Algún día, cuando se cuente la historia del socialismo, habrá que colocar en sitio de honor el Proceso de Rectificación, concebido e iniciado por Fidel Castro. Y el mejor guión para eso será este libro de Carlos Tablada".

Escritora y periodista cubana<br>TOMADO DEL PRÓLOGO A LA EDICIÓN CUBANA DE 2005

## Néstor Kohan

"Cuando el Che Guevara advertía que, por el callejón sin salida del mercado y sus 'armas melladas', los países del Este europeo terminarían regresando al capitalismo, el asunto no era tan evidente. ¿Cómo pudo darse cuenta? En la explicación del pensamiento del Che que nos proporciona el libro de Carlos Tablada encontraremos las pistas para hallar la respuesta".

Autor de Ernesto Che Guevara: Otro mundo es posible<br>TOMADO DEL PRÓLOGO A EDICIÓN ARGENTINA DE 2004

## Aurelio Alonso

"Este libro es el resultado del trabajo de tantos años sobre un tema que nadie había tenido la audacia de abordar así. Siempre va a ser una pieza imprescindible para adentrarnos en la historia de lo que Cuba ha aportado al socialismo".

Autor del libro Iglesia y política en Cuba revolucionaria<br>TOMADO DEL PRÓLOGO DE LA EDICIÓN CUBANA DE 2004

# CHE GUEVARA sobre ECONOMÍA y POLÍTICA en la TRANSICIÓN al SOCIALISMO

**CARLOS TABLADA**

**PATHFINDER**
*Nueva York   Londres   Montreal   Sydney*

Editado por Mary-Alice Waters y Steve Clark

Edición en español: Martín Koppel

Copyright © 1987 por Carlos Tablada con el título *El pensamiento económico de Ernesto Che Guevara*

Copyright © 1997, 2024 por Carlos Tablada y Pathfinder Press
All rights reserved. Derechos reservados conforme la ley.

ISBN 978-1-60488-125-7
Número de Control de la Biblioteca del Congreso (Library of Congress Control Number) 2023952296
Impreso y hecho en Canadá.
Manufactured in Canada.

Primera edición, 1997
Segunda edición, 2024
Tercera impresión, 2025

DISEÑO DE LA PORTADA Y DEL LIBRO: Toni Gorton

FOTO DE LA PORTADA: Che Guevara visita recién nacionalizada planta procesadora de níquel en Nicaro, en el oriente de Cuba, enero de 1961. El mes siguiente Guevara fue nombrado Ministro de Industrias. (Alberto Korda)

**PATHFINDER**
pathfinderpress.com
Correo electrónico: pathfinder@pathfinderpress.com

# Tabla de materias

*Ernesto Che Guevara*     9

*Carlos Tablada*     11

**Nota editorial a la edición de 2024**
   *Mary-Alice Waters*     13

**Prefacio**
   *Mary-Alice Waters*     19

**Las ideas del Che son de una vigencia absoluta**
   *Fidel Castro*     41

*Sección de fotos después de la página 76*

## PRIMERA PARTE

**El sistema de dirección de la economía en el socialismo: cuestiones teóricas y metodológicas en el pensamiento de Che**

   CAPÍTULO 1   El sistema de dirección económica y sus categorías     79

   CAPÍTULO 2   El concepto marxista de la política como la expresión concentrada de la economía y su importancia para la dirección de la economía en el socialismo     113

   CAPÍTULO 3   La correlación entre el Sistema Presupuestario de Financiamiento y el Cálculo Económico en la dirección de la economía socialista     121

## SEGUNDA PARTE

**El sistema de dirección de la economía en la primera etapa de la construcción del socialismo en Cuba**

   CAPÍTULO 4   El surgimiento del Sistema Presupuestario de Financiamiento     147

CAPÍTULO 5  La planificación como función
   principal de dirección en la economía socialista    163

CAPÍTULO 6  El papel del dinero, la banca y los precios    187

CAPÍTULO 7  El intercambio desigual    221

CAPÍTULO 8  Che y el trabajo voluntario    243

CAPÍTULO 9  El sistema de incentivación    253

CAPÍTULO 10  Los problemas de dirección,
   organización y gestión de la producción social
   en el Sistema Presupuestario de Financiamiento    299

CAPÍTULO 11  La política de cuadros: la dirección
   política y el desarrollo del personal
   administrativo y técnico    309

CONCLUSIONES    319

*Notas*    339

*Índice*    369

# Ernesto Che Guevara

**Ernesto Che Guevara** nació el 14 de junio de 1928 en Rosario, Argentina. Antes y después de recibirse de médico en 1953, viajó por toda América Latina. En 1954, mientras vivía en Guatemala, participó en luchas políticas, oponiéndose a los intentos de la CIA de derrocar al gobierno de Jacobo Arbenz. Al ser depuesto Arbenz, Guevara se escapó a México. Ahí, durante el verano de 1955, fue escogido por Fidel Castro como tercer miembro confirmado de la fuerza expedicionaria que el Movimiento 26 de Julio estaba organizando para derrocar al dictador Fulgencio Batista.

A fines de noviembre de 1956, los 82 expedicionarios, entre ellos Castro y Guevara, zarparon de Tuxpán, México, a bordo del yate *Granma*. El 2 de diciembre las fuerzas rebeldes desembarcaron en la costa sur de Cuba, en la provincia de Oriente, para iniciar la guerra revolucionaria desde la Sierra Maestra. Médico de la tropa, Guevara luego fue nombrado comandante de la segunda columna del Ejército Rebelde (la Columna número 4) en julio de 1957. A fines de agosto de 1958, él dirigió la Columna número 8 hacia la provincia de Las Villas, en la región central del país. La campaña de Las Villas culminó el 31 de diciembre de ese año con la toma de Santa Clara, la tercera ciudad de Cuba, lo cual decidió el fin de la dictadura.

Después de que cayó Batista el 1 de enero de 1959, Che

desempeñó diversas responsabilidades en el nuevo gobierno revolucionario, incluso como presidente del Banco Nacional y ministro de industrias, mientras seguía ejerciendo sus responsabilidades como oficial de las fuerzas armadas. Con frecuencia representó a Cuba en el ámbito internacional, tanto en Naciones Unidas como en otros foros mundiales. Como dirigente del Movimiento 26 de Julio, contribuyó al reagrupamiento que llevó a la fundación del Partido Comunista de Cuba en octubre de 1965.

A principios de 1965 Guevara renunció a sus cargos en el gobierno y el partido, incluidos su grado y responsabilidades militares, y salió de Cuba para regresar a Sudamérica e impulsar las luchas antiimperialistas y anticapitalistas que se iban intensificando en varios países. Junto a un grupo de voluntarios que posteriormente lo acompañarían a Bolivia, Che fue primero al Congo, donde ayudó al movimiento antiimperialista fundado por Patricio Lumumba. De noviembre de 1966 a octubre de 1967, encabezó una guerrilla en Bolivia contra la dictadura militar de ese país. Herido y capturado por el ejército boliviano el 8 de octubre de 1967 en un operativo organizado por la CIA, Guevara fue asesinado al día siguiente.

# Carlos Tablada

**Carlos Tablada**, nacido en La Habana en 1948, estudió y enseñó en el Departamento de Filosofía de la Universidad de La Habana de 1967 a 1971, donde formó parte del círculo que apoyaba la revista de debate marxista *Pensamiento Crítico*. Obtuvo las licenciaturas de filosofía (1970) y sociología (1974) de la Universidad de La Habana, y su doctorado en ciencias económicas en 1986 de la Academia de Ciencias de la Unión Soviética. Ha impartido seminarios y cursos de máster y doctorados en 155 universidades alrededor del mundo.

Entre 1976 y 2008 trabajó en dos dependencias de la secretaría del Consejo de Estado de Cuba, encabezado durante esos años por Fidel Castro. Una de ellas fue la empresa estatal EMPROVA, fundada por la dirigente revolucionaria Celia Sánchez. Enfocada en el diseño y construcción industrial, EMPROVA fue uno de los medios empleados por Fidel para movilizar a los trabajadores a fin de responder a necesidades sociales no contempladas en el plan económico existente, por ejemplo, la rápida construcción de salas de terapia intensiva para hospitales pediátricos durante la epidemia de dengue hemorrágico en 1981. Tablada fue el director económico de EMPROVA de 1976 a 1991.

Tablada también ha trabajado en el Centro de Investigaciones de la Economía Mundial (CIEM), con sede en La

Habana, y el Centro Tricontinental en Bélgica. Es miembro de la Unión Nacional de Escritores y Artistas de Cuba (UNEAC).

En 1987 Tablada recibió el Premio Extraordinario de la institución cultural cubana Casa de las Américas, que publicó la primera edición de este libro con el título *El pensamiento económico de Ernesto Che Guevara*. Desde entonces el libro se ha publicado en 11 idiomas y 46 ediciones y se han impreso más de 600 mil ejemplares.

Tablada ha expuesto sobre el pensamiento económico de Che Guevara y la Revolución Cubana en unos 35 países a través de cinco continentes, en eventos auspiciados por organizaciones sindicales, sociales, culturales y religiosas así como organismos de gobiernos.

Autor de una veintena de libros y decenas de artículos, su obra más reciente es el segundo tomo de *La historia de la banca en Cuba*.

# Nota editorial a la edición de 2024

MARY-ALICE WATERS

*Yo lo que pido modestamente es que el pensamiento económico del Che se conozca. Se conozca aquí, en América Latina, en el mundo: en el mundo capitalista desarrollado, en el Tercer Mundo, en el mundo socialista.*

*El autor de este libro recopiló, estudió y presentó la esencia de las ideas económicas del Che, recogidas de muchos artículos y discursos sobre una cuestión tan decisiva para la construcción del socialismo.*

FIDEL CASTRO
*La Habana, 8 de octubre de 1987*

Este libro de Carlos Tablada, *Che Guevara sobre economía y política en la transición al socialismo*, recurre a una amplia gama de textos y discursos de Guevara que han estado disponibles públicamente solo desde años recientes.

Por esa obra Tablada recibió el Premio Extraordinario de 1987 de la destacada institución cultural cubana Casa de las Américas. Ese año se publicó la primera edición cubana con el título *El pensamiento económico de Ernesto Che Guevara*.

Las ediciones iniciales, incluida la de Pathfinder de 1997, citaron extensamente los escritos y transcripciones de Guevara que estaban publicados. En el caso de obras de Che que aún eran inéditas, Tablada las citó sin usar comillas, una condición para que él pudiera publicar el libro con estos materiales en 1987. Entre 2006 y 2016, todas estas obras fueron publicadas en Cuba, y las ediciones posteriores del libro han citado a Che directamente, con las comillas.

Con esta edición de Pathfinder de 2024 —publicada en español, inglés y próximamente en francés— se da otro importante paso adicional, haciendo de esta obra de Tablada una presentación aún más valiosa y confiable del pensamiento de Che Guevara. Por primera vez, el lector encontrará aquí no solo las propias palabras de Che, sino la fuente publicada para cada cita, incluidas las de los escritos antes inéditos. Estas fuentes son la edición en siete tomos de los escritos de Che publicada por la Editorial José Martí entre 2013 y 2016, y *Apuntes críticos a la economía política* del Centro de Estudios Che Guevara, editado en 2006.

También, por primera vez, se incluyen notas al pie con fragmentos del manual soviético de economía política —publicados en *Apuntes críticos*— a los que Che se refiere frecuentemente, para que el lector pueda comprender más claramente los planteamientos contra los cuales él estaba polemizando. Che jocosamente llamaba este y otros manuales publicados en Moscú "los ladrillos soviéticos".

Carlos Tablada comenzó a trabajar en este libro en 1969 y completó el manuscrito en 1984. Pero de ahí a la publicación del libro no faltaron los obstáculos.

Todavía en los últimos meses de 1987, algunos individuos con cargos importantes en Cuba que apoyaban las políticas soviéticas antimarxistas de dirección económica —las cuales Che rechazaba abiertamente— estaban intentando impedir que se publicara el libro. Tablada describió esta resistencia a la periodista cubana

Arleen Rodríguez Derivet en una entrevista publicada en julio de 2019 en la publicación digital *CubaDebate*.[1]

Fue necesaria la intervención política directa del dirigente revolucionario Fidel Castro —que había leído el manuscrito inédito de Tablada— no solo para asegurar que el libro del pensamiento de Che Guevara se publicara sino para promover el libro y fomentar su lectura y estudio en Cuba y a nivel mundial.

"Había compañeros que no querían que mi libro se presentara" en el congreso de la Asociación de Economistas de América Latina y el Caribe celebrado en noviembre de 1987 en el Palacio de Convenciones de La Habana, dijo Tablada a Rodríguez. Pero a insistencia de Fidel, quien habló en la clausura del evento, no solo fue presentado sino que fue entregado de forma gratuita a todos los asistentes.

En su discurso del 8 de octubre de 1987 por el vigésimo aniversario de la muerte de Guevara en combate, Castro destacó que el autor del libro había presentado claramente el pensamiento económico de Che, aún "bastante ignorado en nuestro país", ideas "verdaderamente profundas, valientes, audaces, que se apartaban de muchos caminos trillados". El discurso completo de Fidel Castro aparece en estas páginas.

Unas semanas más tarde, al hablar ante una conferencia estudiantil internacional, Castro instó a que el libro fuera traducido: "por lo menos al inglés", recalcó, y también al francés, portugués, árabe, ruso y otros idiomas.

Como dijo Tablada a Arleen Rodríguez, Fidel en su discurso de octubre de 1987 "hace un llamamiento a nuestro pueblo y al mundo a hacer un estudio del pensamiento del Che. Hace una crítica de todo el proceso de implantación del sistema soviético en Cuba y dice lapidariamente: *Si el Che hubiese estado aquí, nos hubiera dicho: ¡Yo lo dije! ¡yo lo advertí!*" Y Fidel, de forma tajante, describió las consecuencias destructivas de esa trayectoria burocrática para el pueblo trabajador cubano.

"El Che llega, no solo a pronosticar sino a demostrar por qué la Unión Soviética y el campo socialista, iban al capitalismo, iban a desaparecer," dijo Tablada. "Esa es una gran 'herejía'".

Esta nueva edición mantiene el prefacio escrito para la edición de Pathfinder de 1997. Este, junto con el discurso de Fidel Castro de 1987, sitúan la perspectiva económica y política de Che Guevara en la trayectoria proletaria revolucionaria e internacionalista dirigida por Fidel Castro y los cuadros del Ejército Rebelde y del Movimiento 26 de Julio. Ambos textos dedican especial atención a los aportes políticos que las ideas de Che significaron para lo que llegó a conocerse en Cuba, casi dos décadas después de su muerte, como el Proceso de Rectificación.

Iniciado y conducido por Fidel Castro, el Proceso de Rectificación potenció y movilizó directamente la actividad, confianza y conciencia política de la clase trabajadora y los productores rurales en la planificación de las prioridades sociales y la organización de la producción y del trabajo. Restauró el papel políticamente decisivo del trabajo voluntario en la transición al socialismo. Fue un viraje decisivo contra la creciente tendencia en Cuba durante más de una década de basarse en burocráticos métodos soviéticos de planificación y administración. Un viraje contra lo que Fidel en su discurso de 1987 calificó como "ese período bochornoso en la construcción del socialismo", dominado crecientemente por "los mercachifleros, los capitalistas de pacotilla, los que tienen fe ciega en los mecanismos y en las categorías del capitalismo".

La renovada confianza que el pueblo trabajador cobró durante los breves años del Proceso de Rectificación hizo posible y a la vez se vio reforzada por la culminación victoriosa de la misión internacionalista cubana en Angola y África austral a finales de los años 80. Esa misión voluntaria, que duró 16 años, no solo ayudó a Angola a defender su soberanía nacional contra repetidas invasiones sudafricanas apoyadas por Washington, sino que aceleró el derrocamiento del sistema del apartheid y aseguró la independencia nacional de Namibia.

Esta vitalidad proletaria revolucionaria fortaleció la capacidad de los cubanos de sobreponerse a la profunda crisis económica de los años 90, llamada "el Período Especial", que comenzó tras el abrupto desplome del comercio y las relaciones financieras con los regímenes antiobreros estalinistas en la Unión Soviética y Europa Oriental y Central.

Fidel Castro mantuvo su compromiso con la trayectoria de Che Guevara por el resto de sus días. En una entrevista que concedió al periodista Ignacio Ramonet en los primeros años de este siglo, publicada como libro con el título *Cien horas con Fidel*, respondió a la pregunta de cuál era su posición sobre los debates y las trayectorias alternativas que Tablada explica en estas páginas.

"Me gustaban más las ideas del Che en torno a la forma de construir la economía", dijo Fidel, porque eran "muy afines a nuestro modo de vida guerrillero en las montañas. Me agradaba más la apelación moral del Che, francamente".

Pathfinder está seguro de que hoy día muchos lectores compartirán la convicción expresada por Fidel Castro, cuando se publicó el libro por primera vez, de que las ideas de Che "son de una vigencia absoluta".

*ENERO DE 2024*

# Prefacio

MARY-ALICE WATERS

*La lucha contra el imperialismo, por librarse de las trabas coloniales o neocoloniales, que se lleva a efecto por medio de las armas políticas, las armas de fuego o combinaciones de ambas, no está desligada de la lucha contra el atraso y la pobreza. Ambas son etapas de un mismo camino, que conduce a la creación de una sociedad nueva, rica y justa.*

*Es imperioso obtener el poder político y liquidar a las clases opresoras. Pero después hay que afrontar la segunda etapa de la lucha, que adquiere características, si cabe, más difíciles que la anterior.*[1]

CHE GUEVARA
*Argel, febrero de 1965*

*El Che creía en el hombre. Y si no se cree en el hombre, si se piensa que el hombre es un animalito incorregible, capaz de caminar solo si le ponen hierba delante, si le ponen una zanahoria o le dan con un garrote: quien así piense, quien así crea, no será jamás revolucionario, no será jamás socialista, no será jamás comunista.*[2]

FIDEL CASTRO
*La Habana, octubre de 1987*

Ernesto Che Guevara, actuando como parte de la dirección central de la Revolución Cubana, se empeñó en los años 50 y 60 en ayudar a que la vanguardia de la clase trabajadora diera respuesta a los problemas que siguen siendo los más apremiantes de nuestra época.

LAS NOTAS COMIENZAN EN LA PÁGINA 339

Guevara trazó una perspectiva para librar al mundo del sistema capitalista, con todos sus horrores, y abrir el camino para que los trabajadores y trabajadoras inicien una transición hacia una sociedad más justa y humana, una sociedad socialista, transformándose al hacerlo. Esa trayectoria definió cada uno de sus actos como ente político consciente.

Al igual que los jóvenes fundadores del movimiento comunista moderno, Che estaba profundamente convencido —y actuó a partir de su convicción— de que "la revolución es necesaria, no solo porque la clase *dominante* no puede ser derrocada de otra manera, sino también porque es solo mediante una revolución que la clase *derrocadora* logrará salir del cieno en que se hunde y volverse capaz de fundar la sociedad sobre nuevas bases".[3]

Che murió en la sierra boliviana en 1967, luchando para crear las condiciones de las cuales podría surgir el liderazgo de un movimiento a nivel latinoamericano de trabajadores y campesinos. Un liderazgo capaz de ganar las batallas por la reforma agraria y la independencia frente a la dominación imperialista, y de iniciar la revolución socialista.

Sin embargo, a Che no le resultaría ajeno el mundo de hoy. La agudización de los conflictos comerciales y financieros entre las potencias imperialistas y las crisis económicas, el desempleo y la devastadora inflación que enfrentan los trabajadores en todas partes, y el tronar de los cañones de las potencias imperialistas, que descargan las primeras salvas de la Tercera Guerra Mundial, desde Iraq a Yugoslavia: esta mortífera lógica histórica del capitalismo continúa desenvolviéndose. Han cambiado los detalles pero no han cambiado las bases de ese mundo para cuya transformación Guevara se esforzó por dirigir al pueblo trabajador.

Salvo una modificación importante: el imperialismo hoy día está más débil, más vulnerable, y la clase trabajadora representa un mayor porcentaje de la población del mundo. Ahora hay más en juego.

Asimismo, el desmoronamiento de los regímenes y partidos burocráticos de Europa Oriental y la Unión Soviética, que culminó en 1989–91, tampoco le habría resultado impensable a Che. A pesar de la grata ayuda que Cuba recibía del bloque soviético, Guevara era uno de los dirigentes cubanos que estaban más conscientes de que la política económica, social y política de los dirigentes de aquellos estados era ajena al rumbo proletario e internacionalista trazado en Cuba. El presidente cubano Fidel Castro abordó este hecho al hablar ante un encuentro de la Unión de Jóvenes Comunistas de Cuba en abril de 1997. Aludiendo a los hechos acontecidos en los países del bloque soviético a principios de los años 90, señaló que casi 40 años antes, "nadie se habría podido imaginar" lo que ocurriría allá. Pero "tuvimos un adivino entre nosotros, y ese adivino fue el Che", dijo Castro.[4]

Durante muchas décadas, alrededor del mundo, la gran mayoría de los que se reclamaban comunistas habían promovido los métodos que se usaban en todos los países del bloque soviético, con una u otra variante, para organizar la producción, la distribución, el trabajo y la planificación, afirmando que era la única vía para pasar del capitalismo al socialismo. Pero la historia ya ha pronunciado su veredicto sobre el llamado modelo soviético. Los sistemas de planificación y administración en la URSS y los países de Europa Oriental —y la organización del trabajo que los subyacía— estaban *alejando* a estos pueblos del socialismo, y no acercándolos.

La alternativa a ese rumbo, la perspectiva impulsada en Cuba por la dirección central durante los primeros años de la revolución —y que Ernesto Che Guevara colocó sobre las bases teóricas más firmes— es el tema de este libro. Hoy los luchadores revolucionarios en todo el mundo la estudiarán con aún más interés a la luz del veredicto histórico que el propio Che no pudo presenciar.

Después de Fidel Castro, dirigente histórico de las fuerzas revolucionarias cubanas a partir de 1953, Ernesto Che Guevara fue el dirigente más conocido de la revolución en los primeros años. Como dijo posteriormente Castro al rendirle homenaje a Guevara, aquellos fueron años cuando "[estábamos] habituados a convertir lo imposible en posible".[5]

Guevara era argentino de nacimiento. Egresado de la escuela de medicina en Buenos Aires en 1953, conoció a Fidel Castro en México en julio de 1955 e inmediatamente aceptó integrarse al Movimiento 26 de Julio y sumarse a la fuerza expedicionaria que Castro estaba organizando para lanzar una guerra revolucionaria contra la dictadura de Fulgencio Batista apoyada por Washington.

Guevara, apodado "Che" por sus compañeros cubanos, inicialmente fue reclutado como médico de la tropa, pero muy pronto demostró ser un extraordinario líder de combate y educador. En 1957 fue el primer combatiente ascendido por Fidel para comandar una nueva columna en el Ejército Rebelde. Guevara dirigió la campaña en diciembre de 1958 que culminó con la toma de la ciudad de Santa Clara, en la zona central de la isla, lo cual efectivamente decidió el fin de la dictadura batistiana.

No obstante, los aportes más importantes de Guevara a la Revolución Cubana no fueron de carácter militar. Al rendirle homenaje a Che en octubre de 1967, pocos días después de su muerte, Castro destacó este hecho:

> Che era un jefe militar extraordinariamente capaz. Pero cuando nosotros recordamos al Che, cuando nosotros pensamos en el Che, no estamos pensando fundamentalmente en sus virtudes militares. ¡No! La guerra es un medio y no un fin. La guerra es un instrumento de los revolucionarios.
> 
> Lo importante es la revolución. ¡Lo importante es la causa revolucionaria, las ideas revolucionarias, los objetivos revolucionarios, los sentimientos revolucionarios, las virtudes revolucionarias!
> 
> Y es en ese campo, en el campo de las ideas, en el campo de los sentimientos, en el campo de las virtudes revolucionarias, en el campo de la inteligencia, aparte de sus virtudes militares, donde nosotros sentimos la tremenda pérdida que para el movimiento revolucionario ha significado su muerte. . .
> 
> Che no solo era un hombre de acción insuperable. Che era un hombre de pensamiento profundo, de inteligencia visionaria, un hombre de profunda cultura. Es decir, que reunía en su persona al hombre de ideas y al hombre de acción.[6]

Durante los primeros años de la revolución, Guevara asumió algunas de las más grandes y difíciles responsabilidades estatales. Ayudó a redactar la ley de reforma agraria de 1959, que más que cualquier otra medida, según las palabras de Castro, "definió a la Revolución Cubana".[7] Che encabezó el Departamento de Industrialización del Instituto Nacional de Reforma Agraria (INRA). Fue presidente del Banco Nacional durante el tumultuoso año 1960, cuando se nacionalizaron casi todos los bancos y las principales industrias de propiedad extranjera y nacional, y se sentaron las bases económicas para la producción y planificación socializada.

En 1961 Che fue nombrado ministro de industrias. Él asumió la responsabilidad de reorganizar el 70 por ciento de las industrias en Cuba sobre nuevas bases proletarias. Mantuvo la producción en momentos cuando los antiguos dueños y la mayoría del personal administrativo, tanto extranjeros como cubanos, abandonaban el país.

Guevara representó al gobierno revolucionario cubano en sus viajes a decenas de países. Se pronunció con una memorable y clara voz comunista ante importantes foros y conferencias internacionales, desde la Asamblea General de Naciones Unidas hasta la Organización de Estados Americanos. Colaboró con revolucionarios de todas partes del mundo que se veían atraídos al ejemplo de la Revolución Cubana y buscaban su orientación para aprender y aplicar las lecciones de esa lucha en sus propios países.

Y Che contribuyó a llevar a cabo la reagrupación revolucionaria que en 1965 llevó a la fundación del Partido Comunista de Cuba.

En medio de toda esta intensa labor práctica para sentar las bases de una nueva sociedad, Guevara también apartó tiempo para escribir un número prodigioso de artículos y cartas. Dio cientos de discursos, muchos de los cuales se publicaron en Cuba y fueron traducidos y distribuidos por partidarios de la revolución por todo el mundo. Concedió innumerables entrevistas.

En abril de 1965, Che partió de Cuba y encabezó una misión de combatientes internacionalistas cubanos para ayudar a la lucha antiimperialista en el Congo. Su objetivo a largo plazo era de regresar a América Latina para ayudar a impulsar las luchas revolucionarias que se venían gestando desde Tierra del Fuego hasta el Río Bravo. Guevara renunció a sus responsabilidades y cargos de dirección en el gobierno, el partido y las fuerzas armadas de Cuba para asumir estos nuevos deberes revolucionarios, dejando un valioso legado escrito de aportes políticos y teóricos a la economía y la política en la transición al socialismo.

Este producto de la labor que Che llevó a cabo durante años, como parte de la dirección comunista de la clase trabajadora cubana, fue trabajado esmeradamente por Carlos Tablada al preparar este libro. Entre las obras de Guevara que se citan en estas páginas hay escritos y transcripciones que aún no han sido publicados en su totalidad, y que aún no están disponibles al público para estudiar o usar. Muchas otras obras citadas aquí se agotaron y no se han vuelto a publicar desde hace años.

El autor de este libro, señaló Fidel Castro en su discurso de octubre de 1987 en conmemoración del vigésimo aniversario de la muerte de Che, "tiene el mérito de haber recopilado, estudiado y presentado en un libro la esencia de las ideas económicas del Che, recogidas de muchos de sus materiales hablados o escritos, artículos y discursos sobre una cuestión tan decisiva para la construcción del socialismo".[8]

La revolución socialista que el pueblo trabajador cubano lanzó a principios de los años 60 no cayó del cielo. Su larga lucha emancipadora se remonta a la primera guerra de independencia contra el colonialismo español, iniciada en 1868. Esa guerra se entrelazó estrechamente con la lucha revolucionaria de los esclavos para abolir el derecho de mantener a seres humanos como propiedad. Del crisol de esta y posteriores batallas surgieron dirigentes como Antonio Maceo, Máximo Gómez y José Martí, cuyas palabras y hechos revolucionarios dejaron un legado de intransigencia antiimperialista, internacionalismo, entereza política, abnegación y valor.

El liderazgo que el 26 de julio de 1953 lanzó el asalto al cuartel Moncada y al de Bayamo del ejército de la tiranía batistiana, y que posteriormente dirigió al Ejército Rebelde y al pueblo trabajador cubano a la victoria, sacó fuerza de esta herencia revolucionaria y la enriqueció y fortaleció. Este legado ayudó a preparar a estos dirigentes revolucionarios para conducir intransigentemente una transición desde la revolución democrática nacional hasta la revolución socialista, que se aceleró a mediados de 1960 y principios de 1961, dando una respuesta intrépida a las acciones hostiles de la reacción nacional y extranjera, especialmente las del imperialismo norteamericano.

El camino socialista que el pueblo trabajador cubano emprendió durante esos años había sido iniciado cuatro décadas antes en Rusia por la revolución de octubre de 1917. El liderazgo del Partido Bolchevique encabezado por V.I. Lenin dirigió los primeros esfuerzos en la historia por parte de los trabajadores y campesinos para trazar un camino hacia el socialismo como parte íntegra de la lucha por impulsar la revolución mundial.

Estos esfuerzos, desde la insurrección bolchevique a fines de 1917 hasta el fin de la vida política activa de Lenin en marzo de 1923, dejaron un valioso legado para los revolucionarios que desde entonces han buscado avanzar por un camino similar. La historia durante la época de Lenin del gobierno soviético, del Partido Comunista en la Unión Soviética y de la Internacional Comunista está colmada de lecciones sobre la economía y política de la transición desde el capitalismo al socialismo, lecciones que Guevara exploró de forma disciplinada unos 40 años más tarde.

Che "planteaba algo en que hemos insistido muchas veces", recalcó Fidel Castro en 1987. "La construcción del socialismo y del comunismo no es solo una cuestión de producir riquezas y distribuir riquezas, sino es también una cuestión de educación y de conciencia".[9] El discurso de Castro, pronunciado en el vigésimo aniversario de la caída en combate de Guevara, aparece después de este prefacio.

La revolución socialista, según explicó Guevara repetidamente, representa la primera vez en la historia que la creciente participación política y el desarrollo de la conciencia revolucionaria de la mayoría trabajadora se convierten en necesidad para la organización económica de la sociedad. Se crea la posibilidad para que los trabajadores dejen de ser el objeto ciego de leyes económicas que determinan las condiciones de vida y trabajo y las relaciones sociales de la humanidad, y para que comiencen a poner las fuerzas productivas de la sociedad —y por tanto sus vidas— bajo su propio control consciente. Como dijo Che en 1964:

> Después de la Revolución de Octubre de 1917, de la revolución de Lenin, el hombre ya adquirió una nueva conciencia. Aquellos hombres de la Revolución Francesa, que tantas cosas bellas dieron a la humanidad, que tantos ejemplos dieron, y cuya tradición se conserva, eran, sin embargo, simples instrumentos de la historia. Las fuerzas económicas se movían y ellos interpretaban el sentir popular, el sentir de los hombres de aquella época. Y algunos intuían más lejos aún, pero no eran capaces todavía de dirigir la historia, de construir su propia historia conscientemente.
> 
> Después de la Revolución de Octubre se ha logrado eso.[10]

Según lo han confirmado abundantemente los acontecimientos del siglo XX, ese camino —el camino bolchevique— no es simplemente una opción después de una victoriosa revolución popular. No es una entre muchas vías por las cuales los trabajadores de vanguardia pueden impulsar la transición al socialismo. *Es necesario* que la vanguardia más comprometida y abnegada del pueblo trabajador, organizada en un partido comunista, dirija a sectores crecientes de su clase para ejercer más y más control sobre el rumbo político y la administración del estado y de la economía.

Esta es la *única* forma en que los trabajadores pueden transformarse a medida que transforman colectivamente las relaciones sociales bajo las cuales trabajan, producen y viven. Es la única forma en que pueden hacer que estas relaciones sociales entre seres humanos sean más y más diáfanas y directas, quitando los velos y fetiches detrás de los cuales el sistema capitalista esconde la realidad y las consecuencias brutales de su explotación de todas las clases trabajadoras. Velos y fetiches que ocultan el aporte singular que representa el trabajo para el progreso social y cultural.

Si la sociedad sigue cualquier otro rumbo, no solo no avanzará hacia el socialismo y el comunismo, sino que —sumida en una planificación y administración burocrática— retrocederá hacia el capitalismo.

"El socialismo no es una sociedad de beneficencia", explicó Che en uno de los discursos citados en estas páginas. "No es un régimen utópico, basado en la bondad del hombre como hombre. El socialismo es un régimen al que se llega históricamente, y que tiene como base la socialización de los bienes fundamentales de producción y la distribución equitativa de todas las riquezas de la sociedad, dentro de un marco en el cual haya producción de tipo social".[11]

El carácter fundamentalmente *político* de las cuestiones y decisiones económicas durante la transición al socialismo es parte esencial de todo lo que Guevara escribió sobre este tema, y de todo lo que hizo en la práctica. Sus aportes al respecto, como los de Lenin, van mucho más allá de lo que normalmente —y desde una óptica estrecha— se considera "economía". Che subrayó la relación inseparable y la dependencia mutua entre la transformación de las relaciones sociales de producción y la transformación de la conciencia política y social de los trabajadores que llevan a cabo este proceso revolucionario.

"En nuestra posición", destacó Che en otro discurso que cita el autor,

> el comunismo es un fenómeno de conciencia y no solamente un fenómeno de producción; y que no se puede llegar al comunismo por la simple acumulación mecánica de cantidades de productos, puestos a disposición del pueblo. Ahí se llegará a algo, naturalmente, de alguna forma especial de socialismo.
>
> Eso que está definido por Marx como comunismo y lo que se aspira en general como comunismo, a eso no se puede llegar si el hombre no es consciente. Es decir, si no tiene una conciencia nueva frente a la sociedad.[12]

Dichas referencias a las obras de Marx, Engels y Lenin se encuentran frecuentemente en los discursos y escritos de Guevara, quien recurrió una y otra vez a las lecciones que sacaron otros dirigentes comunistas de las experiencias y luchas de las anteriores generaciones de trabajadores. Él se dedicó constantemente a profundizar su comprensión de los escritos de los grandes dirigentes históricos del marxismo, quienes él había empezado a estudiar bastante antes de conocer en México a Fidel Castro y a otros dirigentes del Movimiento 26 de Julio.

Al viajar por América durante los años previos y posteriores a su graduación de la escuela de medicina, Che fue asimilando la realidad de la dominación imperialista de estas naciones, las consecuencias humanas de la superexplotación y la terrible miseria impuesta a millones de sus compatriotas latinoamericanos. Conoció a trabajadores y otras personas de mentalidad revolucionaria con quienes debatió e intercambió ideas.

En las obras de Carlos Marx (a quien Guevara cariñosamente llama "San Carlos" en sus cartas juveniles a familiares y amigos) y Federico Engels, fundadores del movimiento comunista moderno, y de V.I. Lenin, Guevara fue hallando más y más observaciones y explicaciones sobre el funcionamiento del capitalismo que confirmaban sus propias experiencias. La concepción científica del mundo que descubrió le ensanchó la visión y le ayudó a comprender las relaciones de clases, basadas en la explotación, que existían en toda América Latina, realidad que él estaba cada vez menos dispuesto a aceptar y cada vez más comprometido a cambiar por cualquier medio necesario.

En los años anteriores al inicio de la guerra revolucionaria en Cuba, Guevara se concentró en la economía política con un estudio intensivo de *El capital* de Marx. Más adelante, como parte de sus responsabilidades en Cuba, se dedicó a profundizar su conocimiento de los escritos y discursos de Lenin de los primeros años de la república de trabajadores y campesinos en Rusia soviética y de los congresos de la Internacional Comunista. Junto con varios colegas del Ministerio de Industrias y otros compañeros, dedicó cada jueves por la noche —muchas veces entre la medianoche y el amanecer— al estudio de *El capital*. En sus escritos y discursos, Che volvió una y otra vez a este libro, como también a la *Crítica del Programa de Gotha* y a otras obras de Marx y Engels, incluidos sus fecundos escritos previos a 1847, redactados antes de que llegaran a ser consecuentemente científicos en su nueva visión mundial.

Tras la victoria revolucionaria contra la dictadura batistiana del 1 de enero de 1959, Guevara —que entonces tenía 30 años— se dedicó no solo a sentar un ejemplo práctico sino a ayudar a sentar las bases teóricas para la transición al socialismo en Cuba. Al mismo tiempo, Guevara estaba ocupado con las responsabilidades cotidianas de la dirección central del gobierno revolucionario y del partido.

Las fotos reproducidas en este libro documentan sus actividades cuando él realizaba esta labor: sus frecuentes intercambios en asambleas obreras en diversas fábricas y empresas, su participación en las movilizaciones dominicales de trabajo voluntario en torno a proyectos sociales priorizados, sus responsabilidades internacionales. Guevara se empapó en la literatura sobre los procesos industriales más modernos que se empleaban en otros países. Aprendió los principios de contabilidad y tomó clases de matemáticas para poder promover la aplicación de la computarización a la planificación económica y a los controles financieros en Cuba, tarea que él consideraba vital.

Era muy común, apuntó Castro en su homenaje de octubre de 1967, ver las luces encendidas en la oficina de Che hasta altas horas de la noche mientras él trabajaba y estudiaba. "Porque era un estudioso de todos los problemas, era un lector infatigable. Su sed de abarcar conocimientos humanos era prácticamente insaciable, y las horas que le arrebataba al sueño las dedicaba al estudio".[13]

La perspectiva política y social que Guevara se dedicó a poner en práctica al llevar a cabo sus responsabilidades directivas no contaba de ninguna manera con el apoyo unánime o entusiasta de todo el mundo en Cuba. En 1963–64 se desarrolló en varias publicaciones cubanas un debate que abordó muchas de las cuestiones políticas y económicas que estaban en juego, y que recibió bastante atención internacional. Este debate reflejaba un creciente conflicto entre dos enfoques políticamente irreconciliables sobre la planificación y gestión económica y la organización social del trabajo. Durante aquellos años se estaban utilizando ambos enfoques en Cuba.[14]

Guevara defendió lo que se llamaba el Sistema Presupuestario de Financiamiento, que se aplicaba bajo su dirección en las empresas estatales que respondían al Ministerio de Industrias.

El otro sistema se conocía como Cálculo Económico (o Autogestión Financiera). Recurriendo mucho a las prácticas contemporáneas en la Unión Soviética y Europa Oriental, se había decidido emplear este sistema en las empresas organizadas por el Instituto Nacional de Reforma Agraria, encabezado entonces por Carlos Rafael Rodríguez, y en las empresas que respondían al Ministerio de Comercio Exterior, dirigido por Alberto Mora. En su conjunto estas empresas representaban un 30 por ciento de las industrias cubanas.

Tablada cita abundantemente los artículos que Guevara escribió durante este nutrido debate. Para Che, el Sistema Presupuestario de Financiamiento no era una "cosa", no era una serie de reglas administrativas que se contraponía a otro conjunto de reglas llamado el sistema de Cálculo Económico. Al contrario, la perspectiva que él defendía e intentaba aplicar era "parte de una concepción general del desarrollo de la construcción del socialismo" y debía ser evaluada como tal en términos de clase, que era lo esencial.[15]

El objetivo de Guevara no era buscar formas de administrar la producción y distribución económica, abordando a la clase trabajadora desde afuera, como un "elemento" o un "factor de producción" (aunque fuese el más importante, el "factor humano", según lo describen con frecuencia los economistas entrenados en la Unión Soviética después de Lenin). Su meta era, desde el seno de la vanguardia de la clase trabajadora, organizar y elevar la conciencia política de los trabajadores, permitiendo que ejercieran más y más control sobre las decisiones económicas y sociales que simultáneamente afectan la producción y su vida cotidiana.

El objetivo era aumentar las facultades de los trabajadores para determinar las necesidades colectivas de la sociedad, así como su control consciente sobre la asignación de recursos y mano de obra para satisfacer esas necesidades. Mediante estos esfuerzos, el pueblo trabajador transformaría sus propios valores y actitudes. Comenzaría a liberar su creatividad e imaginación de las limitantes y enajenantes condiciones de vida y trabajo que existen bajo las relaciones sociales capitalistas.

Así se comenzaría a salir del "cieno" del pasado.

En el discurso de 1987 que hace de prólogo a este libro, Castro comenta: "Algunas ideas del Che en cierto momento fueron mal interpretadas, e incluso mal aplicadas. Ciertamente nunca se intentó llevarlas seriamente a la práctica, y en determinado momento se fueron imponiendo ideas que eran diametralmente opuestas al pensamiento económico del Che".

Por lo tanto, dijo Castro, aunque "es tal el espacio que se ha destinado a recordar otras cualidades", el aporte de Che a estas cuestiones de economía y política "es bastante ignorado en nuestro país".[16] La publicación de este libro en una tirada de un cuarto de millón de ejemplares en 1987 contribuyó a la oportuna recuperación y discusión de las ideas de Guevara sobre política económica en el contexto de lo que en Cuba llegó a conocerse como el Proceso de Rectificación.

Tras una serie de errores costosos a fines de los años 60, el gobierno y la dirección del partido en Cuba decidieron adoptar el sistema de planificación y gestión económica utilizado con una u otra variante en la Unión Soviética y Europa Oriental. Desde principios de los años 70 hasta mediados de los 80, fue esta perspectiva política, y no el Sistema Presupuestario de Financiamiento, lo que predominó en la política económica.

El valioso legado de las actividades prácticas y los aportes teóricos de Guevara quedó oculto, en gran parte, detrás de la imagen pública de Che como Guerrillero Heroico y hombre de impecable pureza moral ("San Che", según el apodo que los defensores cubanos de la perspectiva comunista de Guevara le han dado a este ícono).

Sin embargo, para principios de los años 80, las devastadoras consecuencias políticas de la orientación que se había copiado e importado fueron quedando más y más evidentes, a medida que flaqueaba la conciencia política comunista entre el pueblo trabajador de Cuba, crecía la desmoralización y aumentaba la corrupción. Una capa relativamente privilegiada de personal administrativo — en los aparatos del estado y del partido, en las empresas industriales, en las agencias de planificación económica y en los sindicatos y otras organizaciones de masas— comenzaba más y más a promover e implementar políticas que expresaban sus intereses y mejoraban su propio nivel de vida y condiciones de trabajo, al tiempo que pasaban por alto muchas de las necesidades más apremiantes de la gran mayoría del pueblo trabajador cubano.

Durante "ese período bochornoso… en la construcción del socialismo", según lo califica Castro en el discurso que aparece aquí,[17] las victorias revolucionarias en otros países de América también desataron nuevas energías entre el pueblo trabajador cubano. Decenas de miles de maestros, médicos, ingenieros, constructores y otros trabajadores se ofrecieron como voluntarios y arriesgaron la vida en misiones internacionalistas para ayudar a los pueblos de Nicaragua y Granada. Al mismo tiempo, cientos de miles de cubanos respondieron a la solicitud de ayuda del gobierno angolano para derrotar a las fuerzas invasoras del régimen del apartheid en Sudáfrica, el cual pretendía impedir la consolidación del joven gobierno independiente en la ex colonia portuguesa.

Ya para 1986, la dirección comunista en Cuba, con Fidel Castro al frente, había lanzado una contraofensiva política revolucionaria en torno a cuestiones de política económica, que llegó a conocerse como el Proceso de Rectificación. Se afrontó sistemáticamente y se redujo considerablemente la corrupción y los privilegios. Se mejoró las condiciones de vida y trabajo de los obreros agrícolas y otros trabajadores en las categorías menos remuneradas. Se dio una renovada prioridad al cuidado de los niños y a otras necesidades de las mujeres trabajadoras.

Desde el inicio del Proceso de Rectificación, se reanimó en Cuba el trabajo voluntario, "una de las mejores cosas que nos legó [Che] en su paso por nuestra patria y en su participación en nuestra revolución", según dijo Castro. La dirección fomentó el trabajo voluntario como palanca de acción revolucionaria para ir abordado, con esfuerzos colectivos, las necesidades más vitales, tales como la vivienda, los círculos infantiles, las clínicas y las escuelas.

Durante unos 15 años, dijo Castro, esta labor había decaído progresivamente por "el criterio burocrático, el criterio tecnocrático de que el trabajo voluntario no era cosa fundamental ni esencial" sino más bien "una especie de tontería y perdedera de tiempo". Sin embargo, a partir de 1986, renació el trabajo voluntario. Las "microbrigadas" de constructores, como se les llamaba, asumieron una importancia aún mayor para la revolución y la clase trabajadora que las iniciativas semejantes que se habían emprendido durante los primeros años de las revoluciones cubana y rusa.

El Proceso de Rectificación adoptó el carácter de un creciente movimiento social dirigido por los trabajadores cubanos más conscientes y disciplinados que estaban convencidos de que las brigadas abrían paso a un retorno a los métodos proletarios que podían hacer avanzar la revolución y fortalecer la conciencia social.

Justo cuando los partidos y regímenes burocráticos de Europa Oriental y la Unión Soviética finalmente comenzaban a desmoronarse ante las irresolubles crisis económicas, sociales y políticas que se habían acumulado a lo largo de las décadas, la Revolución Cubana iba cobrando fuerza, siguiendo el camino político comunista de la Rectificación.

Esta renovación, explicó Fidel en su homenaje de octubre de 1987, le habría dado a Che mucha alegría y confianza, a la vez que él se habría "horrorizado" por lo que había pasado antes. Porque Che, dijo, "sabía que por esos caminos tan trillados del capitalismo no se podía marchar hacia el comunismo, que por esos caminos un día habría que olvidar toda idea de solidaridad humana e incluso de internacionalismo".[18]

En momentos cuando el Proceso de Rectificación iba cobrando nuevo ímpetu en 1989, la Revolución Cubana enfrentó repentinamente la crisis económica más severa de su historia. Esta se vio precipitada por la reducción abrupta de la ayuda y del comercio bajo condiciones favorables con los regímenes del bloque soviético que se estaban desintegrando.

Con el Período Especial, según se le conoce en Cuba, se estima que la producción económica cayó en un 35 por ciento: igual o mayor que la caída de la producción en Estados Unidos durante los primeros años de la Gran Depresión de los años 30. El gobierno revolucionario, al aumentar su búsqueda de nuevos socios comerciales y fuentes de capital para el desarrollo, se topó con una intensificación de la guerra económica instigada y organizada por Washington.

Los enemigos de la clase trabajadora en todo el mundo pronosticaron con regocijo que el gobierno revolucionario cubano pronto sufriría un destino semejante al de los regímenes de Europa Oriental y la Unión Soviética. Una vez más se equivocaron. No comprendieron —como en muchas ocasiones anteriores— que la perspectiva proletaria e internacionalista vinculada al nombre de Che, tanto en Cuba como a nivel mundial, no era solo suya, sino que era la trayectoria del liderazgo comunista en Cuba y estaba muy arraigada entre la gran mayoría del pueblo trabajador cubano. No era una variante del camino seguido en la Unión Soviética, sino lo opuesto.

Ningún otro gobierno en el mundo podría haber sobrevivido la prueba de apoyo popular que el liderazgo revolucionario en Cuba ha enfrentado en los años 90. Es más, al afrontar el reto del Período Especial, la clase trabajadora cubana ha salido fortalecida y no debilitada. Hoy es más consciente de sus responsabilidades históricas, y tiene más confianza en su capacidad colectiva para resistir, luchar y vencer. El Proceso de Rectificación en la década anterior fue decisivo para lograr este resultado.

La lenta y difícil recuperación económica desde que la crisis tocó fondo en 1994 se logró únicamente con innumerables medidas que implican retrocesos temporales pero dolorosos de las posiciones conquistadas anteriormente por el pueblo trabajador cubano: por ejemplo, la autorización del uso del dólar estadounidense como una de las monedas legales en Cuba. Esta y otras medidas, destinadas a movilizar los recursos y las inversiones de capital necesarias para revertir el acelerado descenso de la producción, han aumentado las desigualdades sociales, han erosionado la solidaridad social y han desestabilizado las relaciones sociales que surgieron con las anteriores conquistas revolucionarias.

No obstante, lo que Cuba enfrenta hoy día no es una crisis del socialismo. Ante todo, el pueblo trabajador cubano enfrenta las realidades brutales de un país económicamente subdesarrollado, en un mundo aún dominado por el capitalismo, y las condiciones de lucha impuestas por las clases explotadoras sobre los que están resueltos a trazar un camino para el avance de la humanidad.

"No es por nosotros que luchamos principalmente", dijo Fidel Castro ante el congreso de la Central de Trabajadores de Cuba en abril de 1996. Cuba, afirmó, se ha convertido en un abanderado de los explotados y oprimidos del mundo. "Por eso nos satisface tanto llamarnos internacionalistas, llamarnos socialistas, llamarnos comunistas". Estas son tres cosas que nos fortalecen, dijo Castro, "la expresión de lo que hemos querido ser, de lo que somos y de lo que seguiremos siendo siempre".

Es el mundo capitalista el que sufrirá la crisis más grave en los años que vienen. "Los explotadores empiezan a tener miedo otra vez", subrayó Castro. Tienen "miedo a los estallidos sociales, a las explosiones sociales, miedo al caos… porque no saben realmente qué es lo que va a pasar".[19]

Por eso la trayectoria de Che, la trayectoria de Fidel Castro, no es una cuestión del pasado, ni un asunto que solo le interesará a una futura sociedad comunista. Sigue siendo esencial para la capacidad del pueblo trabajador cubano de resistir, de limitar el repliegue temporal que se le ha impuesto, de no retroceder ni un paso más de lo necesario para asegurar la supervivencia de su poder político, de su gobierno revolucionario.

El legado de Che Guevara es un arma que ayudará a mejorar la disposición de combate y eficacia política de una nueva generación de trabajadores. Este libro contiene lecciones asimiladas por la clase trabajadora moderna a través de enormes esfuerzos y sacrificios. Forma parte de nuestro patrimonio colectivo que la editorial Pathfinder tiene el honor de publicar.

*SEPTIEMBRE DE 1997*

# Las ideas del Che son de una vigencia absoluta

*Discurso pronunciado por Fidel Castro el 8 de octubre de 1987, en la principal ceremonia conmemorativa del vigésimo aniversario de la muerte de Ernesto Che Guevara*

Hace casi 20 años, el 18 de octubre de 1967, nos reunimos en la Plaza de la Revolución, ante una enorme multitud, para rendir homenaje al compañero Ernesto Che Guevara. Fueron aquellos días muy amargos, muy duros, en que se recibían las noticias de los acontecimientos allá por Vado del Yeso, en la Quebrada del Yuro [en Bolivia], donde informaban las agencias cablegráficas que el Che había caído en combate.

No tardamos mucho tiempo en percatarnos de que aquellas noticias eran absolutamente fidedignas, por cuanto incluso aparecieron informaciones y fotos que hacían incuestionable la realidad del hecho. Durante varios días se recibieron noticias, hasta que ya, con todos aquellos elementos, aunque sin que se supieran muchos de los detalles

*El acto conmemorativo se realizó en una nueva fábrica de componentes electrónicos en la ciudad de Pinar del Río. El texto del discurso se publicó originalmente en la edición del 12 de octubre de 1987 de* Granma, *periódico del Partido Comunista de Cuba.*

que se conocen hoy, tuvo lugar aquella gran concentración de masas, aquel acto tan solemne en que le rendíamos postrer tributo al compañero caído.

Han pasado desde entonces casi 20 años, hoy 8 de octubre; lo que esta vez estamos conmemorando es el día, precisamente, en que cayó en combate. Según los informes fidedignos que hoy se poseen, en realidad lo asesinaron al día siguiente, después que lo hicieron prisionero, por encontrarse desarmado y además herido; su arma había sido anulada en el combate. Por eso ha quedado ya como una tradición que sea el 8 de octubre el día en que se conmemore el aniversario de aquel dramático hecho.

Pasó el primer año, pasaron los 5 primeros años, 10 años, 15 años, 20 años, y se hacía necesario en esta señalada ocasión efectuar un acto, o, mejor dicho, se hacía necesario recordar en toda su dimensión histórica, aquel hecho y, sobre todo, al principal protagonista de aquel hecho. Así, de una manera natural, no muy pensada, no muy deliberada, de una manera espontánea, todos los sectores, todo el pueblo ha estado recordando durante los últimos meses aquella fecha. Y se podía conmemorar este vigésimo aniversario con cosas solemnes como las que hemos visto hoy: el toque de silencio, el himno, el magnífico poema de Nicolás Guillén, que escuchamos hoy con el mismo acento, con la misma voz con que lo escuchamos hace 20 años.

Se podría tratar de hacer aquí un discurso también muy solemne, muy grandilocuente, tal vez escrito, en estos tiempos en que, en realidad, el gran cúmulo de trabajo apenas deja un minuto no ya para escribir un discurso, sino, incluso, para meditar con más profundidad sobre todos aquellos acontecimientos y sobre las cosas que aquí podrían decirse.

Por eso quiero más bien en este acto recordar al Che reflexionando con ustedes, porque he reflexionado mucho en torno al Che.

En un reportaje, parte del cual salió ayer publicado en nuestro país, respondiendo a las preguntas de un periodista italiano que me tuvo casi 16 horas consecutivas frente a las cámaras de televisión. Más que de televisión, eran de cine, porque en su interés de buscar una calidad superior a la imagen de todo lo que hacía, no utilizó el videocassette, que a veces tiene un rollo que dura dos horas, sino la cámara de cine, cambiando la película cada 20 ó 25 minutos, y así fue bastante fatigosa aquella entrevista. Algo que teníamos que haber hecho en tres días fue necesario hacerlo en un día porque no hubo más tiempo. Tuvo lugar un domingo; comenzó antes del mediodía y terminó alrededor de las cinco de la mañana siguiente: más de 100 preguntas. Entre los diversos y variados temas, el periodista tenía mucho interés en hablar del Che, y fue ya entre las tres y las cuatro de la mañana cuando realmente se abordó aquel tema. Yo hice el correspondiente esfuerzo para ir satisfaciendo cada una de las preguntas, y, por cierto, de manera especial, hice un esfuerzo para sintetizar los recuerdos que tenía del Che.

Le conté algo que me ocurría, que pienso que le ocurra también a muchos compañeros, relacionados con la perenne permanencia del Che. Hay que tener en cuenta las relaciones peculiares con el Che, el afecto, los vínculos fraternales de compañerismo, la lucha unida durante casi 12 años, desde el momento en que lo conocimos en México hasta el final, una etapa rica en acontecimientos históricos, algunos de los cuales han sido revelados por primera vez en estos días.

Fue una historia llena de episodios heroicos, de hechos gloriosos, desde que el Che se unió a nosotros para la expedición del *Granma:* el desembarco, los reveses, los días más difíciles, la reanudación de la lucha en las montañas, la reconstrucción de un ejército a partir, prácticamente, de la nada, los primeros combates y las últimas batallas.

Todo aquel período impactante que siguió al triunfo, las primeras leyes revolucionarias, en que supimos ser absolutamente fieles a los compromisos que hicimos con el pueblo y llevamos a cabo un cambio realmente radical en la vida del país, aquellos episodios que se sucedían uno tras otro, como fueron: el inicio de la hostilidad imperialista; el bloqueo; las campañas de calumnias contra la revolución apenas empezamos a hacer justicia a los criminales y a los esbirros que habían asesinado a miles de nuestros compatriotas; el bloqueo económico. La invasión de Girón; la proclamación del carácter socialista de la revolución; la lucha contra los mercenarios; la Crisis de Octubre.

Los primeros pasos en la construcción del socialismo cuando no había nada: ni experiencias, ni cuadros, ni ingenieros, ni economistas, ni técnicos apenas, cuando nos quedamos, incluso, casi sin médicos, porque se habían marchado 3 mil de los 6 mil que había en el país. La Primera y Segunda Declaración de La Habana. El inicio del aislamiento impuesto a nuestra patria; la ruptura colectiva de relaciones diplomáticas por parte de todos los gobiernos latinoamericanos y Cuba, a excepción de México.

Un período en el que, en medio de todo aquel conjunto de acontecimientos, fue también necesario organizar la economía del país, período relativamente breve pero fecundo, lleno de hechos y de acontecimientos inolvidables.[1]

Es preciso tener en cuenta aquella persistencia del Che en cumplir con su viejo anhelo, una vieja idea, la de regresar hacia América del Sur, hacia su patria, para hacer la revolución, a partir de toda la experiencia adquirida en nuestro país: la forma, incluso, clandestina en que tiene que organizarse su salida; el barraje de calumnias contra la revolución, cuando se dijo que había conflictos, diferencias con el Che, que el Che había desaparecido.

Hasta se habló, incluso, de que el Che había sido asesinado por divisiones en el seno de la revolución, mientras la revolución, firme y ecuánime, soportaba y soportaba la feroz embestida porque, por encima de la irritación y la amargura que podían producir aquellas campañas, lo importante era que el Che pudiera cumplir sus objetivos. Lo importante era preservar su seguridad y la de los compatriotas que lo acompañaban en sus históricas misiones.

Expliqué en la referida entrevista cuáles eran los orígenes de aquella idea, cómo él había planteado en el momento en que se unió a nosotros una sola condición: que una vez finalizada la revolución, cuando él quisiera regresar a Suramérica, no surgiera ninguna conveniencia de estado o razón de estado que interfiriera en ese anhelo, que no se le prohibiera hacer eso. Se le respondió que sí, que podría hacerlo, de que lo apoyaríamos; compromiso alguna que otra vez recordado por él, hasta que llegó el momento en que él creía que debía ya partir.

No solo se cumplió la promesa de acceder a su partida, sino también se le ayudó en todo lo que fue posible a llevar a cabo ese empeño. Se trató, incluso, de dilatar un poco el momento. Se le dieron otras tareas que habrían de enriquecer su experiencia guerrillera y se trataba de crear el mínimo de condiciones para que él no tuviera que pasar la etapa más difícil, de los primeros días en la organización de un movimiento guerrillero, algo que nosotros conocíamos perfectamente bien por nuestra propia experiencia.

Valorábamos el talento, la experiencia y la figura del Che, un cuadro para grandes tareas estratégicas, y que tal vez sería más apropiado que otros compañeros llevasen a cabo aquella primera tarea de organización y que él se incorporara en un período más avanzado del proceso. Esto tiene que ver, incluso, con la práctica que seguimos durante la guerra de preservar a los cuadros a medida que se destacaban, para misiones cada vez más importantes, cada vez más estratégicas. No eran muchos los hombres con que contábamos, los cuadros experimentados, y a medida que se iban destacando, no los enviábamos con una escuadra a una emboscada todos los días, sino que les asignábamos otras responsabilidades más importantes y acordes, realmente, con su capacidad y su experiencia.

Así, recuerdo que en los días de la última ofensiva de Batista en la Sierra Maestra contra nuestras combativas pero reducidas fuerzas, a los cuadros más experimentados no los situamos en las primeras trincheras, sino que les encomendamos otras tareas de dirección estratégicas preservándolos, precisamente, para nuestra fulminante contraofensiva. No tenía ya sentido situar al Che, a Camilo [Cienfuegos][2] o a otros compañeros que habían participado en numerosos combates al frente de una escuadra, sino que los preservábamos para dirigir después columnas que iban a cumplir arriesgadas misiones de gran trascendencia.

Y entonces sí, los enviábamos al territorio enemigo, con toda la responsabilidad y con todos los riesgos, como cuando se inició la invasión de Las Villas por Camilo y el Che, una misión extraordinariamente difícil que requería hombres de enorme experiencia y autoridad, como jefes de aquellas columnas, capaces de llegar a la meta.

Siguiendo esa lógica, tal vez habría sido mejor, con vistas a los objetivos que se perseguían, que se hubiese cumplido ese mismo principio y él se hubiese incorporado más adelante. No había, realmente, tanta necesidad de que él hiciera toda la tarea desde el principio. Pero él estaba impaciente, realmente, muy impaciente. Algunos compañeros argentinos habían muerto en los primeros esfuerzos realizados por él años antes, entre ellos Ricardo Masetti, fundador de Prensa Latina.³ Él recordaba mucho eso y estaba, realmente, impaciente por realizar con su participación personal aquella tarea.

Y como siempre, respetamos los compromisos, sus puntos de vista, pues siempre existieron relaciones de absoluta confianza, de absoluta hermandad, independientemente de nuestras ideas sobre cuál sería el momento ideal para que él se incorporara. Le dimos en consecuencia toda la ayuda y todas la facilidades para que iniciara aquella lucha.

Después vinieron las noticias de los primeros combates y las comunicaciones quedaron totalmente interrumpidas. En una fase precoz de la organización de aquel movimiento guerrillero, el enemigo lo pudo detectar, y se inició una etapa que duró muchos meses en que las noticias que se recibían eran casi exclusivamente las que venían por los cables internacionales. Cables que había que interpretar, tarea en la que nuestra revolución ha adquirido ya una gran experiencia para conocer cuándo una noticia puede ser fidedigna o es una noticia inventada, una noticia falsa.

Recuerdo, por ejemplo, cuando llegó por cable público la noticia de la muerte del grupo de Joaquín, el compañero Vilo Acuña, su nombre real, y nosotros la analizamos, yo llegué de inmediato a la convicción de que era verídica, y esa veracidad emanaba de la forma en que, según se explicaba, había sido liquidado aquel grupo, cruzando un río.⁴ Por nuestra experiencia guerrillera, por todo lo que habíamos vivido, nosotros sabíamos cómo se podía liquidar a un pequeño grupo de guerrilleros, las pocas y excepcionales formas en que tal grupo podía ser liquidado.

Y cuando allí se explicaba que un campesino había hecho contacto con el ejército, que había informado en detalles noticias sobre ubicación e intenciones del grupo buscando un paso de río, cómo el ejército se había emboscado en la orilla opuesta del río en el paso indicado por el propio campesino a los guerrilleros y la forma en que dispararon sobre estos en medio del cruce, la explicación ofrecida no admitía dudas. Porque suponiendo que los inventores de partes falsos, lo cual hicieron muchas veces, trataran de hacerlo una vez más, era imposible admitir en ellos, tan burdos por lo general en sus mentiras, suficiente inteligencia y suficiente experiencia para inventar las circunstancias exactas en que únicamente se podía liquidar a ese grupo. Llegamos por ello a la convicción de que aquella noticia era verídica.

Largos años de experiencia revolucionaria nos habían enseñado a descifrar los cables, discernir entre la verdad y la mentira en cada uno de los acontecimientos, tomando en cuenta desde luego también otros elementos de juicio. Pero ese era el tipo de noticias que teníamos sobre la situación hasta que vinieron las noticias de la muerte del Che.

Nosotros teníamos esperanzas —como hemos explicado— de que, aun cuando quedaban 20 hombres, aun cuando las circunstancias eran muy difíciles, todavía quedaban posibilidades al movimiento guerrillero. Ellos se encaminaban hacia una zona donde había sectores campesinos organizados, donde algunos cuadros bolivianos que se habían destacado tenían influencia, y hasta ese momento, casi al final, se mantenían las posibilidades de que el movimiento se consolidara y se desarrollara.

Pero fueron en fin tan peculiares las circunstancias de nuestras relaciones con el Che —la historia casi irreal de la breve pero intensa epopeya vivida en nuestros primeros años de la revolución, habituados a convertir lo imposible en posible— que yo le explicaba al periodista mencionado que uno experimentaba la permanente impresión de que el Che no había muerto, que el Che seguía viviendo. Por tratarse de una personalidad tan ejemplar, tan inolvidable, tan familiar, era difícil resignarse a la idea de la muerte física. Y a veces soñaba —todos soñamos con episodios relacionados con nuestra vida y nuestras luchas— que veíamos al Che, que el Che regresaba, que el Che estaba vivo, ¡cuántas veces!, le decía.

Y le referí esos sentimientos que uno raras veces cuenta, lo que da también idea del impacto de la personalidad del Che, e idea también del grado tan alto en que el Che está vivo realmente, casi como si su presencia fuera física, con sus ideas, con sus hechos, con sus ejemplos, con todas las cosas que creó, esa vigencia de su figura y el respeto hacia él no solo en América Latina, sino en Europa y en todas partes del mundo.

Como habíamos pronosticado aquel 18 de octubre, hace 20 años, se convirtió en un símbolo de todas las personas oprimidas, de todas las personas explotadas, de todos los patriotas, de todos los demócratas, de todos los revolucionarios: en un símbolo permanente e invencible.

Por todos esos factores, por esa vigencia real que tiene hoy mismo en el ánimo de todos nosotros a pesar de que han transcurrido 20 años: cuando escuchamos el poema, cuando escuchamos el himno o cuando escuchamos el toque de silencio, cuando abrimos nuestra prensa y vemos las fotos del Che en cada una de las etapas. Su imagen, tan conocida en todo el mundo, porque hay que decir que el Che tenía no solo todas las virtudes y todas la cualidades humanas y morales para ser un símbolo, sino que el Che tenía, además, la estampa del símbolo, la imagen del símbolo: su mirada, la franqueza y la fuerza de su mirada; su rostro, que refleja carácter, una determinación para la acción incontenible a la vez que una gran inteligencia y una gran pureza. Cuando vemos los poemas que se han escrito, los episodios que se cuentan y las historias que se repiten, palpamos esa realidad de la vigencia del Che, de la presencia del Che.

No tiene nada de extraño si uno, no solo en la vida de cada día palpa su presencia, sino hasta en sueños se imagina que el Che está vivo, que el Che está actuando y que su muerte no existió nunca. Al fin y al cabo debemos sacar la convicción a todos los efectos en la vida de nuestra revolución de que el Che no murió nunca y que el Che, en la realidad de los hechos, vive más que nunca, está más presente que nunca, influye más que nunca y es un adversario del imperialismo más que nunca.

Aquellos que desaparecieron su cadáver para evitar que fuera símbolo; aquellos que, siguiendo la orientación y los métodos de sus amos imperiales, no quisieron que quedara una sola huella, se encuentran con que, aunque no haya tumba conocida, aunque no haya restos, aunque no haya cadáver, existe, sin embargo, un temible adversario del imperio, un símbolo, una fuerza, una presencia que no podrán ver jamás destruida.

Ellos demostraron su debilidad y su cobardía cuando desaparecieron al Che, porque demostraron también su miedo al ejemplo y al símbolo. No quisieron que los campesinos explotados, los obreros, los estudiantes, los intelectuales, los demócratas, los progresistas, los patriotas de este hemisferio tuvieran un lugar donde ir a rendir tributo al Che. Y hoy, en el mundo de hoy, en que no se le rinde tributo a los restos del Che en un lugar específico, se le rinde tributo en todas partes. [*Aplausos*]

Hoy no se le rinde tributo al Che una vez al año, ni una vez cada 5, 10, 15, 20 años. Hoy se le rinde homenaje al Che todos los años, todos los meses, todos los días, en todas partes, en una fábrica, en una escuela, en una unidad militar, en el seno de un hogar, entre los niños, entre los pioneros, que quién puede calcular cuántos millones de veces han dicho, en estos 20 años: "¡Pioneros por el comunismo, seremos como el Che!" [*Aplausos*]

Ese solo hecho que acabo de mencionar, esa sola idea, ese solo hábito por sí solo constituye una presencia permanente y grandiosa del Che. Y creo que no solo nuestros Pioneros, no solo nuestros niños, creo que todos los niños de este hemisferio, todos los niños del mundo podrían repetir esa misma consigna: "¡Pioneros por el comunismo, seremos como el Che!" [*Aplausos*]

Es que realmente no puede haber un símbolo superior, no puede haber una imagen mejor, no puede haber una idea más precisa para buscar un modelo de hombre revolucionario y para buscar un modelo de hombre comunista. Expreso esto porque tengo la más profunda convicción: la he tenido siempre y la tengo hoy, igual o más que cuando hablé aquel 18 de octubre y preguntaba cómo querían que fueran nuestros combatientes, nuestros revolucionarios, nuestros militantes, nuestros hijos, y dije que queríamos que fueran como el Che.

Porque el Che es la personificación, es la imagen de ese hombre nuevo, es la imagen de ese ser humano si se quiere hablar de la sociedad comunista. [*Aplausos*] Si vamos a proponernos realmente construir, no ya el socialismo, sino las etapas más avanzadas del socialismo, si la humanidad no va a renunciar a la hermosa y extraordinaria idea de vivir algún día en la sociedad comunista.

Si hace falta un paradigma, si hace falta un modelo, si hace falta un ejemplo a imitar para llegar a esos tan elevados objetivos, son imprescindibles hombres como el Che. Hombres y mujeres que lo imiten, que sean como él, que piensen como él, que actúen como él y se comporten como él en el cumplimiento del deber, en cada cosa, en cada detalle, en cada actividad. En su espíritu de trabajo, en su hábito de enseñar y educar con el ejemplo. En el espíritu de ser el primero en todo, el primer voluntario para las tareas más difíciles, las más duras, las más abnegadas. El individuo que se entrega en cuerpo y alma a una causa, el individuo que se entrega en cuerpo y alma a los demás. El individuo verdaderamente solidario, el individuo que no abandona jamás a un compañero, el individuo austero. El individuo sin una sola mancha, sin una sola contradicción entre lo que hace y lo que dice, entre lo que practica y lo que proclama. El hombre de acción y pensamiento, que simboliza el Che. [*Aplausos*]

Constituye para nuestro país un honor y un gran privilegio haber contado entre sus hijos, aunque no hubiera nacido en esta tierra, ¡entre sus hijos!, porque se ganó el derecho a considerarse y ser considerado hijo de nuestra patria. Es un honor y un privilegio para nuestro pueblo, para nuestro país, para nuestra historia, para nuestra revolución, haber contado entre sus filas con un hombre verdaderamente excepcional como el Che.

Y no es que piense que los hombres excepcionales son escasos, no es que piense que en las grandes masas no haya hombres y mujeres excepcionales por cientos, por miles e incluso por millones. Lo dije ya una vez cuando en aquella amarga circunstancia de la desaparición de Camilo, al hacer la historia de cómo surgió Camilo, dije: "En el pueblo hay muchos Camilos". Podría decir también: en nuestro pueblo, en los pueblos de América Latina y en los pueblos del mundo hay muchos Che.

Pero, ¿por qué los llamamos hombres excepcionales? Porque realmente, en el mundo en que vivieron, en las circunstancias que vivieron, tuvieron la posibilidad y la oportunidad de demostrar todo lo que el hombre con su generosidad y su solidaridad es capaz de sí. Y es que, verdaderamente, pocas veces se dan las circunstancias ideales en que el hombre tiene la oportunidad de expresarse y de reflejar todo lo que lleva dentro como la tuvo el Che. Claro está que en las masas hay incontables hombres y mujeres que como resultado, entre otras cosas, del ejemplo de otros hombres, de ciertos valores que se han ido creando, son capaces del heroísmo, incluso de un tipo de heroísmo que yo admiro mucho, el heroísmo silencioso, el heroísmo anónimo, la virtud silenciosa, la virtud anónima. Pero siendo extraño, raro, que se pueda dar todo ese conjunto de circunstancias que produzcan una figura como la del Che, que hoy es un símbolo mayor, es un gran honor y un privilegio que esa figura haya nacido del seno de nuestra revolución.

Y como una prueba de lo que anteriormente decía acerca de la presencia y vigencia del Che, yo podría preguntar: ¿Habría un momento más oportuno para recordar al Che con toda la fuerza, con el más profundo sentimiento de reconocimiento y de gratitud que una fecha como esta, un aniversario como este? ¿Habría algún momento mejor que este, en pleno Proceso de Rectificación?

¿Y qué estamos rectificando? Estamos rectificando precisamente todas aquellas cosas —y son muchas— que se apartaron del espíritu revolucionario, de la creación revolucionaria, de la virtud revolucionaria, del esfuerzo revolucionario, de la responsabilidad revolucionaria; que se apartaron del espíritu de solidaridad entre los hombres. Estamos rectificando todo tipo de chapucerías y de mediocridades que eran precisamente la negación de las ideas del Che, del pensamiento revolucionario del Che, del estilo del Che, del espíritu del Che y del ejemplo del Che.

Creo, realmente, lo digo con toda satisfacción, que si el Che estuviera sentado aquí en esta silla se sentiría, realmente, jubiloso. Se sentiría feliz de lo que estamos haciendo en estos tiempos, como se habría sentido muy desgraciado en ese período bochornoso en que aquí empezaron a prevalecer una serie de criterios, de mecanismos y de vicios en la construcción del socialismo que habrían constituido motivo de profunda, de terrible amargura para el Che. [*Aplausos*]

Por ejemplo, el trabajo voluntario, que fue una creación del Che y una de las mejores cosas que nos legó en su paso por nuestra patria y en su participación en nuestra revolución, decaía cada vez más. Ya era casi un formalismo, en ocasión de una fecha tal y más cual, un domingo, un correcorre en ocasiones para hacer cosas desorganizadas.

Y prevalecía cada vez más el criterio burocrático, el criterio tecnocrático, de que el trabajo voluntario no era cosa fundamental ni esencial. La idea, prácticamente, de que el trabajo voluntario fuera una especie de tontería y perdedera de tiempo. Que los problemas había que resolverlos con horas extras, con más y más horas extras, mientras ni siquiera se aprovechaba de una forma correcta la jornada laboral. Ya habíamos caído en el pantano del burocratismo, de las plantillas infladas, de las normas anacrónicas, de la trampa, de la mentira. Habíamos caído en un montón de vicios que realmente habrían horrorizado al Che.

Porque si al Che le hubiesen dicho que algún día en la Revolución Cubana iban a existir unas empresas que por ser rentables robaban, se habría horrorizado; que unas empresas que por ser rentables y repartir premios, no sé cuántas cosas, y primas, vendían los materiales con que tenían que construir y los cobraban como si hubieran construido, el Che se habría horrorizado.

Y les digo que eso pasó en los 15 municipios de la capital de la república, con las 15 empresas de mantenimiento de la vivienda, para citar solo algunas. Aparecían produciendo 8 mil pesos al año, y cuando se acabó el relajo y se puso fin a todo eso, aparecían produciendo 4 mil o menos. Entonces ya no eran rentables; eran rentables solo robando.

Si al Che le hubieran dicho que aparecían unas empresas en que, para cumplir y sobrecumplir fraudulentamente el plan, asignaban al mes de diciembre la producción del mes de enero, el Che se habría horrorizado.

Si al Che le hubieran dicho que había unas empresas que cumplían el plan y repartían premios por cumplir el plan en valores, pero no en surtido, y que se dedicaban a hacer las cosas que les daban más valores y no hacían aquellas que les daban menor ganancia, aunque unas sin otras no sirvieran para nada, el Che se habría horrorizado.

Si al Che le hubieran dicho que iban a aparecer unas normas tan flojas, tan blandengues y tan inmorales que, en ciertas ocasiones, la totalidad casi de los trabajadores las cumplían dos veces, y tres veces, el Che se habría horrorizado.

Si le hubieran dicho que el dinero se iba a empezar a convertir en el instrumento principal, la fundamental motivación del hombre, él, que tanto advirtió contra eso, se habría horrorizado; que las jornadas no se cumplían y aparecían los millones de horas extras; que la mentalidad de nuestros trabajadores se estaba corrompiendo, y que los hombres iban teniendo cada vez más un signo de peso en el cerebro, el Che se habría horrorizado.

Porque él sabía que por esos caminos tan trillados del capitalismo no se podía marchar hacia el comunismo, que por esos caminos un día habría que olvidar toda idea de solidaridad humana e incluso de internacionalismo. Que por aquellos caminos no se marcharía jamás hacia un hombre y una sociedad nuevos.

Si al Che le hubieran dicho que un día se pagarían primas y más primas, y primas de todas clases, sin que aquello tuviera nada que ver con la producción, el Che se habría horrorizado.

Si hubiese visto un día un conjunto de empresas, plagadas de capitalistas de pacotilla —como les llamamos nosotros— que se ponen a jugar con el capitalismo, que empiezan a razonar y a actuar como capitalistas, olvidándose del país, olvidándose del pueblo, olvidándose de la calidad, porque la calidad no importaba para nada, sino el montón de dinero que ganara con aquella vinculación.

Y que un día se iba a vincular no ya solo el trabajo manual, que tiene cierta lógica, como cortar caña y otras numerosas actividades manuales y físicas, sino que hasta el trabajo intelectual se iba a vincular; que hasta los trabajadores de la radio y la televisión iban a terminar vinculados, y que aquí terminaría por ese camino hasta el cirujano vinculado, sacándole tripas a cualquiera para ganar el doble y el triple.

Digo la verdad, el Che se habría horrorizado, porque esos caminos no conducirán jamás al comunismo, esos caminos conducen a todos los vicios y a todas las enajenaciones del capitalismo.

Esos caminos —repito—, y el Che lo sabía bien, no conducirían jamás a la construcción de un verdadero socialismo, como etapa previa y de tránsito hacia el comunismo.

Pero no se imaginen al Che una persona ilusa, una persona idealista, una persona desconocedora de las realidades. El Che comprendía y tomaba en cuenta las realidades. El Che creía en el hombre. Y si no se cree en el hombre, si se piensa que el hombre es un animalito incorregible, capaz de caminar solo si le ponen hierba delante, si le ponen una zanahoria o le dan con un garrote, quien así piense, quien así crea, no será jamás revolucionario. Quien así piense, quien así crea, no será jamás socialista. Quien así piense, quien así crea, no será jamás comunista. [*Aplausos*]

Y nuestra propia revolución es un ejemplo de lo que significa la fe en el hombre, porque nuestra propia revolución surge de cero, surge de la nada. No se tenía un arma, no se tenía un centavo, no eran siquiera conocidos los hombres que empezaron aquella lucha. Y frente a todo aquel poderío, frente a los cientos de millones de pesos, frente a las decenas de miles de soldados —porque nosotros creíamos en el hombre— la revolución fue posible. No solo fue posible la victoria, fue posible enfrentarse al imperio, llegar hasta aquí y estar acercándose la revolución al vigésimo noveno aniversario de su triunfo. ¿Cómo podía haber sido posible esto sin la fe en el hombre?

Y el Che tenía una gran fe en el hombre, a la vez que era realista. El Che no rechazaba los estímulos materiales, los consideraba necesarios en la etapa de tránsito, en la construcción del socialismo. Pero el Che le daba un peso importante, y cada vez mayor, al factor conciencia, al factor moral.

Sería sin embargo una caricatura del Che imaginarse que no era realista y no conocía las realidades de la sociedad y del hombre recién surgidos del seno del capitalismo.

Pero al Che se lo conoce fundamentalmente como hombre de acción, como soldado, como jefe, como militar, como guerrillero, como individuo ejemplar, que era primero en todo, que nunca le pedía a los demás algo que no fuera capaz de hacer él primero; como modelo de hombre virtuoso, honrado, puro, valiente, solidario. Todo ese conjunto de virtudes por las cuales lo recordamos y lo conocemos.

El Che era un hombre de pensamiento muy profundo, y el Che tuvo una excepcional posibilidad durante los primeros años de la revolución de profundizar en aspectos muy importantes de la construcción del socialismo porque, por sus cualidades, cada vez que hacía falta un hombre para un cargo importante, ahí estaba el Che. Era realmente multifacético, y cualquier tarea que se le asignara la cumplía con una seriedad y una responsabilidad total.

Estuvo en el INRA [Instituto Nacional de Reforma Agraria], al frente de unas pocas industrias a cargo de esa institución cuando todavía no se habían nacionalizado las industrias fundamentales y solo había un grupo de fábricas intervenidas. Estuvo en el Banco Nacional, otra de las responsabilidades que desempeñó, y estuvo al frente del Ministerio de Industrias cuando se creó este organismo.

Se habían nacionalizado ya casi todas las fábricas, había que organizar todo aquello, había que mantener la producción, y el Che se vio ante aquella tarea, como se vio ante otras muchas. La tomó con una consagración total, le dedicaba día, noche, sábado y domingo, todas las horas, y se propuso realmente resolver trascendentes problemas. Fue cuando se enfrentó a la tarea de aplicar a la organización de la producción los principios del marxismo-leninismo, tal como él lo entendía, tal como él lo veía.

Estuvo años en eso, habló mucho, escribió mucho sobre todos aquellos temas. Y realmente llegó a desarrollar una teoría bastante elaborada y muy profunda sobre la forma en que, a su juicio, se debía construir el socialismo y marchar hacia la sociedad comunista.

Recientemente se hizo una compilación de todas estas ideas, y un economista escribió una obra por la cual recibió un premio en la Casa de las Américas, que tiene el mérito de haber recopilado, estudiado y presentado en un libro la esencia de las ideas económicas del Che, recogidas de muchos de sus materiales hablados o escritos, artículos y discursos sobre la cuestión tan decisiva para la construcción del socialismo.

La obra se titula *El pensamiento económico de Ernesto Che Guevara*. Es tal el espacio que se ha destinado a recordar otras cualidades, que ese aspecto —pienso yo— es bastante ignorado en nuestro país. Y el Che tenía ideas verdaderamente profundas, valientes, audaces, que se apartaban de muchos caminos trillados.

Pero en esencia, ¡en esencia!, el Che era radicalmente opuesto a utilizar y desarrollar las leyes y las categorías económicas del capitalismo en la construcción del socialismo. Y planteaba algo en que hemos insistido muchas veces: que la construcción del socialismo y del comunismo no es solo una cuestión de producir riquezas y distribuir riquezas, sino es también una cuestión de educación y de conciencia. Era terminantemente opuesto al uso de esas categorías que han sido trasladadas del capitalismo al socialismo como instrumentos de la construcción de la nueva sociedad.

Algunas ideas del Che en cierto momento fueron mal interpretadas, e incluso mal aplicadas. Ciertamente nunca se intentó llevarlas seriamente a la práctica, y en determinado momento se fueron imponiendo ideas que eran diametralmente opuestas al pensamiento económico del Che.

No es esta la ocasión de profundizar sobre el tema. Me interesa, especialmente, expresar una idea: hoy, en este vigésimo aniversario de la muerte del Che; hoy, en medio del profundo Proceso de Rectificación en que estamos enfrascados, y comprendiendo cabalmente que rectificación no significa extremismo; que rectificación no puede significar idealismo; que rectificación no puede implicar, bajo ningún concepto, falta de realismo; que rectificación, incluso, no puede implicar cambios abruptos.

Partiendo de que rectificación significa, como he dicho, buscar soluciones nuevas a problemas viejos, rectificar muchas tendencias negativas que venían desarrollándose; que rectificación implica hacer un uso más correcto del sistema y los mecanismos con que contamos ahora: un Sistema de Dirección y Planificación de la Economía, que, como decíamos en la reunión con las empresas,[5] era un caballo, un penco, cojo, con muchas mataduras, y que estábamos untándole mercurocromo, recetándole medicinas, entablillándole una pata, arreglando en fin el penco, arreglando el caballo. Lo que procedía ahora era seguir con ese caballo, sabiendo los vicios del caballo, los peligros del caballo, las patadas del caballo, los corcoveos del caballo, y tratar de llevar ese caballo por nuestro camino y no que vayamos por dondequiera marchar el caballo. Hemos planteado: ¡Tomemos las riendas! [*Aplausos*]

Estas cosas son muy serias, muy complicadas, y en esto no se puede estar dando bandazos, ni se pueden realizar aventuras de ninguna clase. De algo vale la experiencia de tantos años, que unos cuantos de nosotros tenemos el privilegio de haber vivido en un proceso revolucionario. Y por eso ahora decimos: no se puede estar cumpliendo el plan en valores, hay que cumplir el plan en surtidos. ¡Lo exigimos terminantemente, y el que no lo cumpla vuela de donde esté, porque no tiene otra alternativa! [*Aplausos*]

Decimos: las obras hay que empezarlas y terminarlas rápido. Que no vuelva jamás a suceder lo que nos pasó de los resabios del penco: aquello de que se hacían movimientos de tierra y se ponían unas columnas porque valía mucho, y jamás se terminaba un edificio porque valía poco. Aquellas tendencias a decir "cumplí en valores, pero no terminé una sola obra", con lo cual hemos estado enterrando cientos de millones, miles de millones, y no se terminaba nada.

¡Catorce años para construir un hotel! Catorce años enterrando cabillas, arena, piedra, cemento, goma, combustible, fuerza de trabajo, antes de que entrara un solo centavo en el país por la utilización del hotel. ¡Once años en terminar nuestro hospital aquí en Pinar del Río! Es verdad que al fin se terminó, y se terminó con calidad, pero cosas de ese tipo no deben volver a ocurrir jamás.

Las microbrigadas,[6] que fueron destruidas en nombre de tales mecanismos, están surgiendo de sus cenizas como el ave Fénix y demostrando lo que significa ese movimiento de masas, lo que significa ese camino revolucionario de resolver problemas que los teóricos, los tecnócratas, los que no creen en el hombre y los que creen en los métodos del mercachiflismo, habían frenado y habían desbaratado. Así iban conduciéndonos a situaciones críticas.

Y en la capital, donde surgieron una vez —porque duele pensar que hace más de 15 años se había encontrado una excelente solución a un vital problema— en pleno apogeo fueron destruidas. Así, no había ya ni fuerza para construir viviendas en la capital. Los problemas acumulándose, decenas de miles de viviendas apuntaladas y con riesgo de derrumbarse y sacrificar vidas.

Ahora resurgieron las microbrigadas, hay ya más de 20 mil microbrigadistas en la capital. Y no están en contradicción con el penco, no están en contradicción con el Sistema de Dirección y Planificación de la Economía, sencillamente porque la fábrica o centro de trabajo que los envió les paga. Pero el estado le reintegra a la fábrica o al centro de trabajo en cuestión lo que haga por ese salario del microbrigadista. Solo que el microbrigadista allí trabajaba 5 ó 6 horas y aquí trabaja 10, 11 y 12 horas, trabaja por dos hombres, trabaja por tres hombres, y la empresa ahorra.

Nuestro capitalista de pacotilla no puede decir que le están arruinando su empresa. Puede decir, por el contrario: "Están ayudando a la empresa. Estoy haciendo la producción con 30, 40, 50 hombres menos, gasto menos salario". Puede decir: "Voy a ser rentable, o voy a ser menos irrentable; voy a repartir más premios y primas, puesto que ahora reduzco el gasto en salario". Racionaliza, consigue viviendas para el colectivo de los trabajadores y el trabajador está más satisfecho porque tiene ya la vivienda. Construye obras sociales, escuelas especiales, policlínicas, círculos infantiles para los hijos de las mujeres trabajadoras, para la familia. En fin, tantas cosas extraordinariamente útiles como se están haciendo hoy, y el estado impulsa todas esas obras sin gastar un centavo más en salario. ¡Esos sí son milagros!

Podría preguntarles a los mercachifleros, a los capitalistas de pacotilla, a los que tienen fe ciega en los mecanismos y en las categorías del capitalismo: ¿Podrían ustedes obrar ese milagro? ¿Podrían ustedes llegar a construir 20 mil viviendas en la capital sin un centavo más de salario? ¿Podrían construir 50 círculos en un año sin un centavo más de salario?, cuando antes había planificados solo cinco en el quinquenio y no se construían, y cuando 19,500 madres esperaban por el círculo, que no se sabe cuándo llegaría.

Porque al ritmo en que se alcanzaría esa capacidad de matrícula, ¡necesitaríamos 100 años!, fecha para la cual se habrían muerto hace rato, y por suerte, todos los tecnócratas, capitalistas de pacotilla y burócratas que obstruyen la construcción del socialismo. [*Aplausos*] Se habrían muerto, el círculo número 100 no lo habrían conocido jamás.

Los trabajadores de la capital, en dos años, van a tener los 100 círculos. Y los trabajadores de toda la isla, en tres años, van a tener los 300 y tantos que necesitan, y van a elevar la capacidad de matrícula en los círculos a 70 u 80 mil, fácilmente, sencillamente, sin gastar un centavo más de salario, sin importar fuerza de trabajo. Porque a ese paso, con las plantillas infladas por todas partes, terminaban trayendo fuerza de trabajo de Jamaica, de Haití, de algunas islas del Caribe, de algún lugar del mundo. A eso era adonde único podían parar.

Hoy se demuestra que en la capital se podría movilizar uno de cada ocho trabajadores, estoy seguro. Sería innecesario, porque no habría suficiente material para darles tareas a 100 mil habaneros trabajando, y trabajando cada uno como tres. Estamos viendo ya ejemplos impresionantes de proezas de trabajo, y eso se logra con métodos de masa, con métodos revolucionarios, con métodos comunistas, combinando el interés de las personas que tienen necesidades con el interés de las fábricas y con el interés de toda la sociedad.

No quiero convertirme en juez de las diversas teorías, aunque tengo mis teorías, y sé las cosas en que creo y en las que no creo ni puedo creer. En el mundo se discuten hoy mucho estas cuestiones. Yo solo pido modestamente, en medio de este Proceso de Rectificación, en medio de este proceso y de esta lucha —en que vamos a seguir como les explicábamos: con el penco, mientras el penco camine, si camina, y mientras no podamos echar a un lado el penco y sustituirlo por un caballo mejor, pues pienso que nada es bueno si se hace con precipitación, sin análisis y meditación profunda— yo lo que pido modestamente, en este vigésimo aniversario, es que el pensamiento económico del Che se conozca. [*Aplausos*] Se conozca aquí, se conozca en América Latina, se conozca en el mundo: en el mundo capitalista desarrollado, en el Tercer Mundo y en el mundo socialista. ¡Que también se conozca allí!

Que del mismo modo que nosotros leemos muchos textos de todas clases y muchos manuales, también en el campo socialista se conozca el pensamiento económico del Che, ¡que se conozca! [*Aplausos*] No digo que se adopte, nosotros no tenemos que inmiscuirnos en eso. Cada cual debe adoptar el pensamiento, la teoría, la tesis que considere más adecuada, la que más le convenga, a juicio de cada país. ¡Respeto de manera absoluta el derecho de cada cual a aplicar el método o el sistema que considere conveniente, lo respeto de manera cabal!

Pido simplemente que en un país culto, en un mundo culto, en un mundo donde las ideas se debaten, el pensamiento económico del Che se conozca. [*Aplausos*] En especial que nuestros estudiantes de economía, de los que tenemos tantos y que leen toda clase de folletos, de manuales, de teorías, de categorías capitalistas y de leyes capitalistas, se dignen, para enriquecer su cultura, conocer el pensamiento económico del Che.

Porque sería una incultura creer que hay un solo modo de hacer las cosas y que tiene que ser ese solo modo, surgido de la práctica concreta en determinado tiempo y circunstancias históricas. Lo que pido, lo que me limito a pedir es un poco de más cultura, consistente en conocer otros puntos de vista, puntos de vista tan respetados, tan dignos y tan coherentes como los puntos de vista del Che. [*Aplausos*]

No concibo que nuestros futuros economistas, que nuestras futuras generaciones actúen y vivan y se desarrollen como otra especie de animalito, en este caso el mulo, que tiene solo las orejeras que le ponen delante para que no pueda mirar a los lados; mulo, además, con la hierba y la zanahoria delante como única motivación. Sino que lean, que no se intoxiquen solo de determinadas ideas, sino que vean otras ideas, analicen y mediten.

Porque si estuviéramos conversando con el Che y le dijéramos: "Mira, nos ha pasado todo esto" —todas esas cosas que yo estuve reflejando anteriormente, qué nos pasó con las construcciones, en la agricultura y en la industria, con los surtidos, con la calidad, con todo eso— el Che habría dicho: "Yo lo dije, ¡yo lo dije!" El Che habría dicho: "Yo lo advertí, les está pasando precisamente lo que yo creía que les iba a pasar", porque así ha sido, sencillamente. [*Aplausos*]

Quiero que nuestro pueblo sea un pueblo de ideas, de nociones, de conceptos; que analice esas ideas, las medite, si quiere, las discuta. Considero que estas son cosas esenciales.

Puede haber alguna de las ideas del Che muy asociada al momento inicial de la revolución, como el relacionado con su criterio de que, cuando se sobrecumplía una norma, el salario no sobrepasara los ingresos que le correspondería a la escala inmediata superior. Porque él quería que el trabajador estudiara, y él asociaba su concepción a la idea de que la gente entonces con muy bajos niveles culturales y técnicos se superara.

Hoy tenemos un pueblo mucho más preparado, más culto. Se podría discutir si debe ser igual a la escala superior, o a mayores escalas. Se podrían discutir aspectos y cuestiones que se asocien más a nuestras realidades de un pueblo mucho más culto, de un pueblo con mucha mejor preparación técnica, aun cuando no se debe renunciar jamás a la idea de una constante superación cultural y técnica.

Pero hay muchas ideas del Che que son de una vigencia absoluta y total, ideas sin las cuales estoy convencido de que no se puede construir el comunismo, como aquella idea de que el hombre no debe ser corrompido, de que el hombre no debe ser enajenado. Aquella idea de que sin la conciencia, y solo produciendo riquezas, no se podrá construir el socialismo como sociedad superior y no se podrá construir jamás el comunismo. [*Aplausos*]

Pienso que muchas de las ideas del Che, ¡muchas de las ideas del Che!, tienen una gran vigencia. Si hubiéramos conocido, si conociéramos el pensamiento económico del Che, estaríamos 100 veces más alertas, incluso, para conducir el caballo, y cuando el caballo quiera torcer a la derecha o a la izquierda, donde quiera torcer el caballo —aunque sin duda en este caso se trataba de un caballo derechista— darle un buen halón de freno al caballo y situarlo en su camino. Y cuando el caballo no quiera caminar, darle un buen espuelazo. [*Aplausos*]

Creo que un jinete, vale decir un economista, vale decir un cuadro del partido, vale decir un cuadro administrativo armado de las ideas del Che, sería más capaz de conducir el caballo por el camino correcto.

El solo conocimiento de su pensamiento, el solo conocimiento de sus ideas, le permitiría poder decir: "Voy mal por aquí, voy mal por allá, esto es una consecuencia de esto, una consecuencia de lo otro", en tanto el sistema y los mecanismos para construir el socialismo y el comunismo realmente se desarrollen, realmente se perfeccionen.

Y lo digo porque tengo la más profunda convicción que si se ignora ese pensamiento, difícilmente se pueda llegar muy lejos, difícilmente se pueda llegar al socialismo verdadero, al socialismo verdaderamente revolucionario, al socialismo con socialistas, al socialismo y al comunismo con comunistas. Estoy absolutamente convencido de que ignorar esas ideas sería un crimen. Eso es lo que nosotros planteamos.

Tenemos suficiente experiencia para saber cómo hacer las cosas, y en las ideas del Che, en el pensamiento del Che hay principios valiosísimos, de un valor inmenso, que rebasan simplemente ese marco que muchos puedan tener de la imagen del Che como un hombre valiente, heroico, puro; del Che como un santo por sus virtudes, y un mártir por su desinterés y heroísmo, sino del Che como revolucionario, del Che como pensador. Del Che como hombre de doctrina, como hombre de grandes ideas que con una gran consecuencia fue capaz de elaborar instrumentos, principios que, sin duda, son esenciales en el camino revolucionario.

Los capitalistas se sienten muy felices cuando se les empieza a hablar de renta, de ganancia, de interés, de primas, de superprimas; cuando se les empieza a hablar de mercados, de oferta y de demanda, como elementos reguladores de la producción y promotores de la calidad, la eficiencia y todas esas cosas. Porque dicen: "Eso es lo mío, esa es mi filosofía, esa es mi doctrina". Y son felices del énfasis que el socialismo pueda poner en ellos porque saben que son aspectos esenciales de la teoría, de las leyes y de las categorías del capitalismo.

A nosotros mismos nos critican unos cuantos capitalistas. Tratan de hacer pensar que no hay realismo en los revolucionarios cubanos, que hay que irse detrás de todos los señuelos del capitalismo y nos enfilan por ello los cañones. Pero ya veremos adónde llegamos, incluso, con el penco lleno de mataduras, pero bien conducido el penco, mientras no tengamos nada mejor que el penco. Veremos adónde llegamos en este Proceso de Rectificación con los pasos que estamos dando hoy.

Y por eso, en este vigésimo aniversario, es que hago una apelación a nuestros militantes, a nuestros jóvenes, a nuestros estudiantes, a nuestros economistas, para que estudien ¡y conozcan el pensamiento político y el pensamiento económico del Che!

El Che es una figura de un prestigio enorme. El Che es una figura que tendrá una ascendencia cada vez mayor. ¡Ah!, y desde luego, los frustrados y los que se atreven a combatir las ideas del Che, o a utilizar determinados calificativos con el Che, o a presentarlo como un iluso, como alguien irreal, no merecen el respeto de los revolucionarios. Por eso es que nosotros queremos que nuestros jóvenes tengan ese instrumento, tengan esa arma en la mano, aunque no fuera por ahora más que para decir: "No siga este camino errado previsto por el Che". Aunque no fuera más que para enriquecer nuestra cultura; aunque no fuera más que para obligarnos a meditar; aunque no fuera más que para profundizar en nuestro pensamiento revolucionario.

Creo sinceramente que, más que el acto, más que las cosas formales, más que los honores, lo que estamos haciendo con los hechos es, realmente, el mejor homenaje que podemos rendirle al Che. Este espíritu de trabajo que se empieza a ver en tantas partes y del cual esta provincia tiene numerosos ejemplos.

Esos trabajadores que allá en Viñales trabajan 12 y 14 horas haciendo micropresas, empezándolas y terminándolas unas detrás de otras. Y haciéndolas con un gasto equivalente a la mitad de su valor, con lo cual pudiera hablarse de que en comparación con otras obras —si fuéramos a utilizar un término capitalista, aunque el Che era opuesto, incluso, al uso de terminología capitalista para analizar las cuestiones del socialismo— si fuéramos a usar el término de rentabilidad, podríamos decir que aquellos hombres de la brigada de construcción de micropresas que están en Viñales, tienen más de un 100 por ciento de rentabilidad. ¡Más de un 100 por ciento de rentabilidad! [*Aplausos*]

¡Ah!, porque algo a lo que el Che le prestó una atención absoluta, total, preeminente, fue a la contabilidad, al análisis de los gastos, al análisis de los costos, centavo a centavo. Che no concebía la construcción del socialismo y el manejo de la economía sin la organización adecuada, el control eficiente y la contabilidad estricta de cada centavo. Che no concebía el desarrollo sin la elevación de la productividad del trabajo.

Che, incluso, estudiaba matemática para aplicar fórmulas matemáticas al control de la economía, y fórmulas matemáticas para medir la eficiencia de la economía. Che, algo más, soñó con la computación aplicada al manejo de la economía como cosa esencial, fundamental, decisiva para medir la eficiencia en el socialismo.

Y esos hombres que mencionaba han hecho un aporte. Por cada peso que cuesta, producen dos pesos; por cada millón de gastos, producen dos millones. Ellos, y los que están trabajando en la presa Guamá, los que están trabajando en el canal, los que están trabajando en la autopista hacia Pinar del Río, los que van a trabajar en la presa del Patate, los que han empezado a trabajar en vías y en la red de agua de la ciudad: hay una serie de colectivos de trabajadores que están llevando a cabo verdaderas proezas; como hombres de vergüenza, hombres de honor, hombres disciplinados, hombres leales al trabajo, están laborando con una enorme productividad.

En días recientes nos reunimos con un grupo de constructores de una avenida en la capital que son todos militantes del partido, o de la juventud, u obreros destacados, alrededor de 200 hombres. De esos hombres, a los que en vez de vincularlos —y no digo que la vinculación sea negativa, hay una serie de actividades en que es absolutamente correcta la vinculación—, como estos hombres andan en camiones y máquinas potentes, no les tenemos que decir: "trabajen más". Más bien les tenemos que decir: "trabajen menos". Es mucho lo que están haciendo hombres como ellos, es demasiado a veces el esfuerzo, hombres a los que tenemos a veces que decirles: "trabajen menos". Hombres a los que tendríamos que decirles: "den menos viajes", porque ustedes, yendo a la velocidad a la que deben ir, no pueden dar 25 viajes de camión con material de mejoramiento, sino 20, pues no queremos que se maten.

Y lo que nos interesa no es lo que hagan, sino la calidad con que lo hagan. Y les decimos: nos interesa mucho más la calidad que la cantidad. [*Aplausos*] La cantidad sin la calidad es botar los recursos, botar el trabajo, botar los materiales.

La voluntad hidráulica que murió, pudiéramos decir, en esos días bochornosos, en ese período bochornoso en que no se terminaba nada, se está recuperando. Y en la recuperación de la voluntad hidráulica marcha a la vanguardia la provincia de Pinar del Río. [*Aplausos*]

Con el mismo espíritu están trabajando las brigadas de camino en las montañas de Pinar del Río. Y con el mismo espíritu se extiende por todo el país este propósito de rescatar la voluntad hidráulica y la voluntad de hacer caminos y carreteras, mejorar la eficiencia de nuestra economía, de nuestras fábricas, de nuestra agricultura, de nuestros centros hospitalarios, de nuestras escuelas, de llevar adelante con energía el desarrollo económico y social del país.

Afortunadamente, en estos años se ha creado un enorme caudal de personas con elevado nivel técnico, un caudal de conocimientos, de experiencias, de técnicos de nivel universitario, de técnicos de nivel medio. Lo que tenemos hoy, ¿cómo se compara con lo que teníamos aquellos primeros años de la revolución? Cuando el Che estaba al frente del Ministerio de Industrias, ¿cuántos ingenieros tenía el país, cuántos técnicos, cuántos proyectistas, cuántos investigadores, cuántos científicos? Hoy debemos tener alrededor de 20 veces lo que teníamos entonces, quizás más. Si él hubiera dispuesto de la experiencia colectiva de todos estos cuadros de que disponemos hoy, cuánto no habría imaginado que podía hacerse.

Si analizamos solo en el sector de la medicina, teníamos entonces 3 mil médicos, y hoy tenemos 28 mil. Hoy cada año, en nuestras 21 facultades, graduamos tantos médicos como los que quedaron en nuestro país. ¡Qué privilegio, qué potencia, qué fuerza! Y a partir del año que viene estaremos graduando más médicos cada año que los que quedaron en nuestro país. ¿Podremos o no podremos hacer ahora en el campo de la salud pública lo que nos propongamos hacer? ¡Y qué médicos, que van al campo, que van a las montañas, que van a Nicaragua, que van a Angola, que van a Mozambique, que van a Etiopía, que van a Vietnam, que van a Kampuchea [Camboya], que van al fin del mundo! ¡Esos son los médicos que ha ido formando la revolución! [*Aplausos*]

Estoy seguro de que el Che se sentiría orgulloso, no de las chapucerías que se han hecho con tanto mercachiflismo; se sentiría orgulloso del nivel cultural que tiene hoy nuestro pueblo, del nivel técnico, de nuestros maestros que fueron a Nicaragua y en número de 100 mil se llegaron a ofrecer a ir a Nicaragua. Se sentiría orgulloso de nuestros médicos dispuestos a ir a cualquier parte del mundo, de nuestros técnicos, ¡de nuestros cientos de miles de compatriotas que han cumplido misiones internacionalistas! [*Aplausos*]

Estoy seguro de que el Che se sentiría orgulloso de ese espíritu, como nos sentimos todos. Pero lo que hemos creado con la cabeza y con el corazón, no podemos permitir que se desbarate con los pies. [*Aplausos*] De eso se trata, y de que con todos estos recursos que hemos creado, con toda esta fuerza, podamos avanzar y podamos aprovechar todas las posibilidades del socialismo, todas la posibilidades de la revolución, para mover al hombre y marchar adelante. Quiero saber si los capitalistas tienen ese tipo de hombre como el que hemos mencionado aquí.

Como internacionalistas o como trabajadores hay que verlos; hay que reunirse con ellos para ver cómo sienten, cómo piensan, para conocer lo enamorados que están de su tarea. Y no es por vicio de trabajar que actúan así, sino por la necesidad de recuperar el tiempo perdido; tiempo perdido en los años de revolución, tiempo perdido durante casi 60 años de república neocolonizada, tiempo perdido en siglos de colonialismo.

¡Tenemos que recuperarlo! Y no hay otra forma de recuperarlo que trabajando duro. No esperar 100 años para hacer 100 círculos en la capital, si realmente con nuestro trabajo los podemos hacer en dos. No esperar 100 años para hacer 350 en todo el país, si realmente con nuestro trabajo los podemos hacer en tres. No hay que esperar 100 años para resolver el problema de la vivienda si con nuestro trabajo, nuestra piedra, nuestra arena, nuestros materiales, nuestro cemento producido, incluso, con nuestro petróleo y nuestro acero producido por nuestros trabajadores, podemos hacerlo en unos pocos años.

Como decía esta tarde en el acto del hospital, el año 2000 está a la vuelta. Tenemos que proponernos ambiciosas metas para el año 2000, no para el año 3000, ni para el 2100 o para el año 2050. Y al que nos venga a sugerir tales cosas, decirle: "Tú podrás conformarte, ¡nosotros no! A los que nos ha tocado la misión histórica de crear un país nuevo, una sociedad nueva; a los que nos ha tocado la misión histórica de hacer una revolución y de desarrollar el país. A los que nos ha tocado el honor y el privilegio no solo de llevar a cabo el desarrollo, sino de llevar a cabo un desarrollo socialista y de trabajar por una sociedad más humana, una sociedad superior".

A los que nos vengan alentando a la holgazanería y a la frivolidad, les vamos a decir: "Vamos a vivir incluso más que tú, no solo mejor que tú, o lo que se viviría si la gente fuera como tú. Vamos a vivir más años que tú y vamos a ser más saludables que tú, porque tú, con tu holgazanería, vas a ser un sedentario, un obeso, vas a padecer de problemas cardiacos, problemas circulatorios y todo tipo de calamidades, porque el trabajo no daña la salud, el trabajo ayuda la salud, protege la salud, el trabajo hizo al hombre".

De modo que estos hombres que están haciendo proezas tenemos que convertirlos en modelos. Diríamos que estos hombres están cumpliendo la consigna de "¡Seremos como el Che!" Trabajan como trabajó el Che, trabajan como trabajaría el Che. [*Aplausos*]

Cuando se discutía dónde celebrar el acto, había muchos posibles lugares. Podía ser en la capital, en la Plaza de la Revolución; podía ser en una provincia. Podía ser en muchos de los centros o fábricas en que los trabajadores querían ponerles el nombre del Che.

Analizamos, meditamos, y pensando en esta nueva fábrica, en esta importante fábrica, orgullo de Pinar del Río, orgullo del país, ejemplo de lo que pueden hacer el progreso, el estudio, la educación, cuando en esta provincia hace pocos años tan olvidada y atrasada han sido capaces sus jóvenes trabajadores de manejar una industria tan compleja y tan sofisticada. Baste decir que los salones donde se imprimen esos circuitos tienen 10 veces más limpieza que un salón de operaciones, para poderlos hacer con la calidad requerida. Qué complejas construcciones, qué obra fue necesario hacer, con qué calidad, qué equipamiento y qué trabajo maravilloso están haciendo allí los pinareños. [*Aplausos*]

Cuando nosotros vinimos de visita y lo recorrimos, nos llevamos una impresión inolvidable que trasmitimos a muchos compañeros, que trasmitimos a los compañeros del Comité Central, lo que estaban haciendo en esta fábrica, lo que estaban haciendo en la industria mecánica, industria que también se desarrolla a gran ritmo; lo que estaban haciendo en las construcciones. Veíamos el porvenir de esta industria, como productora de componentes, de tecnología de vanguardia, que va a tener una incidencia enorme en el desarrollo, una incidencia enorme en la productividad, una incidencia enorme en la automatización de los procesos productivos.

Cuando vimos la excelente fábrica que poseían, cuando vimos las ideas que se elaboran y se ejecutan en torno a esta fábrica, que llegará a ser un gran combinado de miles y miles de obreros, orgullo de la provincia y orgullo del país, que en los próximos cinco años recibirá inversiones por valor de más de 100 millones de pesos para convertir esta industria en un gigante.

Y cuando supimos que sus trabajadores querían que esta fábrica llevara el nombre del Che, que tanto se preocupó por la electrónica, por la computación, por las matemáticas, la dirección de nuestro partido decidió que fuese aquí el acto de recordación del vigésimo aniversario de la caída del Che, [*Aplausos*] y que esta fábrica lleve el glorioso y querido nombre de Ernesto Che Guevara. [*Aplausos*]

Sé que sus obreros, sus jóvenes trabajadores, sus decenas y decenas de ingenieros, sus cientos de técnicos sabrán honrar ese nombre y sabrán trabajar como hay que trabajar. Y cuando hablamos de trabajo, no quiere decir que trabajo solo sea trabajar 14 horas, 12 ó 10. Muchas veces determinado trabajo, en jornadas de 8 horas, bien realizado, es una proeza. Y hemos visto compañeros y compañeras, sobre todo muchas compañeras, haciendo microsoldaduras, un trabajo duro, un trabajo verdaderamente tenso que requiere un rigor, una atención y una concentración tremenda. Hemos visto y así no nos imaginamos cómo pueden estar 8 horas realizando esa tarea compañeras que hacen hasta 5 mil microsoldaduras en una jornada.

No piensen que creemos, compañeras y compañeros, que solo trabajando 12 ó 14 horas resolvemos los problemas. Hay actividades en que no se puede trabajar 12 ni

14 horas. Hay actividades en que incluso 8 horas pueden ser muchas. Y esperamos que un día todas las jornadas no sean iguales. Esperamos incluso que en ciertas actividades, si tenemos fuerza de trabajo suficiente —y la tendremos si somos racionales en su empleo— podamos establecer, en ciertas actividades, turnos de 6 horas.

Lo que quiero decir es que ser dignos del ejemplo y del nombre del Che es también saber aprovechar la jornada laboral con adecuada intensidad, velar por la calidad, aplicar el multioficio, evitar los excesos de plantilla, trabajar organizadamente, desarrollar la conciencia.

Yo estoy seguro de que el colectivo de esta fábrica sabrá ser acreedor al honor de que el combinado lleve el nombre del Che, [*Aplausos*] como estamos seguros de que esta provincia ha sido acreedora y será acreedora a que este aniversario se haya celebrado aquí.

Si algo nos faltara por decir esta noche, es que pese a las dificultades; pese a que contamos con menos recursos en divisas convertibles que nunca, por factores que ya hemos explicado; pese a la sequía; pese al recrudecimiento del bloqueo imperialista, a medida que veo cómo reacciona el pueblo, a medida que veo cómo surgen más y más posibilidades, nos sentimos seguros, nos sentimos optimistas. Y experimentamos la más profunda convicción de que todo lo que nos propongamos hacer ¡lo haremos! [*Aplausos*]

¡Y lo haremos con el pueblo, lo haremos con las masas! ¡Lo haremos con los principios; lo haremos con la vergüenza y el honor de cada uno de nuestros militantes, de nuestros trabajadores, de nuestros jóvenes, de nuestros campesinos, de nuestros intelectuales!

Y digo así, con satisfacción, hoy, que estamos rindiéndole al Che el honor que merece, el tributo que merece; ¡y si él vive más que nunca, la patria vivirá también más que nunca! ¡Si él es un adversario más poderoso que nunca frente al imperialismo, la patria será también más fuerte que nunca frente a ese mismo imperialismo y frente a su podrida ideología! [*Aplausos*]

¡Y si un día escogimos el camino de la revolución, de la revolución socialista, el camino del comunismo, de la construcción del comunismo, hoy estamos más orgullos de haber escogido ese camino porque solo ese camino es capaz de crear hombres como el Che, es capaz de forjar un pueblo de millones de hombres y mujeres capaces de ser como el Che! [*Aplausos*]

Como decía Martí:[7] ¡Si hay hombres sin decoro, hay hombres que llevan en sí el decoro de muchos hombres! Podríamos añadir: hay hombres que llevan en sí el decoro del mundo, ¡y ese hombre es el Che!

¡Patria o muerte!

¡Venceremos! [*Ovación*]

"**Cuba es una trinchera de libertad, situada a pocos pasos del imperialismo norteamericano. Muestra con su ejemplo que los pueblos sí pueden liberarse**". —*Ernesto Che Guevara, 1964*

**Abajo:** La Habana, 1 de enero de 1959. Trabajadores y jóvenes celebran derrocamiento revolucionario de la dictadura, apoyada por Washington, de Fulgencio Batista.

**Arriba:** Principios de enero de 1959. Fidel Castro (derecha) y Camilo Cienfuegos, comandante del Ejército Rebelde, encabezan victoriosa Caravana de la Libertad en recorrido por Cuba. Cientos de miles en ciudades y pueblos salieron para saludar y hablar con los combatientes. El pueblo cubano hizo sentir su peso en el curso de la revolución.

**"Las primeras leyes revolucionarias fueron fieles a los compromisos que hicimos con el pueblo. Hicimos un cambio realmente radical en la vida del país".** —*Fidel Castro, 1987*

Reforma agraria, mayo 1959. El gobierno revolucionario cumplió su promesa de limitar el tamaño de los inmensos latifundios de capitalistas extranjeros y cubanos. **Arriba:** Unos 100 mil campesinos y obreros agrícolas recibieron títulos de tierras que trabajaban.

Che Guevara (centro) sustituye a figura burguesa Felipe Pazos (2º de la derecha) como presidente del Banco Nacional, noviembre 1959. Izquierda: el presidente Osvaldo Dorticós. Al avanzar la revolución, el nuevo gobierno dirigió al pueblo trabajador a tomar más y más control de la economía.

GRANMA

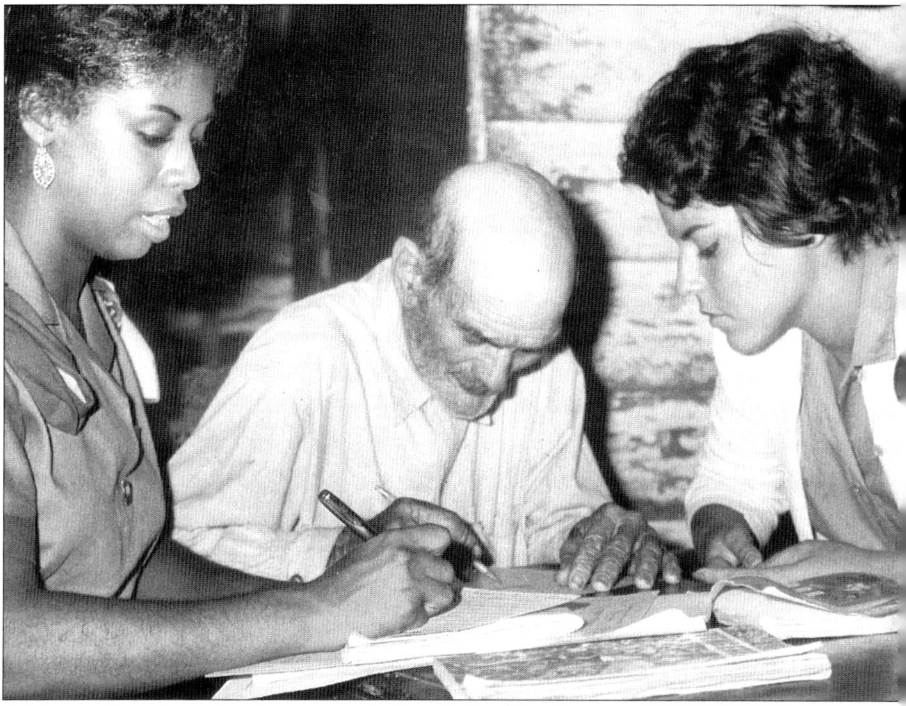

Durante el "Año de la Educación", 270 mil voluntarios, en su mayoría muchachas, se sumaron a una campaña que acabó con el analfabetismo en 1961. Muchos vivieron con familias de campesinos u obreros agrícolas, trabajaron con ellos en el campo y por la noche los alfabetizaron.

BOHEMIA

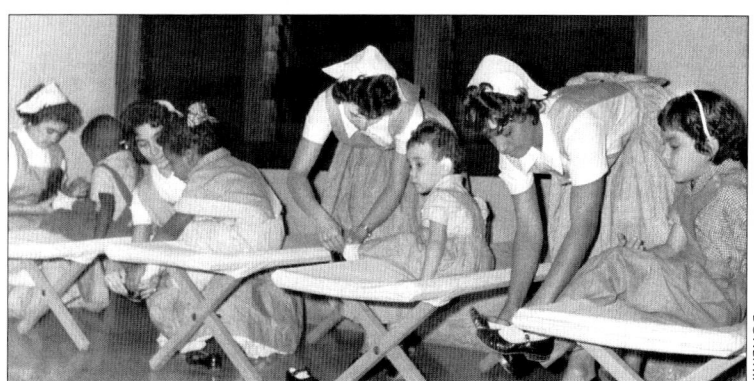

Hora de siesta en círculo infantil, abril 1961. Las familias podían estar seguras de que sus hijos serían cuidados en estos centros, una prioridad temprana de la revolución. Esto permitió que las mujeres se integraran a la fuerza laboral.

**"Con la revolución socialista, el hombre deja de ser esclavo de su entorno y se convierte en arquitecto de su propio destino".** —*Che Guevara, 1960*

OFICINA DE ASUNTOS HISTÓRICOS DEL CONSEJO DE ESTADO

La Habana, agosto 1960, durante "Semana de Júbilo Popular". Trabajadores celebran nacionalización de empresas imperialistas, tiran al mar ataúdes que representan a Esso, United Fruit y otras compañías.

Milicianos hacen guardia en refinería, nacionalizada en 1960.

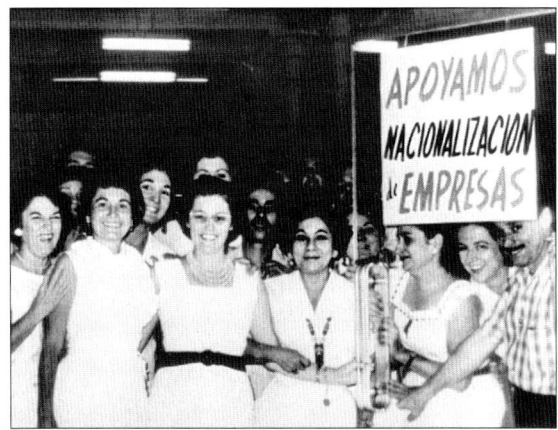

Trabajadores de tienda en La Habana apoyan medidas del gobierno revolucionario, agosto 1960.

BOHEMIA

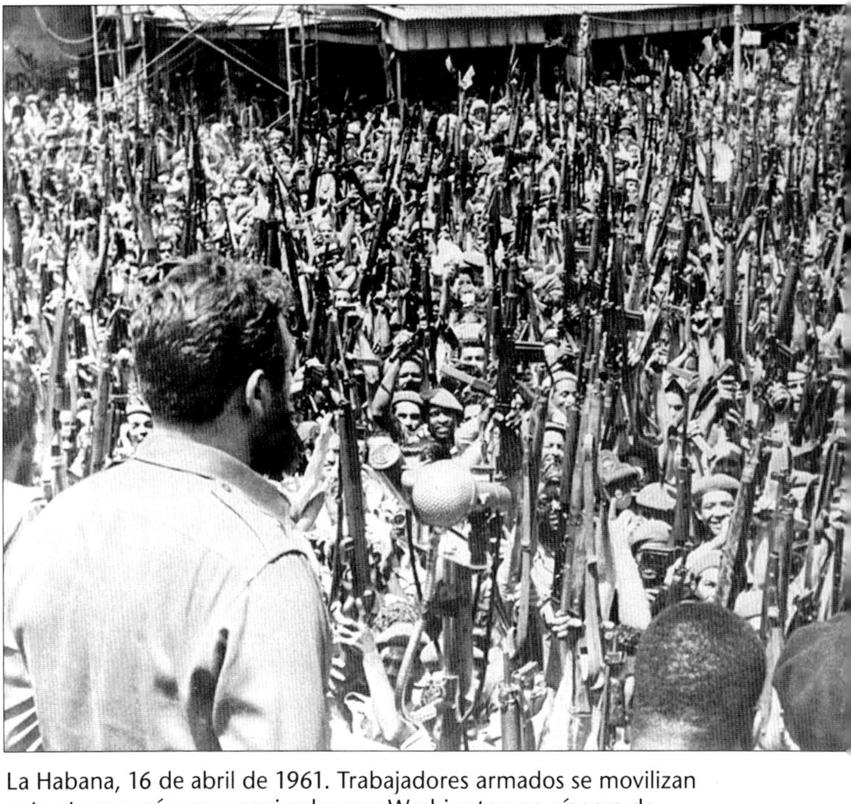

GRANMA

La Habana, 16 de abril de 1961. Trabajadores armados se movilizan ante ataques aéreos organizados por Washington en víspera de invasión mercenaria en Playa Girón. "Lo que no pueden perdonarnos los imperialistas", dijo Fidel Castro, es que la clase trabajadora haya hecho "¡una revolución socialista en sus propios narices!"

"La construcción del socialismo se basa en la capacidad de las masas para organizarse y dirigir la economía, para superar día a día sus conocimientos". —*Che Guevara, 1962*

ALBERTO KORDA

**Arriba**: La Habana, noviembre 1961. Che Guevara, ministro de industrias, presenta bandera "Territorio Libre de Analfabetismo" a obreros de fábrica de pinturas Clipper. "No se trata de establecer un récord mundial", dijo. "Necesitamos que la gente sepa leer y escribir para aprender otras muchas cosas, para ligar el estudio al trabajo".

**Izquierda:** Guevara prueba prototipo de combinada cañera en Camagüey, febrero 1963. El gobierno revolucionario mecanizó este trabajo deslomador, elevando la producción y mejorando las condiciones para cientos de miles de obreros agrícolas.

Guevara en una de sus frecuentes visitas a fábricas. Hablaba con trabajadores de la importancia de sentar un ejemplo de disciplina, control financiero y ante todo conciencia comunista del trabajo como responsabilidad social.

Mujeres aprenden reparación de autos, noviembre 1962. En respuesta a su deseo a aportar a la revolución, la dirección cubana organizó escuelas para capacitar a mujeres en empleos antes limitados a hombres.

**"Al crecer las fuerzas productivas junto con el desarrollo integral del individuo, el trabajo se convertirá no solo en un medio de sustento, sino en una necesidad humana vital".** —*Carlos Marx, 1875*

Trabajadores van como voluntarios al corte de caña durante la zafra de 1963.

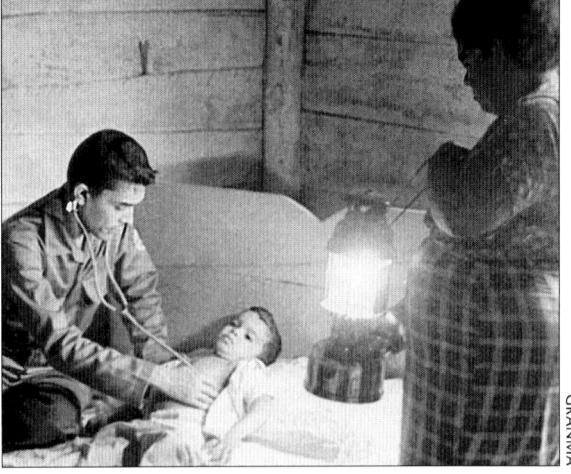

Sierra Maestra, Cuba oriental, 1960. Uno de los 300 médicos voluntarios en un programa rural de salud. "Aquí no había ni hospital ni farmacia", dijo un médico, "solo gente que necesitaba atención".

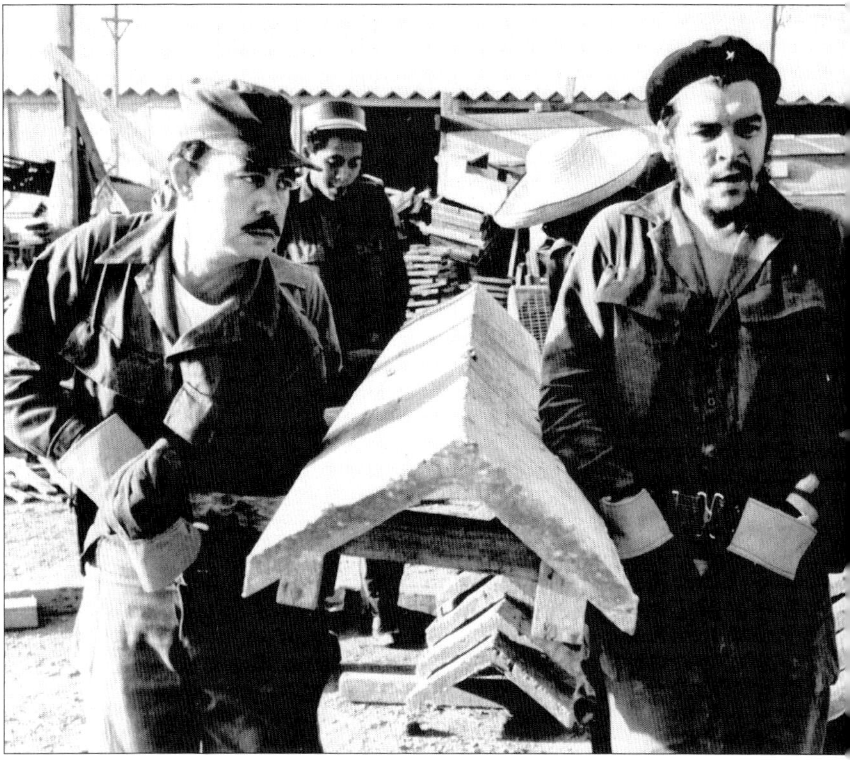

LIBORIO NOVAL

Guevara se suma a trabajo voluntario en un contingente de construcción de viviendas, febrero 1961.

**"A través del trabajo voluntario", dijo el dirigente revolucionario ruso V.I. Lenin, "nos estamos preparando para construir el socialismo, nuevas relaciones sociales".**

**Derecha:** El Primero de Mayo de 1920, cientos de miles de trabajadores por toda Rusia participaron en trabajo voluntario. Che Guevara sacó lecciones de estas experiencias de la Revolución Rusa de 1917. Aquí, una brigada en Moscú vuelve a poner vagón de tren sobre rieles.

WALTER MEAKIN/DAILY NEWS (LONDRES)

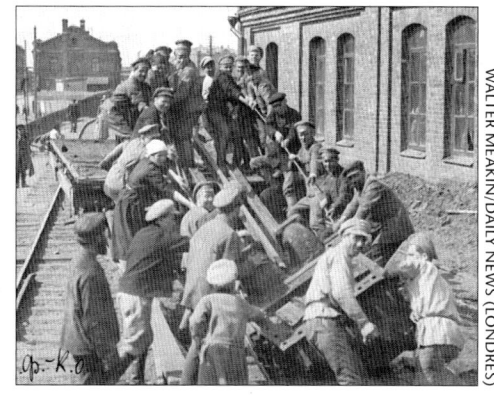

"El trabajo voluntario fue creación del Che, una de las mejores cosas que nos legó". Pero con los años, prevaleció el criterio tecnocrático de que "era una pérdida de tiempo. Los que creen en el mercachiflismo lo habían desbaratado". —*Fidel Castro, 1987*

Castro dirigió una ofensiva política a partir de 1986 contra métodos capitalistas de organizar el trabajo. El Proceso de Rectificación, como llegó a conocerse, buscaba restaurar métodos proletarios para satisfacer necesidades sociales del pueblo trabajador.

JON HILLSON/MILITANT

La Habana, mayo 1990. Contingente de constructores voluntarios en el desfile del Día Internacional de los Trabajadores.

"¿Qué estamos rectificando?" preguntó Fidel en octubre de 1987. Las muchas cosas que se apartaron de "la creación revolucionaria, de la solidaridad. Estamos rectificando las chapucerías y mediocridades que eran la negación de las ideas del Che, de su pensamiento revolucionario, su espíritu y ejemplo".

CINDY JAQUITH/MILITANT

Miembros de microbrigada voluntaria construyen complejo de apartamentos en La Habana, febrero 1990.

Con el Proceso de Rectificación, dijo Fidel, hubo 20 mil miembros de microbrigadas en La Habana y miles más en toda Cuba. Trabajadores dejaron voluntariamente sus trabajos de producción en empresas estatales durante semanas o meses, con paga. Construyeron viviendas, escuelas, clínicas y otras necesidades, mientras sus compañeros de trabajo cubrían sus puestos.

**"Las microbrigadas están surgiendo de sus cenizas como el ave Fénix y demostrando lo que significa ese camino revolucionario".**
—*Fidel Castro, 1987*

Durante el Proceso de Rectificación las microbrigadas construyeron más de 100 círculos infantiles en dos años, solo en La Habana, como este centro estrenado en 1990.

Fidel preguntó a los de mentalidad capitalista que se oponían al trabajo voluntario: "¿Podrían ustedes construir 50 círculos infantiles en un año sin un centavo más de salario?, cuando antes se había planificado solo cinco en el quinquenio" y no se construían, y "cuando 19,500 madres esperaban por el círculo, que no se sabe cuándo llegaría".

"¡A ese ritmo necesitaríamos 100 años!" dijo Fidel. "Para esa fecha ya se habrían muerto, y por suerte, todos los tecnócratas, capitalistas de pacotilla y burócratas que obstruyen la construcción del socialismo".

TOMÁS BARCELÓ/BOHEMIA

Diciembre 1987. Acto para inaugurar nuevo círculo infantil en La Habana. Carteles dicen, "Los microbrigadistas de Cerro en su obra creadora entregarán su primer círculo infantil" y "Ahora sí vamos a construir el socialismo".

**El Proceso de Rectificación y el internacionalismo revolucionario cubano fueron de la mano: desde Angola y el sur de África hasta América Central y el Caribe.**

BRIDGET ELTON/MILITANT

Bluefields, Nicaragua, marzo 1989. Miembros del Contingente José Martí, mayormente veteranos de microbrigadas en La Habana, trabajan junto a voluntarios nicaragüenses reemplazando viviendas destruidas por el ciclón Joan.

"No luchamos principalmente por nosotros. Por eso nos llamamos internacionalistas, nos llamamos socialistas, nos llamamos comunistas". —*Fidel Castro, 1996*

Argelia, julio 1964. Voluntarios cubanos de la salud con Che Guevara. Fue la primera misión médica internacionalista cubana. Argelia se había independizado de Francia dos años antes.

Vietnam, agosto 1974. Voluntarios cubanos y constructores vietnamitas amplían la Ruta Ho Chi Minh, utilizada para transportar armas, suministros y tropas. En abril de 1975, los combatientes libertarios derrotaron al régimen títere del Sur y expulsaron a las fuerzas invasoras norteamericanas.

Entre 1975 y 1991, unos 425 mil voluntarios cubanos ayudaron a defender la independencia de Angola contra invasiones del régimen supremacista blanco de Sudáfrica.

**"En los nuevos e inesperados desafíos, siempre podremos evocar la epopeya de Angola con gratitud. Sin Angola no seríamos tan fuertes como somos hoy".** —*Raúl Castro, mayo de 1991*

Cuito Cuanavale, sur de Angola, mayo 1988. Combatientes cubanos y angolanos propinaron allí una derrota decisiva al ejército sudafricano. "Las fuerzas invasoras se rompieron los dientes", dijo Fidel Castro.

**Arriba:** Grupo de niños ucranianos llega a La Habana, marzo 1991, parte de los 25 mil que recibieron tratamiento médico tras el desastre nuclear en Chernóbil.

**Izquierda:** El presidente cubano Fidel Castro recibe al primer grupo en el aeropuerto, 1990.

## "La revolución socialista cubana mostró que se podía hacer una revolución y tomar el poder".
### —Che Guevara, mayo de 1961

Ecuador, junio 2022. Durante dos semanas el país se vio estremecido por protestas contra el impacto devastador del alza de precios del combustible en el costo de vida del pueblo trabajador.

Memphis, Tennessee: Miembros del Sindicato de Obreros de Panadería en huelga contra International Flavors and Fragrances, junio 2023. El paro fue contra los intentos de los patrones de recortar el pago por horas extras y los beneficios.

"Este libro sobre el legado de Che ayudará a aumentar la disposición de combate y eficacia política de una nueva generación de trabajadores. Ofrece lecciones irremplazables, asimiladas por la clase trabajadora moderna con enormes esfuerzos y sacrificios". —*Prefacio, Mary-Alice Waters*

**PRIMERA PARTE**

# El sistema de dirección de la economía en el socialismo: cuestiones teóricas y metodológicas en el pensamiento de Che

*Capítulo 1*

# El sistema de dirección económica y sus categorías

Uno de los grandes méritos teóricos de Che radica en haber realizado la síntesis, en sus trabajos sobre el período de transición, de dos elementos que en la estructuración de la teoría de Marx y Engels aparecen *indisolublemente ligados* como un todo único.

El primero de estos elementos es la producción económica. El segundo es la producción y reproducción de las *relaciones sociales* mediante las cuales se realiza la producción económica, esto es, las relaciones económicas y el resto de las relaciones sociales que los hombres establecen en el proceso de producción y fuera de este.

En la teoría de Marx y Engels, estos elementos adquieren vida cuando son estimados como elementos de una totalidad (la formación social). Fueron separados por los teóricos burgueses y la socialdemocracia de la Segunda Internacional, vueltos a unir por Lenin en medio de la construcción del primer poder proletario, y separados nuevamente por la inmensa mayoría de los teóricos y dirigentes que sucedieron a Lenin.

Del divorcio de estos dos elementos, desde la época de la Segunda Internacional, resulta la desnaturalización más brutal a la que fue sometida la teoría de Marx y Engels. Constituye el retorno a posiciones filosóficas premarxistas, lo que da origen a la desunión entre teoría y práctica revolucionarias, de modo que, una sin la otra, pierden su fuerza revolucionaria y sus potencialidades.

La originalidad de Che descansa, entre otras cosas, en el hecho de haber defendido estos y otros importantes principios del marxismo-leninismo en la teoría económica del período de transición al comunismo a partir de las nuevas variables presentes, derivadas del sistema socio-económico-político que le tocó vivir.

Che sentó las bases para una teoría del período de transición al comunismo, cuyo sistema de dirección económica sustenta la posibilidad de edificar la nueva sociedad en un país subdesarrollado por caminos legítimamente revolucionarios.

Este sistema considera que la palanca fundamental de la construcción del socialismo en la sociedad humana debe ser la de los estímulos morales, "sin olvidar una correcta utilización del estímulo material, sobre todo de naturaleza social".[1] Este modelo permite, a su vez, desarrollar constantemente la propia teoría como única vía para crear una ciencia marxista-leninista del período de transición útil a cada práctica revolucionaria.

Su quehacer revolucionario en las distintas y multifacéticas tareas que como constructor hubo de desempeñar, unido a su incisivo espíritu crítico, su profundo y original pensamiento, lo llevó no solo a pensar la revolución en la que él —como miembro de la vanguardia— tenía una destacada participación, sino a aportar sus elementos teóricos en la construcción de la sociedad comunista.

LAS NOTAS COMIENZAN EN LA PÁGINA 342

Esto implicaba poseer y cultivar un alto espíritu crítico para evitar errores que obstaculizarían el proceso de creación y desarrollo de nuevas relaciones humanas. El elogio del sistema, por poner solo un ejemplo, podría devenir en un freno del proceso revolucionario:

> Desgraciadamente, a los ojos de la mayoría de nuestro pueblo, y a los míos propios, llega más la apología de un sistema que el análisis científico de él. Esto no nos ayuda en el trabajo de esclarecimiento y todo nuestro esfuerzo está destinado a invitar a pensar, a abordar el marxismo con la seriedad que esta gigantesca doctrina merece.[2]

Algún tiempo después, en 1965, Che afirmaría:

> Si a esto se agrega el escolasticismo que ha frenado el desarrollo de la filosofía marxista e impedido el tratamiento sistemático del período, cuya economía política no se ha desarrollado, debemos convenir en que todavía estamos en pañales y es preciso dedicarse a investigar todas las características primordiales del mismo antes de elaborar una teoría económica y política de mayor alcance.[3]

Desde muy temprano, Che había tomado conciencia de uno de los hechos teóricos más angustiosos de su época: el estancamiento del pensamiento marxista divulgado.[4]

La Revolución Cubana representa un momento crucial en la historia del pensamiento marxista-leninista, momento en que el marxismo-leninismo echó, definitivamente, raíces en Nuestra América, al entroncar, de modo coherente, con las mejores tradiciones revolucionarias. Lo que de forma peyorativa los imperialistas denominan "castrismo" es, en efecto, una etapa vital en el desarrollo de la teoría y la práctica marxista-leninista.

Al igual que Lenin rescató las ideas revolucionarias del cieno reformista socialdemócrata, Fidel Castro revitalizó el marxismo-leninismo y lo desarrolló de acuerdo con las peculiaridades y exigencias de la revolución latinoamericana. Y pudo hacerlo porque la Revolución Cubana, mera apertura de la revolución continental, fue desde el asalto al Moncada[5] una "rebelión contra las oligarquías y contra los dogmas revolucionarios".[6] Así definiría Che aquella épica gesta.

Che fue el más brillante y genial modelo de esa escuela de pensamiento y acción revolucionarios, en muchas de cuyas formulaciones y pasajes participó primero, para suscribirlas luego con su sangre. Y Che sería por ello, como Fidel, como Lenin, un profundo crítico de los dogmas y desviaciones que abrían grietas por las que el enemigo de clase pretendía infiltrarse.

Guevara comprendió la necesidad del análisis crítico en la construcción del socialismo y el comunismo. Dedicó una gran parte de sus estudios a la profundización de la teoría revolucionaria como necesidad insoslayable para preservarla de las desviaciones teóricas, ideológicas y políticas, y para hacer de su desarrollo un arma para la construcción práctica de la nueva sociedad.

El espíritu que impregnaba las despiadadas críticas de Marx a la tendencia apologética de la ciencia burguesa guiaría la asunción del marxismo-leninismo por los revolucionarios cubanos. Como dijo Che: "Se debe ser 'marxista' con la misma naturalidad con que se es 'newtoniano' en física, o 'pasteuriano' en biología".[7]

¿Cuál es la economía política de la transición? ¿Existe tal economía política con una especificidad propia? ¿Debe formularse necesariamente una economía política del período de transición? Y, en caso afirmativo, ¿sobreviviría al período de transición o desaparecería en la sociedad comunista, siendo sustituida por una suerte de "tecnología social"? ¿Qué *políticas económicas* adoptar? ¿Qué relación guardan estas con la economía política del período de transición? ¿Cómo se organiza el nuevo orden?

Estos y otros interrogantes hervían en los cerebros de los jóvenes revolucionarios, quienes, buscando en vano la obra donde aparecieran contestadas, se remitirían a los clásicos. Es conveniente puntualizar que esta búsqueda cubana de las teorías marxistas tuvo motivaciones diferentes de la europea. Allí se trataba de un regreso al Marx joven, en quien algunos creyeron encontrar las especulaciones antropológicas con que justificar el retorno a viejas posiciones humanistas como vía de escape a las simplificaciones teóricas de algunos manuales y monografías.

Sin embargo, en Marx, como veremos, los dirigentes de la Revolución Cubana no encontrarían la "economía política de la transición", pero sí las indicaciones sobre el condicionamiento histórico de todo pensamiento. A su vez, Marx les haría ver que su objeto de estudio siempre fue "el modo de producción capitalista y las relaciones de producción e intercambio a él correspondientes"[8], con vistas a realizar la revolución comunista, y que el presente explica el pasado, pero no siempre hay que conocer el pasado para comprender el presente.

> La sociedad burguesa es la más desarrollada y compleja organización histórica de la producción. Las categorías que expresan sus relaciones, una comprensión de su estructura, también dan una idea de la estructura y las relaciones de producción de todas las anteriores formas de sociedad pasadas, a partir de cuyos elementos y ruinas se edificó la sociedad burguesa.

Algunos de estos vestigios, aún no asimilados, se ven arrastrados al seno de la sociedad burguesa, mientras que elementos que apenas se habían manifestado alcanzan en ella su pleno significado, etc.

La anatomía del hombre da una clave para comprender la anatomía del simio. Por otra parte, solo es posible comprender las manifestaciones de formas superiores en las especies animales inferiores cuando ya se comprenden estas formas superiores.

La economía burguesa brinda así la clave para comprender la economía antigua, etc. Pero no como hacen los economistas, quienes borran todas las diferencias históricas y ven la forma burguesa en todas las formas de sociedad. Uno puede comprender el tributo, el diezmo, etc., cuando conoce la renta del suelo. Pero no hay que tratarlos como cosas idénticas.

Además, puesto que la misma sociedad burguesa es una forma contradictoria de desarrollo, contiene relaciones derivadas de formas anteriores solo de manera atrofiada o hasta disfrazada. Por ejemplo, la propiedad comunal. Por tanto, si bien es cierto que las categorías de la economía burguesa tienen validez para las demás formas de sociedad, hay que tomar esto con un grano de sal. Pueden contener estas formas —sea de manera desarrollada, atrofiada o caricaturesca, etc.— pero siempre con una diferencia fundamental.[9]

Así, la idea de la especificidad del nuevo régimen se perfilaba cada vez con mayor nitidez. La revolución soñada y pensada por Marx y Engels expresa un viraje, no solo en la historia sino en la *forma* de hacer la historia. Por primera vez, el hombre asume *conscientemente* la tarea de la organización social. Con la posibilidad de decisión sobre los niveles económico-políticos, se convierte en arquitecto de su destino. Hasta ese momento, la sociedad escindida y disparada en distintas direcciones, sin conciencia de las fuerzas que entraban en juego en el devenir histórico, había sido en gran medida juguete de estas fuerzas.

Una imagen exacta de esta forma "ciega" de hacer historia nos la brindan Marx y Engels en el *Manifiesto del Partido Comunista*:

> Las relaciones burguesas de producción y de cambio, las relaciones burguesas de propiedad, toda esta sociedad burguesa moderna, que ha hecho surgir como por encanto tan potentes medios de producción y de cambio, se asemeja al mago que ya no es capaz de dominar los poderes infernales que ha desencadenado con sus conjuros.[10]

La sociedad producía una historia aparentemente incoherente y contradictoria como ella misma, en la que las fuerzas económicas, entonces ajenas a toda conciencia, se imponían como leyes suprahumanas, y eran por ello la única pista posible para que la ciencia social dilucidara aquel problema y alcanzara sus primeras conclusiones.

Las tendencias y regularidades que en los distintos niveles caracterizan al régimen capitalista solo fueron captadas y explicadas racionalmente con la aparición de la economía política como ciencia social. Incluso entonces, la apologética de la ciencia burguesa impidió detectar muchos de sus rasgos significativos. El marxismo, como conciencia crítica de la realidad capitalista, logró, finalmente, aprehenderla en gran medida.

Sin embargo, es obvio que el conocimiento de la problemática social no era un factor suficiente —aunque sí importante— para su sujeción a la voluntad humana. Conocer el significado de la plusvalía no elimina, *per se*, su existencia; es necesario barrer las estructuras que la originan. Para eliminar la estructura sociopolítica burguesa y apropiarse de su existencia, las fuerzas revolucionarias encontraron dos instrumentos: la revolución y la dictadura del proletariado. Con el primero derrocarían al gobierno burgués. Con el segundo destruirían su estado, lo sustituirían y someterían a las fuerzas sociales a su arbitrio, iniciando una nueva *forma* de hacer historia: el proyecto revolucionario se expresaba ahora a través del *plan económico*. A la conciencia de la realidad, se sumaba ahora el poder de decisión sobre ella.

En esta situación, ¿cuáles son los elementos de la posible teoría?

Todo indica que las decisiones que se toman centralmente pueden ayudar a organizar, de manera progresiva, a los distintos elementos de la sociedad, permitiendo, con el paso del tiempo, equipar a estos elementos con algunas de las regularidades y tendencias más significativas del pensamiento científico. Pero estas *tendencias* ya no se "impondrán con férrea necesidad" sobre los hombres, puesto que han sido, de hecho, el fruto de su acción consciente y continúan dependiendo de ella.

> Después de la Revolución de Octubre de 1917, de la revolución de Lenin, el hombre ya adquirió una nueva conciencia. Aquellos hombres de la Revolución Francesa, que tantas cosas bellas dieron a la humanidad, que tantos ejemplos dieron y cuya tradición se conserva, eran, sin embargo, simples instrumentos de la historia. Las fuerzas económicas se movían y ellos interpretaban el sentir popular, el sentir de los hombres de aquella época, y algunos intuían más lejos aún, pero no eran capaces todavía de dirigir la historia, de construir su propia historia conscientemente.

Después de la Revolución de Octubre se ha logrado eso, y después de la Segunda Guerra Mundial, el bloque de los países que integran el campo de la paz y del socialismo ya es muy fuerte. Ya hay mil millones de hombres que dirigen la historia, que la construyen, que saben lo que están haciendo. Y entre esos mil millones, como una gota, pero como una gota diferenciable, con características propias y con todo nuestro orgullo, están los siete millones de cubanos.[11]

El corolario alcanzado era el siguiente: cada proceso de transición al comunismo: si bien enmarcado en la semejanza que le otorgan sus premisas (dictadura del proletariado, socialización de los medios de producción, etc.) y sus objetivos (creación de la sociedad comunista), reviste una especificidad incuestionable que brota de las decisiones particulares que las distintas direcciones políticas toman como respuesta a los problemas que les sugieren sus diferentes realidades.

Las implicaciones metodológicas de este descubrimiento eran grandes. Por un lado, quedaba al desnudo un peligro: la importación de soluciones extrapoladas a los problemas reales a los que había que hacer frente. Por otro lado, quedaba claro que los problemas que cada proceso revolucionario ha debido afrontar se relacionan íntimamente con el marco histórico en el que este ha tenido lugar y deben ser captados como *experiencias* en *esa* dimensión.

Había, pues, que estructurar un modelo de construcción comunista que respondiera a las valoraciones críticas de las experiencias de otros pueblos en el camino hacia una sociedad socialista, y a las características socioeconómicas, históricas, ideológicas y culturales de la Revolución Cubana comenzada en 1868.[12]

Che estudió detenidamente el período de transición y las acepciones que de él se tenían en la teoría y en la práctica. La lectura del *Manual de economía política* de la Academia de Ciencias de la Unión Soviética le hizo escribir la siguiente nota:

> Aquí se escamotea impúdicamente un tramo. Marx habla de la transición del capitalismo al *comunismo*; y el texto [el Manual], del capitalismo al *socialismo*.
>
> Para Marx, evidentemente, el período de dictadura del proletariado es el que se llama socialismo ahora. Lenin trata el problema de la misma manera en *El estado y la revolución*, y explica que no podía ir contra los hechos en "Más vale poco y bueno" (no estoy seguro si es en ese trabajo; fue una de las últimas cosas que escribió).
>
> Ni siquiera Lenin previó este nuevo período; la realidad le dio hecho, y ahora no lo quieren ver.*

Y un poco más adelante, en la lectura del *Manual* citado, Che escribe:

> Oportunismo de poca monta, la dictadura del proletariado es un régimen de violencia contra la burguesía;

---

\* Ernesto Che Guevara, *Apuntes críticos a la economía política* (La Habana: Ocean Sur, 2006), p. 109. Él está comentando sobre el siguiente pasaje del *Manual de economía política* de la Unión Soviética:
> Para que el régimen capitalista sea sustituido por el socialismo se requiere, en todo país, cualquiera que él sea, un especial período de transición, el cual comienza con la instauración del poder proletario y termina cuando se da cima a la tarea de la revolución socialista, que es la construcción del socialismo, primera fase de la sociedad comunista.
>
> Entre la sociedad capitalista y la sociedad comunista media el período de la transformación revolucionaria de la primera en la segunda. Y a este período corresponde también un período político de transición, cuyo estado no puede ser otro que la *dictadura revolucionaria del proletariado*. (El subrayado es de Guevara).

está claro que la intensidad de la lucha depende de la resistencia de los explotadores, pero nunca será un régimen de agua de rosas, o se lo comen.*

Pocos años después, el golpe de estado al gobierno democrático del doctor Salvador Allende corroboraba en América Latina, una vez más, este acierto. La burguesía local y el imperialismo estadounidense organizaron un golpe de estado, masacraron a miles de chilenos desarmados y establecieron una de las dictaduras más sanguinarias del mundo occidental con el visto bueno de todo Occidente y bendecida por el Vaticano.

Y Che continúa profundizando en el concepto de dictadura del proletariado y en la realidad que lo circunda:

> La forma en que está redactado el párrafo indica una verdad que no se dice claramente: la URSS constituye un sistema mundial del socialismo con un solo país socialista (ella misma). En otras palabras, la URSS impone el socialismo mediante la fuerza de las armas a los países de Democracia Popular.†

---

* Guevara, *Apuntes críticos*, p. 112, donde comenta sobre el siguiente pasaje del *Manual de economía política*:
  Sin embargo, la dictadura del proletariado no es solamente el régimen de violencia sobre los explotadores, ni es siquiera, en lo fundamental, un régimen de violencia. Los partidos marxista-leninistas otorgan preferencia a las formas más indoloras de tránsito al socialismo y no son en modo alguno —como pretenden hacer creer los enemigos del comunismo— partidarios de todo trance de la violencia, de la guerra y de la insurrección armada, es decir, de las formas más agudas de la lucha de clases.

† Guevara, *Apuntes críticos*, p. 110, donde comenta sobre el siguiente pasaje del *Manual de economía política*:
  Los países de Democracia Popular abordan y resuelven la

Unas notas más adelante, retoma el tema:

> Esto no lo ha corroborado la práctica en la URSS ni en las Democracias Populares. Las diferencias y los antagonismos son palpables y se contradicen en escaseces y carestías periódicas.
>
> No hay que buscar alianzas sino fusión. No se trata de una dictadura policlasista, sino de la dictadura del proletariado y la abolición de clases.*

Por tanto, para los revolucionarios cubanos se trataba de formular una concepción general del "modo" en que se realizaría la transición al comunismo, por lo que el modelo debía ser "integral". Esto es, debía abarcar todos los niveles (económico, político, jurídico, ideológico, etc.) de la formación social de manera coherente. Tal modelo debía tender, además, a generar la conciencia de su provisionalidad: es un instrumento que requiere de su renovación constante para revolucionar la realidad.

En su formulación, la ideología establece las metas, y la ciencia puntualiza las posibilidades de alcanzarlas y estructura las vías de hacerlo. Nadie puede hacer ciencia de

---

> tarea del paso al socialismo de acuerdo con las condiciones específicas de cada país, en una situación histórica nueva y más favorable, en la que el socialismo ha triunfado ya en la URSS y constituye un sistema socialista mundial.

* Guevara, *Apuntes críticos*, p. 127, donde comenta sobre el siguiente pasaje:
> Así como era un rasgo característico del régimen burgués la explotación de la aldea campesina por la ciudad capitalista y, en relación con ello, la contraposición entre los intereses de clase de la ciudad y el campo, en la URSS, donde tanto la ciudad como el campo se desarrollan sobre la base del socialismo, hay una unidad de intereses fundamentalmente de clase entre obreros y campesinos.

lo inexistente. Por ello, la ideología y la conciencia de "lo que se quiere superar" desempeñan un papel importante.

Para Che, "el Sistema Presupuestario es *parte de una concepción general* del desarrollo de la construcción del socialismo y debe ser estudiado entonces en su conjunto".[13]

La racionalidad del modelo económico debía, pues, estar en consonancia con la "racionalidad social" del modelo, y no a la inversa. Dicho de otro modo, la racionalidad social requiere la racionalidad económica como premisa, pero la racionalidad económica no expresa la racionalidad social *per se*. No se trata aquí de la cantidad y calidad de bienes materiales elaborados, sino del "modo" en que se producen, y de las relaciones sociales que se desprenden de dicha manera de producir.

La concepción general en la que se formularía el modelo quedaba sintetizada en la respuesta tajante de Che a la pregunta de un periodista:

> El socialismo económico sin la moral comunista no me interesa. Luchamos contra la miseria, pero al mismo tiempo luchamos contra la alienación. Uno de los objetivos fundamentales del marxismo es hacer desaparecer el interés, el factor "interés individual" y provecho de las motivaciones psicológicas.
>
> Marx se preocupaba tanto de los hechos económicos como de su traducción en la mente. Él llamaba eso un "hecho de conciencia".[14] Si el comunismo descuida los hechos de conciencia, puede ser un método de repartición, pero deja de ser una moral revolucionaria.[15]

En esta certera negación conceptual, Che fijaba el objetivo estratégico, y con este, la concepción general de la transición que proponía.

Así quedaba establecido el objetivo último de todo esfuerzo: la estructuración social que provocara el condicionamiento óptimo para el *tipo* de "naturaleza humana" al que se aspiraba. El hombre *nuevo* surgiría como resultado de la labor revolucionaria y del nivel de conciencia inherente a las estructuras creadas por él mismo, se apropiaría de su misma existencia al dominar las fuerzas que antes le imponían su destino y que ahora dominaría y dirigiría. La dirección de los procesos sociales se haría consciente y masiva. La masa se elevaría al nivel de la actual vanguardia y a escalones aún más altos.[16] El poder no sería solo *popular*; sería el poder *del pueblo*. Che confiaba en la capacidad de autotransformación humana.

En *La ideología alemana*, Marx y Engels expresaron lo siguiente:

> Que, tanto para engendrar en masa esta conciencia comunista como para llevar adelante la cosa misma, *es necesaria una transformación en masa de los hombres, que solo podrá conseguirse mediante un movimiento práctico, mediante una revolución*; y que, por consiguiente, la revolución no solo es necesaria porque la clase *dominante* no puede ser derrocada de otro modo, sino también porque la clase *que la derriba* logrará *salir del cieno en que se hunde* y ser capaz de fundar la sociedad sobre nuevas bases *únicamente por medio de una revolución*.[17]

Che pensaba que la transformación de la conciencia humana debía comenzar en la primera fase del período de transición: del capitalismo al comunismo. Consideraba que la nueva conciencia social no se obtendría como resultado final de una primera etapa de desarrollo de la base material y técnica que se traduciría en una mayor eficiencia económica.

Guevara entendía que la creación de la nueva conciencia social requería el mismo esfuerzo que el que dedicáramos al desarrollo de la base material del socialismo. Y veía en la conciencia un elemento activo, una fuerza material, un motor de desarrollo de la base material y técnica. No concebía que la conciencia pudiera relegarse a un segundo plano, y cuidaba de que los métodos y los medios que iban a utilizarse para lograr el *fin* no acabaran alejándolo o desnaturalizándolo.

Che no idealizaba a los hombres ni a las clases ni a la masa. Conocía bien teórica y prácticamente sus aspiraciones, sus anhelos, su psicología, su ideología y la "herencia" que arrastraban de la sociedad capitalista. Tenía presente el sentido histórico de todo pensamiento y conducta, y era fiel a los principios marxista-leninistas en la interpretación que hacía al respecto.[18]

La sociedad socialista hay que construirla con los hombres que luchan por salir del cieno burgués, pero no sometiéndose a sus motivaciones pasadas. Hay que conjugar lo viejo y lo nuevo de forma dialéctica.

Para Che, base *material* y riqueza *económica*, desarrollo de las *fuerzas productivas* y desarrollo de la *producción*,[19] relaciones *sociales* de producción y relaciones *económicas*, producción y reproducción de la *vida material* y producción y reproducción de *bienes de consumo*, no son conceptos idénticos.

Es por ello que la riqueza de las categorías marxistas, que rebasa el elemento económico para brindar una visión compleja e inteligible de la realidad, no puede reducirse a conceptos económicos cuyos equivalentes pueden hallarse fácilmente en cualquier historia del pensamiento económico burgués. Son las relaciones sociales de producción las que condicionan la conciencia social de una época, y no las relaciones puramente *económicas*.

Che creía que la equiparación de conceptos diversos como los anteriormente mencionados puede conducir a la formulación de modelos de construcción socialista que no incluyen el elemento político-ideológico y que, por referirse exclusivamente al nivel económico, olvidan la importancia de los factores superestructurales.

Guevara entendía que, si se seguía esta lógica de pensamiento, la primera fase del comunismo podía identificarse como una etapa de transformaciones *económicas*, o para ser más exacto, de desarrollo *económico*, de la cual surgirían *de forma natural*, en la segunda etapa, las nuevas formas de conciencia social. Y esta manera de abordar el problema de la transición podía indicar que la *base* y la *superestructura* son fenómenos independientes que pueden ser abordados en etapas diferenciadas, o al menos, que el segundo es un elemento pasivo.[20] Che coincidía con Marx en el sentido "de que, por tanto, las circunstancias hacen al hombre en la misma medida en que este hace a las circunstancias".[21] Y Che coincidía en el ordenamiento de factores que hace Marx en su *Crítica del Programa de Gotha* para caracterizar el comunismo:

> En la fase superior de la sociedad comunista, cuando haya desaparecido la subordinación esclavizadora de los individuos a la división del trabajo, y con ella, la oposición entre el trabajo intelectual y el trabajo manual; *cuando el trabajo no sea solamente un medio de vida, sino la primera necesidad vital; cuando, con el desarrollo de los individuos en todos sus aspectos, crezcan también las fuerzas productivas* y corran a chorro lleno los manantiales de la riqueza colectiva.[22]

Como se puede apreciar, el factor "riqueza colectiva" está antecedido por toda una serie de elementos que lo condicionan, entre los cuales, y precediéndolo directamente, se sitúa "el desarrollo de los individuos en todos sus aspectos".

Che pensó en lo que se entiende por racionalidad económica. Comprobó que esta siempre gira sobre los conceptos de eficiencia, productividad, utilidad máxima, decisión óptima, beneficio, etc. Y se dio cuenta de que falta, sin embargo, una pregunta esencial: ¿cuál es el objetivo que se persigue con la aplicación de estos métodos económicos?

Si se trata simplemente del *desarrollo* económico, entonces no importarían los *métodos* que se emplearan con ese fin, ya que este objetivo se identifica con la racionalidad social. No es lo mismo si se entiende que la sociedad persigue objetivos superiores y más complejos que el desarrollo del nivel económico. De esta forma de razonar se desprendería que, entre esos objetivos de mayor alcance y la gestión económica, existe una vinculación orgánica que se relaciona con la pregunta: ¿de qué forma han de comportarse los elementos económicos para lograr los objetivos que la sociedad persigue en su conjunto?

Así quedaría delimitado el papel de la racionalidad económica, que aparecería como uno de los elementos a través de los cuales se establece la racionalidad social, a la cual se subordina.

> Si el estímulo material se opone al desarrollo de la conciencia, pero es una gran palanca para obtener logros en la producción, ¿debe entenderse que la atención preferente al desarrollo de la conciencia retarda la producción? En términos comparativos, en una época dada, es posible, aunque nadie ha hecho los cálculos pertinentes.
> 
> Nosotros afirmamos que en tiempo relativamente corto, el desarrollo de la conciencia hace más por el desarrollo de la producción que el estímulo material. Y lo hacemos basados en la proyección general del desarrollo de la sociedad para entrar al comunismo, lo que

presupone que el trabajo deje de ser una penosa necesidad para convertirse en un agradable imperativo.[23]

No se trata, pues, de una opción inocente entre una u otra posición teórica que pudiera resultar de nuestro agrado. La dimensión real del problema se capta al tomar conciencia de que la opción implica de inmediato la estructuración del conjunto de relaciones materiales ideológicas que sellarán la producción de la vida y la conciencia futura. No basta, por tanto, con que la propiedad de los medios de producción sea estatal para suscribir la afirmación socialista de un régimen de producción.

Había que ver, pues, las formas en que está estructurado el aparato de dirección estatal, el carácter de los incentivos empleados, las formas mismas de propiedad que coexisten o no y su extensión (social o cooperativa, por ejemplo), la existencia y acción del mercado y/o del plan, según sea el caso, la existencia o no de una vasta producción mercantil, etc. Estos son los elementos que configuran un determinado modo de producción, un determinado modo de actividad, un determinado modo de manifestar su vida los individuos, cuya formación ideológica brotará continuamente de tal estructura.

Che pensaba que los avances, estancamientos o retrocesos operados en el plano ideológico no pueden explicarse de manera simplista a partir del mejor o peor trabajo político y de la educación ideológica que se haya realizado. Aquellos se hallan condicionados por ese conjunto de relaciones materiales al que nos referimos.

La formación de generaciones que trascienden los egoísmos y ambiciones que movieron al hombre en las sociedades de clase no es consecuente con el principio del interés material directo como palanca *fundamental* impulsora de la construcción de la sociedad nueva. Guevara insistía en la necesidad de tener presentes algunos asertos esenciales del marxismo: aquellos de la coincidencia de la producción de la vida material y la conciencia, de las relaciones entre la base y la superestructura, de la coincidencia de la modificación de las circunstancias y de la actividad humana.

Che prevenía contra el peligroso sendero del pragmatismo ante estas realidades, por lo que la búsqueda de los parámetros de nuestra transición seguía siendo para él una necesidad vital.

En *La ideología alemana*, primer genial escrito conjunto de Marx y Engels, había quedado develado el modo en que las relaciones materiales (estructura), y dentro de estas particularmente las económicas, sobredeterminaban y condicionaban las relaciones ideológicas (superestructura) propias de aquellas. Este descubrimiento, de cardinal importancia, hacía posible la aparición de una genuina ciencia social: el materialismo histórico.

Sin embargo, resulta curioso que en la bibliografía que llegara a manos de Che sobre la transición —publicada en las más diversas latitudes y con variadas procedencias ideológicas— no se aborde claramente la cuestión del modo en que la nueva organización económica de la sociedad y la remodelación de las relaciones sociales en general condicionan las formas de conciencia social.

En la bibliografía a la que nos referimos, predominan dos tipos de aproximación al problema:

- Primero: la instauración de la dictadura del proletariado garantiza *per se* la aparición progresiva de la conciencia comunista.
- Segundo: la cuestión económica es tratada de modo independiente de las formas superestructurales que la acompañan.

Ambas concepciones expresan una incomprensión de la medular tesis marxista-leninista sobre la base y la superestructura sociales, y pueden ser fuente de graves errores no solo de orden teórico, sino también —y principalmente— de carácter práctico.

En el primer caso, hay que comenzar por decir que "dictadura del proletariado" es una abstracción, síntesis de muchas otras, que expresa un fenómeno objetivo compuesto por multitud de aspectos. Por ello no hay que identificar el triunfo revolucionario con la instauración de la dictadura revolucionaria en su forma más compleja y acabada. El triunfo permite la iniciación del proceso de instauración progresiva de esa dictadura, proceso que tiene sus etapas y que, sin duda, tiene que concentrar su esfuerzo principal en la lucha contra los elementos contrarrevolucionarios y en la consolidación del poder revolucionario en su primera fase.

La dictadura del proletariado, tal como fue concebida por los clásicos del marxismo, era el proceso mediante el cual, una vez tomado el poder, se liquidarían las relaciones sociales de producción que caracterizan al capitalismo, sustituyéndolas por otras de nuevo tipo (comunistas). No es la liquidación de individuos físicamente, es la eliminación progresiva de las relaciones capitalistas de producción y de explotación del hombre por el hombre. Es la eliminación de las desigualdades colosales que provoca el régimen capitalista y el paso a la creación de nuevas relaciones sociales de producción, enfiladas no a perpetuar a una nueva clase dominante y a una nueva élite, sino a eliminar todas las clases sociales.

En el *Manual de economía política* de la Academia de Ciencias de la URSS, ya citado, se expone la misión del proletariado como la única clase que realiza la revolución socialista. Para Che, el concepto de la dictadura del proletariado también significaba lo siguiente:

> Los casos de China, Vietnam y Cuba ilustran lo incorrecto de la tesis. En los dos primeros casos la participación del proletariado fue nula o pobre, en Cuba no dirigió la lucha el partido de la clase obrera, sino un movimiento pro-clasista que se radicalizó luego de la toma del poder político.[24]
>
> Falso de toda falsedad. No hay punto de contacto entre las masas proletarias de los países imperialistas y los dependientes; todo contribuye a separarlas y crear antagonismos entre ellas.
>
> También es falso que el proletariado (se distingue claramente el proletariado de estos países de la ideología del proletariado) sea el que cumpla el papel dirigente en la lucha de liberación, en la mayoría de los países semicoloniales.
>
> La escala es esta: los proletarios de los imperialistas reciben las migajas de la explotación colonial y se vuelven cómplices de los monopolistas; los obreros de los países dependientes reciben un salario varias veces menor, pero un salario al fin y tienen cierta estabilidad en sus puestos sobre los que pesa una gran oferta de trabajo de campesinos sin tierra y desalojados.
>
> Los campesinos de estos países son despojados de sus tierras para crear la posesión latifundista y la oferta de trabajo; su economía natural desaparece y nada la reemplaza; son los auténticos miserables de este momento en la gran mayoría de los países. Son la fuerza revolucionaria.\*

---

\* Guevara, *Apuntes críticos*, pp. 93–94, donde comenta sobre el siguiente pasaje del *Manual de economía política*:
 En la lucha de los pueblos del mundo colonial por su liberación, desempeña cada vez más un papel dirigente el proleta-

En este sentido puede decirse que la dictadura proletaria *implica* la formación de la conciencia comunista. Pero se trata de una implicación *programática*, de una meta que alcanzar.

Ahora bien, la cuestión de si se alcanza o no, de si se logra en un plazo más breve o más largo, depende de la práctica misma de dicha dictadura, de la visión política de sus líderes, de las posibilidades reales endógenas y exógenas que se les presenten para su realización, y de muchos otros factores. La revolución de 1959 pudo sobrevivir por la mayoritaria participación de la población, por los mecanismos de comunicación y de consenso que se establecieron entre la población y sus dirigentes, por la concepción inicial de que el socialismo se construye consciente y voluntariamente.

De todo ello se desprende una enseñanza: el triunfo revolucionario inicial abre la *posibilidad* del cambio social, pero no es una garantía *per se* de que este se produzca. La vanguardia deberá promover de modo dirigido y consciente la creación de las estructuras que permitan generar la actitud comunista en las nuevas generaciones y no abandonar a la espontaneidad este delicado proceso.

En relación a la segunda concepción a la que hacíamos referencia —aquella que tiende a abordar las cuestiones de la economía de la transición de modo independiente, desvinculadas de los aspectos superestructurales— es preciso subrayar que Che afirmaba que esta concepción tiende a provocar peligrosos errores conceptuales y prácticos.

---

riado, como el jefe reconocido de las grandes masas campesinas y de todos los trabajadores. Los intereses del movimiento proletario de los países del capitalismo desarrollado y los del movimiento de liberación nacional de las colonias reclaman la fusión de estos dos tipos de movimiento revolucionario en un frente común, la lucha contra el enemigo común, contra el imperialismo.

Existe la tendencia entre algunos economistas a tratar de modo técnico, académico, los asuntos que competen a su campo de estudio, procurando dejar a un lado las consideraciones de orden político, ideológico o filosófico, por considerar que la inclusión de tales elementos reduce y/o vicia el nivel de cientificidad de sus aseveraciones teóricas. Se trata de una posición falsa y equivocada en cualquier caso, pero si además el asunto analizado es precisamente la economía socialista (de transición), tal actitud es fuente de numerosos errores de consecuencias incalculables.

Esta actitud explica la existencia de una bibliografía sobre la economía de la transición en la que los problemas de orden político e ideológico y el juego de relaciones complejas de la base y la superestructura en esa etapa son dejados al margen de toda consideración.

Como aseverara Che, es precisamente esa actitud la que hace posible el peligro de que "los árboles impidan ver el bosque", y que persiguiendo el desarrollo económico se haga uso indiscriminado de las "armas melladas que nos legara el capitalismo",[25] solo para descubrir más tarde que las nuevas formas y *estructuras* económicas establecidas han hecho su trabajo de zapa sobre la conciencia. Es decir, la perpetuación y el desarrollo de las leyes y categorías económicas del capitalismo prolongan las relaciones sociales de producción burguesas y, con ellas, los hábitos de pensamiento y motivaciones de la sociedad capitalista.

En suma, es esa actitud tecnocrática, administrativista la que, por una ausencia total de análisis de la problemática base-superestructura en el proceso de tránsito, abre un ancho cauce al revisionismo en el terreno teórico y a la contrarrevolución en el práctico, de modo consciente o inconsciente, propóngaselo o no el autor.

La forma en que cada una de las nuevas estructuras económicas e instituciones condiciona y se expresa en las motivaciones del hombre corriente, resulta un aspecto vital que debe ser estudiado en cualquier ensayo sobre el período de transición.

La comprensión del fenómeno base-superestructura en esa etapa le permitía a Che asumir una posición revolucionaria en relación con la economía socialista, en la que la racionalidad económica *per se* no aparecía como indicador seguro de la transformación revolucionaria.

Sucede en ocasiones que, en el análisis de determinadas causas de tensiones o anomalías ocurridas de modo ocasional, y que pueden estar vinculadas a la actividad enemiga o ser aprovechadas por el adversario, se utiliza un punto de vista estrechamente superestructural, y se las achaca a métodos políticos erróneos, a una falta de relación orgánica entre el gobierno y la masa, a un mal trabajo político partidario, etc.

En ningún momento se incluye el análisis de la *estructura económica* de esa sociedad, la que aparece "más allá de toda sospecha" por su declarado carácter socialista. Sin embargo, resulta claro que dicha estructura es el resultado de acciones humanas tan conscientes como la puesta en marcha de un programa de instrucción política. Y por lo tanto es factible que la estructura económica posea defectos —deficiencias o desviaciones— debidos a errores y malas interpretaciones por parte de las personas que la crearon.

Estos defectos en modo alguno son inherentes al carácter socialista de la economía, y es preciso detectar y corregirlos para que esta y la sociedad en general sean más saludables. Su existencia afecta a toda la superestructura, y dentro de ella, al propio trabajo político, el cual resulta la base que condiciona la conciencia social de esta etapa.

No se trata tampoco de que un vulgar economicismo nos lleve a achacar a la estructura económica la causa de cualquier anomalía en el terreno superestructural. Se trata de que aquella, en tanto base, no solo no debe colocarse "al margen de toda sospecha" cuando algo ocurre, sino que debe ser "el primer sospechoso" que ha de ser "interrogado".

Sin embargo, en muchas ocasiones el debate no ha transitado de modo consecuente ese camino de análisis integral y riguroso. Por lo general, el planteamiento o replanteamiento del problema se produce al detectarse una crisis en el funcionamiento de la economía. Por ello, la discusión tiende inevitablemente a girar en torno a la eficiencia económica y a apoyarse en la conciencia de la necesidad de optar por un nuevo modelo de dirección económica que sea capaz de alcanzar dicha eficiencia, superando así al modelo que prevaleció hasta entonces.

A pesar de ello, no se trata aquí de un monopolio o estado capitalista, sino de una revolución que persigue como objetivo estratégico supremo el establecimiento de un nuevo orden de relaciones humanas: las comunistas. Por ello, la discusión tiene en este caso profundas y complejas implicaciones que trascienden el campo económico y que precisan de un delicado, detallado y comprensivo examen.

No obstante, repetimos: la bibliografía a la que hicimos referencia, que nos informa sobre los debates de este tipo ocurridos en diversos momentos históricos, tiende en su casi totalidad a concentrarse en los aspectos técnicos y administrativos del problema y a omitir la dimensión sociopolítica de las opciones debatidas. Esto acarrea a su vez nuevos defectos en los análisis futuros, ya que la legitimidad, validez u operatividad del sistema de dirección aplicado se mide en términos estrictos de eficiencia económica. Todas las investigaciones que se realizan para comprobar lo acertado o no de la opción tomada se centran en el análisis de los índices de eficiencia económica.

El peligro contenido en esta deficiencia metodológica consiste en que, de verse afectada negativamente la superestructura por las relaciones económicas existentes y de no ser, además, analizado este elemento en cualquier posterior debate sobre una posible transformación de estas relaciones, la posibilidad de que se establezca una dinámica de progresivas regresiones en la conciencia social se acreciente de modo dramático.

A esta relación dialéctica era a la que hacía alusión Che al recalcar que los mecanismos de la economía de mercado y el uso indiscriminado e irreflexivo del incentivo material directo como propulsor de la producción tendían a adquirir una fisonomía propia y a imponer su dinámica independiente en el conjunto de las relaciones sociales. A tal posibilidad era a la que se refería también Lenin cuando, después de implantada la Nueva Política Económica, clamaba por dar término al repliegue y pasar nuevamente a la ofensiva contra el capitalismo.

Desgraciadamente, Lenin no vivió lo bastante para elaborar la estrategia y la táctica del repliegue y de la ofensiva.[26]

> El interés personal debe ser reflejo del interés social. Basarse en aquel para movilizar la producción es retroceder ante las dificultades, darle alas a la ideología capitalista. Es en el momento crucial de la URSS, saliendo de la guerra civil larga y costosa, cuando Lenin, angustiado ante el cuadro general, retrocede en sus concepciones teóricas, y el comienzo de un largo proceso de hibridación que culmina con los cambios actuales en la estructura de la dirección económica.*

---

\* Guevara, *Apuntes críticos*, p. 173, donde comenta sobre el siguiente pasaje del *Manual de economía política*:

Era preciso, por tanto, un modelo para la transición con el cual transformar las estructuras capitalistas y avanzar hacia formas de conciencia y producción comunistas. La primera dificultad saltó de inmediato: ¿cómo elaborar una teoría sobre *una transición no realizada*? ¿Cómo ejecutar el análisis científico de un objeto inexistente? La solución sería darse a la transformación práctica de las circunstancias *dentro de una concepción general* de los fines perseguidos. De esta manera, las medidas prácticas tendrían una coherencia interna dada por la concepción que las enmarcaba. Así adquirirían el nivel de un sistema cuyo modelo sería establecido por tal concepción general.[27] Esta concepción funcionaría como premisa teórica, en la que se producirían los reajustes necesarios a partir de la información recibida en la retroalimentación del modelo.

Mientras tanto, la concepción general del modelo le fijaba su objetivo estratégico: la configuración de un nuevo modo de producción, de un conjunto nuevo de relaciones sociales esencialmente antagónico del capitalista: en suma, el cambio de las circunstancias y la coincidente transformación de los hombres en comunistas, antípodas del *homo economicus* [hombre económico] de las sociedades de clase, en particular del régimen capitalista, desde un país subdesarrollado como Cuba.

No se trata aquí del romanticismo revolucionario que sueña con paraísos utópicos. Es evidente que el objetivo

---

Lenin señalaba que construir el socialismo y llevar a decenas de millones de personas al comunismo solo es posible "no apoyándose directamente en el entusiasmo, sino a través del entusiasmo despertado por una gran revolución, tomando como base el interés personal, el provecho personal, tomando como base el cálculo económico". (Lenin, "Con motivo del cuarto aniversario de la Revolución de Octubre", *Obras completas*, tomo 44, p. 158).

estratégico de la primera sociedad construida en forma consciente ha de ser, precisamente, el desarrollo de la conciencia.

Por otro lado, es cierto que el *hombre nuevo* no puede ser definido con exactitud, pero está perfectamente claro cómo *no queremos que sea*. Así, el hombre nuevo está a las antípodas del *homo economicus* de la "prehistoria de la humanidad", como definiera Marx este largo camino de miserias y luchas por darle al mundo una nueva faz.

Por esta misma razón, de lo que se trata es de detectar las estructuras que engendran los egoísmos y ambiciones humanas para barrerlas. Y cambiarlas por nuevas instituciones y mecanismos sociales capaces de moldear las generaciones venideras con una visión diferente.

Reiteramos: no es romanticismo, sino la comprensión marxista-leninista de que el ser social determina la conciencia social, y de que la transformación de ambos solo puede resolverse en la práctica y de forma coincidente.

Una vez fijada la meta, era necesario evaluar las posibilidades de alcanzarla, o sea, evaluar el conjunto de elementos que objetivamente condicionaban la voluntad de transformación revolucionaria estableciendo el marco probabilístico de su acción *en aquel momento*. Estos factores objetivos establecían, pues, los límites y posibilidades *iniciales* de la actividad revolucionaria. Reconociendo desde un principio esta realidad objetiva, los comunistas se proponían transformarla, apoyándose en los elementos de esta que le resultaban favorables, y ampliando, de esa forma, el marco probabilístico.

Se trataba, por tanto, de la adopción de la más genuina posición marxista ante la falsa dicotomía "determinista-voluntarista". El hombre, en efecto, se encuentra siempre en una situación *histórica* dada en cuya creación no participó directamente, sino que la "hereda" de las generaciones que lo precedieron. Tales son las condiciones *objetivas* que *enfrenta* de manera ajena a su voluntad, y que condicionan en cada momento su acción. Pero precisamente es *su acción la que, moviéndose en ese marco probabilístico, lo transforma, creando una nueva situación objetiva en la que surgen nuevas opciones y posibilidades.*

Por esta razón, el modelo transicional realizado por Che esquiva felizmente los polos de la dicotomía mencionada. No es voluntarista, porque está concebido sobre el estricto conocimiento de la realidad objetiva que tendría que enfrentar en la observancia de las leyes que rigen la formación económico-social comunista y de las experiencias de los países socialistas hermanos. No es determinista, porque el modelo no está concebido para *adecuarse* a esa realidad, sino para transformarla.

¿Y cuál era la fisonomía de la realidad cubana a principios de la década de los 60?

Cuba era un país de agricultura atrasada y monoproductora, de escasa industria, con notable retraso tecnológico y bajos índices de productividad, incapaz de autoabastecerse, de economía abierta. Era un país con absoluta dependencia de comercio exterior, pero sin flota mercante; con una fuerza laboral poco calificada, nutrida de escasos técnicos e ingenieros; sin fuentes energéticas y sin una organización de los recursos hidráulicos que permitiera a la agricultura —pilar básico de la economía nacional— afrontar los fenómenos temporales y climáticos. Era un país con necesidades sociales de todo tipo que se habían acumulado durante décadas, y con un grave problema de desempleo pendiente de solución. Además, éramos una neocolonia.

Cuba también era un país pequeño con una aceptable red vial en aquel momento, al menos si la comparamos con la de otros países latinoamericanos, con una notable red de comunicaciones que iban desde el télex hasta el teléfono, pasando por la radio, la microonda, el cable, el telégrafo y la televisión. Durante la década de 1950, las compañías norteamericanas habían utilizado Cuba como campo experimental donde poner a prueba sus últimas innovaciones en materia de comunicaciones. Esto determinó un crecimiento desproporcionado de estas en comparación con cualquier país latinoamericano e incluso —proporcionalmente— con Estados Unidos, donde nunca llegaron a aplicarse algunos sistemas de comunicaciones instalados en Cuba.

Algunas corporaciones extranjeras habían implantado las últimas innovaciones técnicas en lo que a contabilidad, organización y dirección de la producción y control económico se refiere.

En su artículo "Sobre el Sistema Presupuestario de Financiamiento", Che transcribe una larga cita del economista polaco Oskar Lange, en la que este hace un inventario de las últimas adquisiciones técnico-económicas del capitalismo de estado. Guevara agrega de inmediato: "Es de hacer notar que Cuba no había efectuado su tránsito, ni siquiera iniciado su revolución cuando esto se escribía. Muchos de los adelantos técnicos que Lange describe ya existían en Cuba".[28]

Por otro lado, la Revolución Cubana se inauguraba en un momento histórico singular. Coincidía con la existencia de un ya poderoso campo socialista cuya consolidación económica, militar y política era notoria e incuestionable. También coincidía con un desarrollo inusitado de la ciencia y la tecnología mundial —en particular la cibernética, la electrónica y la informática— muy significativo a los efectos de la organización económica. He aquí, pues, un hecho vital de nuestra realidad objetiva: Cuba no estaba sola, como lo había estado la Rusia bolchevique cuatro décadas antes.

Este conjunto de factores indicaba la posibilidad y la necesidad de construir un modelo de dirección de la economía que centralizase la gestión administrativa, apoyándose en la experiencia de los países socialistas, en el sistema de comunicaciones existente, en la magnitud geográfica de la nación y en los últimos adelantos de las técnicas económicas de análisis, control y organización de la producción. Contando con los indicadores adecuados, esto permitiría el paso a la consolidación de una economía planificada.

Resulta conveniente destacar que las exigencias de Che no eran fruto de un extremismo dogmático, ni del temor al "contagio" capitalista. Al mismo tiempo que denunciaba con vehemencia los peligros implícitos en el intento por parte de algunos economistas de entender la economía socialista mediante las categorías de la economía política del capitalismo, señalaba la posibilidad de apoderarse de las últimas adquisiciones técnico-económicas capitalistas en materia de control, organización y contabilidad de las empresas y la producción. Así, refiriéndose a estos sistemas de control, afirmaba:

> Nos decía que no íbamos a inventar nada nuevo, que esa era la contabilidad de los monopolios, y es verdad, tiene mucha similitud con la contabilidad de los monopolios. Pero nadie puede negar que los monopolios tienen un sistema de control muy eficiente y los centavitos los cuidan mucho. No les importa tener muchos millones, siempre cuidan mucho los centavos. Y las técnicas de determinación de los costos son muy rigurosas.[29]

Sin embargo, en presencia de la utilización de categorías de la economía política del capitalismo, tales como mercado, interés, estímulo material directo y beneficio, Che opinaba:

Las últimas revoluciones económicas de la URSS se asemejan a las que tomó Yugoslavia cuando eligió el camino que la llevaría a un retorno gradual hacia el capitalismo. El tiempo dirá si es un accidente pasajero o entraña una definida corriente de retroceso.

Todo parte de la errónea concepción de querer construir el socialismo con elementos del capitalismo sin cambiarles *realmente* la significación. Así se llega a un sistema híbrido que arriba a un callejón sin salida o de salida difícilmente perceptible que obliga a nuevas concesiones a las palancas económicas, es decir, al retroceso.[30]

En ese sentido, es de recalcar también la insistencia de Che en que no se empleasen términos tomados de la economía política capitalista para describir o expresar los fenómenos de la transición, no solo por la confusión que esto implica en el análisis, sino porque el empleo de tales categorías va configurando una lógica en la que el pensamiento marxista queda desnaturalizado.

Es muy discutible la existencia de estas llamadas categorías económicas. A lo más, se podrá decir que son categorías económicas de la URSS, no del socialismo (Cálculo Económico, por ejemplo).*

Una vez lanzados por la concepción simbolizada por el Cálculo Económico, las relaciones capitalistas se van imponiendo, aunque siempre en horizontes limitados.[31]

---

\* Guevara, *Apuntes críticos*, p. 135, donde comenta sobre el siguiente pasaje:
> El régimen económico socialista engendra nuevas categorías económicas, vinculadas a las leyes inherentes a él: las del trabajo directamente social, la emulación socialista, los fondos básicos y circulantes, el cálculo económico, el valor de costo, etc.

El problema, pues, no era nada sencillo. Se trataba de la estructuración de las formas específicas de nuestra transición en momentos en que no existía siquiera una teoría desarrollada sobre el período, sino solo el arsenal de las experiencias previas de los otros países del ámbito socialista.

*Capítulo 2*

# El concepto marxista de la política como la expresión concentrada de la economía y su importancia para la dirección de la economía en el socialismo

La construcción del modelo al que hemos hecho referencia debería vincularse orgánicamente a la concepción general que de la especificidad de nuestra transición tenía la dirección revolucionaria, de manera que pudiera inscribirse coherentemente en ella, para funcionar como uno de sus mecanismos.[1]

Esto es, el sistema de dirección de la economía que se sugería debería contribuir, de manera esencial, al objetivo estratégico perseguido: la estructuración de un nuevo orden social y la formación de un nuevo tipo de hombre, el comunista. Un nuevo orden social en que los hombres dejaran de ser lobos, en que desapareciera la explotación del hombre por el hombre y el individualismo, y que diera paso al desarrollo pleno de cada individualidad.

La relación coherente entre el subsistema de funcionamiento económico y el sistema de dirección socialista era vital para garantizar que la batalla contra la miseria implicara la simultánea creación de la nueva conciencia comunista. La medida en que el modelo de funcionamiento económico propuesto por Che (Sistema Presupuestario de Financiamiento) contribuyera al logro de los objetivos estratégicos enmarcados en la concepción general de nuestra transición, indicaría su capacidad para armonizar la racionalidad social y la económica.

El Sistema Presupuestario de Financiamiento, considerado como un modelo de funcionamiento de la economía socialista, debería, pues, demostrar su éxito en dos ámbitos distintos. Desde el punto de vista técnico, debería acreditar su capacidad para realizar una eficiente gestión administrativa. Desde el punto de vista estructural, debería integrarse de manera tal que cumpliese con los requisitos político-ideológicos del período de transición en que se insertaba, impulsando, de modo esencial, la transformación comunista del conjunto de las relaciones sociales. Esto es, debería impulsar el proceso gradual de eliminación del egoísmo, la desigualdad y la miseria moral que crea y desarrolla las relaciones capitalistas de producción.

Los éxitos del sistema en el campo económico garantizaban la posibilidad de construcción del nuevo orden, pero la *manera* en que tales éxitos se lograban tenía una importancia esencial: esta condicionaba la remodelación social que se pretendía. En otras palabras: los éxitos económicos serían realmente tales en la medida en que, tanto por sus resultados finales como por la manera en que fueran logrados, implicaran un impulso decisivo a la formación de nuevas relaciones sociales más humanas y, por tanto, de nuevas formas de conciencia social.

De ahí un hecho importante que debe tenerse en cuenta. La efectividad del Sistema Presupuestario de Financiamiento no se evalúa solo por la optimización de los recursos a su alcance, ni por el monto cuantitativo de los beneficios y utilidades obtenidos por sus empresas. También se evalúa por su capacidad de optimizar la gestión económica *en función* del desarrollo de la educación comunista, y por su capacidad de armonizar los objetivos estratégicos y tácticos, sociales y económicos. En suma: por su capacidad de armonizar la racionalidad social y la económica.

Como economista revolucionario, Che no perdía de vista ni un instante que la racionalidad económica *per se* no podía ser en el socialismo el indicador de la racionalidad social. La formación de un nuevo tipo de relación humana habría de ser el objetivo central de todo esfuerzo, y los demás factores serían positivos o negativos en la medida en que contribuyeran a acelerarlo o alejarlo. De otro modo, se corría el gravísimo riesgo de que la necesidad de extirpar la miseria acumulada durante siglos llevara a la vanguardia revolucionaria a situar el éxito productivo como la única meta central, perdiendo de vista la razón de ser de la revolución.

La persecución de logros puramente económicos podría llevar en tal caso a la aplicación de métodos que, aunque resultaran económicamente exitosos a corto plazo, podrían hipotecar el futuro de la creación de una sociedad justa, por el progresivo deterioro del proceso de concientización. Nadie como Che para describir este fenómeno:

> En estos países no se ha producido todavía una educación completa para el trabajo social, y la riqueza dista de estar al alcance de las masas mediante el simple proceso de apropiación. El subdesarrollo, por un lado, y la habitual fuga de capitales hacia países "civilizados", por otro, hacen imposible un cambio rápido y sin sacrificios. Resta un gran tramo a recorrer en la construcción de la base económica, y la tentación de seguir los caminos trillados del interés material, como palanca impulsora de un desarrollo acelerado, es muy grande.

> Se corre el peligro de que los árboles impidan ver el bosque. Persiguiendo la quimera de realizar el socialismo con la ayuda de las armas melladas que nos legara el capitalismo (la mercancía como célula económica, la rentabilidad, el interés material individual como palanca, etc.), se puede llegar a un callejón sin salida. Y se arriba allí tras de recorrer una larga distancia en la que los caminos se entrecruzan muchas veces y donde es difícil percibir el momento en que se equivocó la ruta. Entre tanto, la base económica adoptada ha hecho su trabajo de zapa sobre el desarrollo de la conciencia. Para construir el comunismo, simultáneamente con la base material, hay que hacer al hombre nuevo.[2]

Y, una vez más, puntualizaba:

> No se trata de cuántos kilogramos de carne se come o de cuántas veces por año pueda ir alguien a pasearse en la playa, ni de cuántas bellezas que vienen del exterior puedan comprarse con los salarios actuales. Se trata, precisamente, de que el individuo se sienta más pleno, con mucha más riqueza interior y con mucha más responsabilidad.[3]

La racionalidad económica, por tanto, se expresaba para Che en la óptima utilización posible de los recursos en función del desarrollo multilateral de la sociedad y de la educación comunista.

No se trata de que la construcción comunista sea compatible con la quiebra económica, sino de que la eficiencia de la gestión administrativa en el socialismo no puede medirse *exclusivamente* por el monto de valores creados. También debe evaluarse en la medida que las estructuras de funcionamiento económico contribuyan a aproximar a la nueva sociedad, mediante la transformación de los hombres, ahora condicionados socialmente en un sentido comunista, a partir, precisamente, de tales estructuras.

El peso que tienen los logros económicos y los obtenidos en el proceso de concientización, en relación con el comunismo, quedan claramente fijados por Che:

> El socialismo no es una sociedad de beneficencia, no es un régimen utópico basado en la bondad del hombre como hombre. El socialismo es un régimen *al que se llega históricamente*, y que tiene como base la socialización de los bienes fundamentales de producción y la distribución equitativa de todas las riquezas de la sociedad, dentro de un marco en el cual haya producción de tipo social.[4]
>
> En nuestra posición *el comunismo es un fenómeno de conciencia y no solamente un fenómeno de producción*; y no se puede llegar al comunismo por la simple acumulación mecánica de cantidades de productos puestos a disposición del pueblo. Ahí se llegará a algo, naturalmente, de alguna forma especial de socialismo. Eso que está definido por Marx como el comunismo y lo que se aspira en general como comunismo, a eso no se puede llegar si el hombre no es consciente. Es decir, si no tiene una conciencia nueva frente a la sociedad.[5]

La concepción antes expuesta es posible sintetizarla brevemente en la frase que a continuación transcribimos, pronunciada por Che en su discurso en homenaje a obreros destacados y trabajadores de la República Democrática Alemana el 21 de agosto de 1962: "Productividad, más producción, conciencia, eso es la síntesis sobre la que se puede formar la sociedad nueva".[6]

El esclarecimiento de esta cuestión resulta en extremo importante. El revisionismo en las teorías sobre la transición —a veces encubierto bajo fórmulas tecnocráticas asociadas a teorías que utilizan sociólogos burgueses con el fin de argumentar la caducidad del marxismo-leninismo— tiene su base en la separación de los elementos económicos y político-ideológicos. En dichas teorías, adquiere primacía la formulación de los modelos de funcionamiento económico cuyo objetivo central es la optimización de los beneficios. La razón de ser de la revolución queda francamente al margen del debate. Su consigna es "ocupémonos de optimizar el crecimiento económico, que lo otro vendrá después". Así intentan introducir de contrabando la fruta podrida del capitalismo.

Bastaría con analizar las motivaciones del ciudadano común de la "sociedad de consumo" norteamericana para comprender que opulencia y conciencia comunista no guardan relación alguna.

El 4 de abril de 1982, en la clausura del IV Congreso de la Unión de Jóvenes Comunistas, Fidel expresaba:

> El marxismo-leninismo tiene que continuar desarrollándose en la práctica de todos los días en un sentido revolucionario. Veremos si hay revolución que retroceda si se aplican correctamente los principios del marxismo-leninismo, y si se aplican creadoramente, y sobre todo si se aplica el principio de aplicar los principios. Porque luego surgen los problemitas cuando no se aplican correctamente los principios que tanto explotan los enemigos del socialismo, que tanto explotan los capitalistas para tratar de darle oxígeno a su sistema decrépito, inhumano y prehistórico.
>
> Pero esa parte nos corresponde a nosotros, los revolucionarios. Porque es fácil equivocarse, y muchas veces se cometen equivocaciones, y las equivocaciones son el resultado de falta de análisis serio, profundo; resultado

de falta de análisis colectivo, que es uno de los principios fundamentales también del marxismo-leninismo...

Sin embargo, nosotros hemos tenido que adoptar determinadas medidas, porque nos las impone la necesidad y nos las impone la realidad. Ayudan, desarrollan la economía. El desarrollo de la economía aumenta los recursos, aumenta las posibilidades de desarrollo de la sociedad y aumenta la riqueza de la sociedad. Si no hay riqueza, habrá pocas cosas que distribuir. Esa es una realidad, y la revolución, en la rectificación de sus errores de idealismo, abordó valientemente y adoptó las medidas pertinentes.

Pero se producen contradicciones. Y tenemos que evitar que las fórmulas socialistas comprometan la conciencia comunista. Tenemos que evitar que las fórmulas socialistas comprometan nuestros más hermosos objetivos, nuestras aspiraciones, nuestros sueños comunistas. Tenemos que evitar que el descuido ideológico y la no comprensión de estas verdades hipotequen la meta de formar un hombre comunista...

No solo sobre la base de la abundancia de riquezas se puede hablar de conciencia comunista, ni nadie puede esperar por eso.

A mi juicio, el desarrollo de la sociedad comunista es algo en que el crecimiento de las riquezas y de la base material tiene que ir aparejado con la conciencia, porque puede ocurrir, incluso, que crezcan las riquezas y bajen las conciencias...

Tengo la convicción de que no es solo la riqueza o el desarrollo de la base material lo que va a crear una conciencia, ni mucho menos. Hay países con mucha más riqueza que nosotros, hay algunos. No quiero hacer comparaciones de ninguna clase, no es correcto. Pero hay experiencias de países revolucionarios donde la riqueza avanzó más que la conciencia. Y después vienen, incluso, problemas de contrarrevoluciones y cosas por el estilo. Puede haber, quizás, sin mucha riqueza mucha conciencia...

Hay que buscar fórmulas socialistas a los problemas y no fórmulas capitalistas, porque no nos damos cuenta y empiezan a corroernos, empiezan a contaminarnos.[7]

Con clara conciencia de estos problemas, Che seleccionaba cuidadosamente los elementos que integrarían el Sistema Presupuestario de Dirección de la Economía, sus formas institucionales, sus mecanismos de control y motivación, etc. A apenas 90 millas de las costas imperialistas, el socialismo cubano no se podía permitir el lujo de no ver el bosque y errar el camino.

*Capítulo 3*

## La correlación entre el Sistema Presupuestario de Financiamiento y el Cálculo Económico en la dirección de la economía socialista

Uno de los momentos más controvertidos en la literatura del período de transición al comunismo lo constituye, sin lugar a dudas, la serie de medidas que fueron tomadas en Rusia en los primeros años de la década de 1920 y que fueron bautizadas como Nueva Política Económica (NEP).[1]

Che, en su trabajo titulado "Sobre el Sistema Presupuestario de Financiamiento", escribía:

> Las tesis de Lenin se demuestran en la práctica logrando el triunfo en Rusia dando nacimiento a la URSS.[2] Estamos frente a un fenómeno nuevo: el advenimiento de la revolución socialista en un solo país, económicamente atrasado, con 22 millones de kilómetros cuadrados, poca densidad de población, agudización de la pobreza por la guerra y, como si todo esto fuera poco, agredido por las potencias imperialistas.
> 
> Después de un período de comunismo de guerra, Lenin sienta las bases de la NEP y, con ella, las bases del desarrollo de la sociedad soviética hasta nuestros días.

Aquí precisa señalar el momento que vivía la Unión Soviética, y nadie mejor que Lenin para ello:

"Así pues, en 1918 yo sostenía la opinión de que el capitalismo de estado constituía un paso adelante en comparación con la situación existente entonces en la República Soviética. Esto parecerá muy raro, y puede que hasta absurdo, pues nuestra república era ya entonces una república socialista. Entonces adoptábamos cada día con el mayor apresuramiento —quizás con un apresuramiento excesivo— diversas medidas económicas nuevas, que no podían calificarse más que de medidas socialistas.

"Y sin embargo, yo pensaba que el capitalismo de estado representaba un paso adelante comparado con aquella situación económica de la República Soviética, y yo explicaba esta idea enumerando simplemente los elementos del régimen económico de Rusia. Estos elementos eran, a mi juicio, los siguientes: (1) la forma patriarcal de agricultura, es decir, la más primitiva; (2) la pequeña producción mercantil (en ella se incluye la mayoría de los campesinos que venden cereales); (3) el capitalismo privado; (4) el capitalismo de estado y (5) el socialismo.

"Todos estos elementos económicos existían a la sazón en Rusia. Entonces me planteé la tarea de explicar las relaciones que existían entre esos elementos y si no sería oportuno considerar que uno de los elementos no socialistas, a saber, el capitalismo de estado, es superior al socialismo. Repito: a todos les parece muy raro que un elemento no socialista sea apreciado en más y considerado superior al socialismo en una república que se proclama socialista.

"Pero ustedes comprenderán la cuestión si recuerdan que nosotros no considerábamos, ni mucho menos, el régimen económico de Rusia como algo homogéneo y altamente desarrollado, sino que teníamos plena conciencia de que, al lado de la forma socialista, existía en Rusia la agricultura patriarcal, es decir, la forma más primitiva de agricultura. ¿Qué papel podía desempeñar el capitalismo de estado en semejante situación?...

"Después de haber subrayado que ya en 1918 considerábamos el capitalismo de estado como una posible línea de repliegue, paso a analizar los resultados de nuestra Nueva Política Económica. Repito: entonces era una idea muy vaga todavía. Pero en 1921, después de haber superado la etapa más importante de la guerra civil, y de haberla superado victoriosamente, nos enfrentamos con una gran crisis política interna —yo supongo que la mayor— de la Rusia soviética. Esta crisis puso al desnudo el descontento no solo de una parte considerable de los campesinos, sino también de los trabajadores. Fue la primera vez, y confío en que será la última en la historia de la Rusia Soviética, que grandes masas de campesinos estaban contra nosotros, no de modo consciente, sino instintivo, por su estado de ánimo.

"¿A qué se debía esta situación tan original y, claro es, tan desagradable para nosotros? La causa consistía en que habíamos avanzado demasiado en nuestra ofensiva económica, en que no nos habíamos asegurado una base suficiente, en que las masas sentían lo que nosotros aún no supimos entonces formular de manera consciente, pero que muy pronto, unas semanas después, reconocimos: que el paso directo a formas puramente socialistas, a la distribución puramente socialista, era superior a las fuerzas que teníamos, y que si no estábamos en condiciones de efectuar un repliegue para limitarnos a tareas más fáciles, nos amenazaría la bancarrota."[3]

Como se ve, la situación económica y política de la Unión Soviética hacía necesario el repliegue de que hablara Lenin. *Por lo que se puede caracterizar toda esta política como una táctica estrechamente ligada a la situación histórica del país, y, por tanto, no se le debe dar validez universal a todas sus afirmaciones. Nos luce que hay que considerar dos factores de extraordinaria importancia para su implantación en otros países:*

1. Las características de la Rusia zarista en el momento de la revolución, incluyendo aquí el desarrollo de la técnica a todos los niveles; el carácter especial de su pueblo; las condiciones generales del país, en que se agrega el destrozo de una guerra mundial, las devastaciones de las hordas blancas y los invasores imperialistas.[4]

2. Las características generales de la época en cuanto a las técnicas de dirección y control de la economía.[5]

Evidentemente, Che pensaba que la NEP constituía una política de *emergencia*, de carácter *transitorio*, y que no fue *nunca* considerada por Lenin como una fase del período de transición al comunismo obligada para todo país que comenzase la construcción de la sociedad comunista. Era la respuesta táctica a la situación política, económica, social e histórica *específica* de la Rusia de esos años:

La referencia a la NEP es escueta, pero constituye uno de los pasos atrás más grandes dados por la URSS. Lenin la comparó a la paz de Brest-Litovsk.[6]

La decisión era sumamente difícil y, a juzgar por las dudas que se traducían en el espíritu de Lenin al fin de su vida, si este hubiera vivido unos años más quizá hubiera corregido sus efectos más retrógrados. Sus continuadores no vieron el peligro y así quedó constituido el gran caballo de Troya del socialismo: el interés material directo como palanca económica.

La NEP no se instala contra la pequeña producción mercantil, sino como exigencia de ella.*

Wlodzimierz Brus,[7] uno de los más notables representantes de una de las corrientes de opinión distintas a la de Che, planteaba:

> El paso a la Nueva Política Económica cambió parcialmente la situación entre los teóricos. Apareció la necesidad de elaborar teóricamente la función de las formas de relación de mercado entre ciudad y campo, y las consecuencias motivadas por el resurgimiento de la economía mercantil-monetaria en el mismo sector socialista (Cálculo Económico). El análisis de los procesos de mercado y de las conclusiones que resultan para la planificación va a ocupar un lugar importante, tanto en la política económica como en las discusiones teóricas. Se tomó en consideración especialmente la problemática monetaria.
>
> En este momento, empiezan a aparecer los primeros signos indicadores de un cambio de opinión en los economistas marxistas sobre las relaciones entre plan

---

\* Guevara, *Apuntes críticos*, p. 125, donde comenta sobre el siguiente pasaje del *Manual de economía política*:
> Fue superada la contradicción fundamental del período de transición, la contradicción entre el socialismo en ascenso y el capitalismo ya derrocado, pero todavía fuerte al principio, que poseía una base en la pequeña producción mercantil. El problema de quién vencerá a quién se resolvió plena e irrevocablemente a favor del socialismo, tanto en la ciudad como en el campo. La NEP instaurada con vistas al triunfo de las formas socialistas de la economía, había conseguido el fin que se proponía.

y mercado. En algunos, la idea de que el mercado y las formas mercantil-monetarias sean lo contrario de la planificación empieza a transformarse en el concepto de mercado como mecanismo partiendo del plan.[8]

Sin embargo, entre la opinión de Lenin y la posición de los economistas que sustentan una apreciación de la NEP y del período de transición distinta a la de Che, hay una enorme diferencia.

Desde las Tesis de Abril,[9] el líder bolchevique había planteado la imposibilidad, sin ayuda de la revolución internacional y dadas las condiciones rusas, de acometer la construcción socialista, es decir, la primera fase de la revolución comunista, una vez derrocado el poder burgués. Cuando los pseudorrevolucionarios mencheviques[10] comenzaron a mofarse de la revolución *que ellos no supieron hacer*, por su impotencia temporal para acometer las tareas transicionales, Lenin refutaba certero:

> "Rusia no ha alcanzado tal nivel de desarrollo de las fuerzas productivas que haga posible el socialismo". Todos los héroes de la Segunda Internacional, y entre ellos, naturalmente, Sujánov, van y vienen con esta tesis como chico con zapatos nuevos. Repiten de mil maneras esta tesis indiscutible y les parece decisiva para enjuiciar nuestra revolución.
>
> Pero ¿y si lo peculiar de la situación llevó a Rusia a la guerra imperialista mundial, en la que intervinieron todos los países más o menos importantes de Europa Occidental, y puso su desarrollo al borde de las revoluciones de Oriente que estaban comenzando y en parte habían comenzado ya, en unas condiciones que nos permitían poner en práctica precisamente esa alianza de la "guerra campesina" con el movimiento obrero, de la que escribió como de una perspectiva probable en

1856 un "marxista" como Marx, refiriéndose a Prusia?[11]

¿Y si una situación absolutamente sin salida que, por lo mismo, decuplicaba las fuerzas de los trabajadores y los campesinos, nos brindaba la posibilidad de pasar de manera distinta de lo ocurrido en todos los demás países del Occidente de Europa a la creación de las premisas fundamentales de la civilización? ¿Ha cambiado a causa de eso la pauta general del devenir de la historia universal? ¿Ha cambiado por ello la correlación esencial de las clases fundamentales en cada país que entra, que ha entrado ya en el curso general de la historia universal?

Si para crear el socialismo se exige un determinado nivel cultural (aunque nadie puede decir cuál es este determinado "nivel cultural", ya que es diferente en cada uno de los países de Europa Occidental), ¿por qué, pues, no podemos comenzar primero por la conquista revolucionaria de las premisas para este determinado nivel, y lanzarnos *luego*, respaldados con el poder obrero y campesino y con el régimen soviético, a alcanzar a otros pueblos?[12]

Los vaivenes a los que se vio sometida la revolución (guerra civil, invasión extranjera, caos económico, sabotaje, etc.) y que la obligaron a adoptar líneas de acción necesarias para la supervivencia, pero para las cuales no estaba preparada (nacionalizaciones punitivas, requisición agrícola forzosa), nunca llevaron a Lenin al olvido de aquella realidad.

En el otoño de 1921, la situación era, por otro lado, demasiado patética como para que el más romántico revolucionario pudiera ignorarla. Las sublevaciones campesinas se sucedían, el proletariado virtualmente había desaparecido, los marineros de Kronstadt se rebelaban contra el poder revolucionario, el país se hallaba agotado por las guerras (la Primera Guerra Mundial, luego la guerra civil), millones de rusos morían literalmente de hambre,[13] la economía sufría un colapso que tendía a perpetuarse y la revolución internacional no se había producido: "[Estamos luchando] completamente solos, nos dijimos".[14]

Es en medio de ese indescriptible y angustioso contexto donde se plantea la opción: "o relaciones económicas de este tipo o nada".[15]

Resulta entonces importante volver a subrayar dos cosas:

- la Nueva Política Económica fue el resultado de una coyuntura en la historia del movimiento revolucionario;
- Lenin la concibió como un repliegue táctico que le permitiría crear "las premisas fundamentales de la civilización",[16] para luego abordar las tareas socialistas.

La coyuntura se expresaba en la ruptura de la alianza de trabajadores y campesinos en un momento en que, además, esta era casi inexistente. Ello se sumaba a la ausencia de la revolución internacional, condición inexcusable para llevar la revolución rusa a sus últimas consecuencias. La afirmación de Lenin al respecto era tajante:

Cuando nosotros estipulamos una política que ha de existir largos años, no olvidamos un momento siquiera que la revolución internacional, el ritmo y las condiciones de su desenvolvimiento pueden cambiarlo todo.[17]

Se trataba, pues, de construir al comienzo sólidos puentes "que, en un país de pequeños campesinos, lleven al socialismo a través del capitalismo de estado".[18]

No era el período de transición al comunismo. Dos factores, no previstos en la teoría, se habían conjugado para darle existencia a esta fase. Primero, la revolución se había producido en un país imperialista de desarrollo muy desigual. Segundo, el triunfo revolucionario no había rebasado las fronteras del país. La Nueva Política Económica no representaba en modo alguno la transición al comunismo, sino que era un intento desesperado y audaz por lograr las "premisas fundamentales de la civilización" para entonces abordar la problemática transicional. Esto no siempre resultaba evidente, por lo que algunos perdían la conexión entre el repliegue y la aspiración ofensiva:

> Hay que mostrar esta ligazón para que la veamos con claridad nosotros, para que la vea todo el pueblo y para que toda la masa campesina vea que existe un vínculo entre la vida presente, dura, inauditamente desolada, extremadamente miserable y angustiosa, y el trabajo que se lleva a cabo *en aras de remotos ideales socialistas*.[19]

Las medidas tomadas implicaban un "retroceso hacia el capitalismo",[20] y esta realidad fue lo suficientemente obvia como para provocar el apoyo de la contrarrevolución a estas medidas. Lenin afirmó:

> Es en este sentido que hay que hablar de la suspensión del repliegue, y de una u otra manera sería justo convertir esta consigna en resolución del Congreso.
> 
> En relación con esto quisiera referirme al problema siguiente ¿qué es la Nueva Política Económica de los bolcheviques: evolución o táctica? Así planteaban el problema los de *Smena Vej*, los cuales, como saben ustedes, representan una corriente que ha prendido entre los emigrados rusos. Es una corriente sociopolítica encabezada por los dirigentes más destacados del Partido Democrático Constitucional, por algunos ministros del ex gobierno de Kolchak, gente que llegó a la convicción de que el poder soviético está desarrollando

el estado ruso y que por esa razón hay que apoyarlo.[21]

Así razonan los de *Smena Vej*: "¿Qué estado construye este poder soviético? Los comunistas dicen que un estado comunista, asegurando que se trata de una cuestión de táctica: que en el momento difícil, los bolcheviques engatusarán a los capitalistas privados, y luego se saldrán con la suya. Los bolcheviques pueden decir todo cuanto les plazca, *pero, en realidad, esto no es táctica, sino evolución, una degeneración interna, llegarán a un estado burgués común, y nosotros debemos apoyarlos.* La historia sigue diferentes derroteros".

Algunos de ellos se hacen pasar por comunistas, pero hay personas más francas, entre ellas Ustriálov. Creo que fue ministro en el gobierno de Kolchak. Este no está de acuerdo con sus camaradas y dice: "En cuanto al comunismo, piensen lo que quieran, pero yo repito que no es táctica, sino evolución". *Entiendo que este Ustriálov nos aporta un gran beneficio con esta declaración franca. Nos toca oír muchas veces al día, sobre todo a mí, por el cargo que ocupo, melosas mentiras comunistas, y las náuseas que esto produce son a veces de muerte.*

Y he aquí que, a cambio de estas "mentiras comunistas", aparece el número de *Smena Vej* y dice sin ambages: "Las cosas no marchan como ustedes lo imaginan, sino que, en realidad, van rodando hacia el vulgar pantano burgués, y allí se agitarán los banderines comunistas con toda clase de palabrerío".

Esto es muy provechoso, porque en ello vemos no ya la simple repetición de la cantilena que oímos constantemente en torno nuestro, sino sencillamente la verdad de clase del enemigo de clase. Conviene mucho fijarse en cosas como esta, que se escriben no porque en el estado comunista se suela escribir así o porque esté prohibido escribir de otra manera, sino porque es efectivamente la verdad de clase, expresada de un modo burdo y franco por el enemigo de clase. "Estoy de acuerdo con apoyar al poder soviético en Rusia", dice Ustriálov, a pesar de haber sido demócrata constitucionalista, burgués y defensor de la intervención. "Y estoy de acuerdo con apoyar al poder soviético porque ha adoptado un camino por el cual se desliza hacia un vulgar poder burgués".

Esto es una cosa muy útil y que, a mi entender, hay que tener presente. Es mucho mejor para nosotros cuando los de *Smena Vej* escriben de tal manera, que cuando algunos de ellos se fingen casi comunistas, tanto que desde lejos quizás resulte difícil distinguir si creen en Dios o en la revolución comunista. Hay que decir con franqueza que tales enemigos sinceros son útiles. Hay que decir con franqueza que cosas como las que dice Ustriálov son posibles.

La historia conoce transformaciones de toda clase. En política no es nada serio confiar en la convicción, la lealtad y otras magníficas cualidades morales. Cualidades morales magníficas las posee solo contado número de personas, pero las que deciden el desenlace histórico son las grandes masas, las cuales, si este pequeño número de personas no se adapta a ellas, a veces no los tratarán con mucha cortesía.

Ha habido múltiples ejemplos de ello, por lo cual debemos saludar esta declaración franca de los de *Smena Vej*. El enemigo expresa la verdad de clase, señalándonos el peligro que se alza ante nosotros. El enemigo se esfuerza para que esto se haga inevitable. Los de *Smena Vej* expresan el estado de ánimo de miles y decenas de miles de toda clase de burgueses, o de empleados soviéticos que participan en nuestra Nueva Política Económica.

Este es el peligro principal y verdadero. Y por ello hay que prestar a este problema la mayor atención: en efecto, ¿quién vencerá a quién? Yo he hablado de la emulación. No nos atacan directamente, no nos agarran por la garganta. *Aún queda por ver lo que pasará mañana; pero hoy no nos atacan con las armas en la mano. A pesar de todo, la lucha contra la sociedad capitalista se ha vuelto 100 veces más encarnizada y peligrosa, porque no siempre vemos con claridad dónde está el enemigo que se nos enfrenta y quién es nuestro amigo.*

He hablado de la emulación comunista no desde el punto de vista de la simpatía con el comunismo, sino desde el punto de vista del desarrollo de las formas económicas y sistemas sociales. Esto no es una emulación, sino una lucha desesperada, furiosa, una lucha a muerte entre el capitalismo y el comunismo, que si no es la última, está muy cerca de serlo.[22]

Lenin, que no se cansaba de comparar la NEP con la Paz de Brest-Litovsk, no pretendía tampoco dulcificar la cruda realidad. Más aun, prefería llamar las cosas por su nombre para evitar peligrosas confusiones:

¿Qué es la libertad de intercambio? *Libertad de intercambio es libertad de comercio, y libertad de comercio significa un retroceso hacia el capitalismo.* La libertad de intercambio y la libertad de comercio significan el intercambio de mercancías entre los pequeños propietarios. Todos los que hemos estudiado aunque solo sea el abecé del marxismo sabemos que de este intercambio y de esta libertad de comercio se desprende *necesariamente* la división de los productores de mercancías en dueños del capital y dueños de la mano de obra, la división en capitalistas y trabajadores asalariados, es decir, la reconstitución de la esclavitud capitalista asalariada, que no cae del cielo, sino que surge en todo el mundo precisamente de la economía agrícola mercantil. Esto lo sabemos perfectamente en teoría, y en Rusia todo el que examine la vida y las condiciones de la economía del pequeño agricultor no puede menos de verlo.[23]

Los cambios de forma en la construcción socialista están motivados por las circunstancias de que, en toda la política de transición del capitalismo al *socialismo*, el Partido Comunista y el gobierno soviético emplean ahora métodos especiales para esta transición, actúan en una serie de aspectos por métodos diferentes que antes, conquistan una serie de posiciones mediante un "nuevo rodeo", por decirlo así, *realizan un repliegue* para pasar nuevamente, más preparados, a la ofensiva *contra el capitalismo*.

En particular, son *admitidos hoy* y se desarrollan el libre comercio y el capitalismo, que deben estar sujetos a una regulación por el estado y, por otra parte, las empresas estatales socializadas se reorganizan sobre la base de la llamada *autogestión financiera, es decir, del principio comercial*, lo que dentro de las condiciones de atraso cultural y de agotamiento del país, *inevitablemente hará surgir —en mayor o menor grado— en la conciencia de las masas la contraposición entre la administración de determinadas empresas y los trabajadores que están empleados en ellas...*

La reorganización de las empresas del estado sobre la base de *la llamada autogestión financiera está ligada inevitable e indisolublemente* con la Nueva Política Económica.[24]

A pesar de su carácter provisional —de transición— la NEP dejó una herencia negativa en el campo de las teorías económicas: la concepción que identifica la racionalidad económica y la racionalidad social, diluyendo la segunda en la primera. Esta identificación surgió en un momento en que la eficiencia de la gestión económica determinaba la supervivencia del poder obrero. Impregnó la mente de algunos economistas que, pese a todas las advertencias de Lenin, comenzaron a ver en la NEP una forma necesaria y única de socialismo. En 1921 encontramos las raíces de la utilización y el desarrollo de la ley del valor en el socialismo, de la Autogestión Financiera, de la cooperativa agrícola como forma de propiedad socialista, etc. Así, las categorías de la NEP reaparecieron de un modo utilitario, pues permitían "el aumento de la productividad".

De este modo, dejaron de advertir, además, que los aumentos y disminuciones cualitativos de las formas de conciencia social no son fácilmente mensurables y que son estos factores los que decidirán finalmente el sentido de la vida futura.

Para Che, "Es muy discutible la existencia de estas llamadas categorías económicas. A lo más, se podría decir que son categorías económicas de la URSS, no del socialismo (Cálculo Económico, por ejemplo)".*

Para Carlos Marx, el período de transición al comunismo es un proceso único con dos fases: dictadura del proletariado (socialismo) y comunismo. Con la situación específica de la Rusia de 1921, cierta literatura banaliza la situación trágica de la URSS de estos años y da carácter de "ley objetiva" a la fase de NEP. Se determinan tres fases *obligadas* para todo proceso socialista, en vez de dos, como apuntó Marx.

Che pensaba, al igual que Lenin, que la NEP constituyó un paso atrás. No hay que olvidar que Lenin la comparó

---

* Guevara, *Apuntes críticos*, p. 135. El pasaje del *Manual de economía política* sobre el cual está comentando aparece en la p. 110 de este libro.

con la Paz de Brest-Litovsk. Las circunstancias en que se desarrollaba la gloriosa revolución de los soviets eran muy complejas. La decisión era sumamente difícil. La lectura de los últimos escritos y pronunciamientos del líder de la revolución nos permite percatarnos de las dudas que lo invadían acerca de la NEP.

Che pensaba que la Nueva Política Económica no se crea contra la pequeña producción mercantil, sino más bien porque esta lo exigía. Opinaba que la utilización de las categorías capitalistas en el período de transición, su uso y teorización, era un error esencial por parte de los soviéticos:

> Se insiste: no son instrumentos, sino concesiones que configuran el híbrido. Se habla de que no hay capital y se cobra interés, ¿sobre qué? Debe ser sobre la nada en forma de sumas de dinero.*

Y para que no quede lugar a dudas de la claridad y profundidad del análisis de Che, observamos que, al referirse a la economía política soviética, escribe:

> Se pretende conocer leyes económicas cuya existencia real es discutible. El resultado es que se topan a cada vuelta de esquina con las leyes económicas del capitalismo que subsisten en la organización económica soviética. Se las dora con un nuevo nombre y se continúa adelante con el autoengaño, ¿hasta cuándo?

---

\* Guevara, *Apuntes críticos*, p. 134, donde comenta sobre el siguiente pasaje del *Manual de economía política*:
> Bajo la forma de las viejas categorías del valor se encierra ahora un contenido social totalmente distinto y cambia radicalmente el significado de esas categorías: el dinero, el precio, el crédito, se utilizan ahora como instrumentos de la construcción del socialismo.

No se sabe, ni cómo se solucionará la contradicción.*

Para Che, el Cálculo Económico no era socialismo:

> Siempre ha sido oscuro el significado de "Cálculo Económico", cuya significación real parece haber sufrido variaciones en el transcurso del tiempo. Lo extraño es que se pretenda hacer figurar esta forma de gestión administrativa de la URSS como una categoría económica definitivamente necesaria.
>
> Es usar la práctica como rasero, sin la más mínima abstracción teórica, o peor, es hacer un uso indiscriminado de la apologética. El Cálculo Económico constituye un conjunto de medidas de control, de dirección y de operación de empresas socializadas, en un país dado, un período con características peculiares.†

---

\* Guevara, *Apuntes críticos*, pp. 135–36, donde comenta sobre el siguiente pasaje del *Manual de economía política*:
 Las leyes económicas del socialismo abren la posibilidad de desarrollar e impulsar la economía socialista por el camino hacia el comunismo. Para convertir esa posibilidad en realidad, hay que aprender a aplicar dichas leyes económicas con pleno conocimiento de causa.

† Guevara, *Apuntes críticos*, p. 174, donde comenta sobre el siguiente pasaje:
 Cálculo Económico es la forma de gestión planificada de las empresas socialistas impuesta por la vigencia de la ley del valor. Se expresa en la necesidad de medir en dinero los gastos y los resultados de la actividad económica, en la necesidad de que las empresas cubran sus gastos con sus propios ingresos, de que se economicen los medios y se asegure la rentabilidad de la producción...
 Uno de los rasgos característicos del Cálculo Económico es el empleo de la forma dinero del valor para las operaciones de cálculo, para el cálculo de los costos, para balancear los

Che llama la atención sobre el contrasentido de los soviéticos:

> Todos los residuos del capitalismo son utilizados al máximo para eliminar el capitalismo. La dialéctica es una ciencia, no una jerigonza. Nadie explica científicamente este contrasentido.*

Para Guevara, el XX Congreso del Partido Comunista de la Unión Soviética no implicó un cambio encaminado a la rectificación que diera paso a un intento de marchar realmente hacia una sociedad socialista.[25] Más bien, él percibió y vaticinó lo contrario:

> Desgraciadamente no ha sido así. Luego de un largo letargo, caracterizado por la apologética más desenfadada, el XX Congreso del PCUS dio el sacudón, pero no hacia adelante.
>
> Comprimidos por el agotamiento de las posibilidades de desarrollo, debido a la hibridación del sistema económico y presionados por la superestructura, los dirigentes soviéticos dieron pasos atrás que se complementan con la nueva organización de la industria. Al

---

gastos de las empresas con sus ingresos y su grado de rentabilidad o margen de beneficios.

* Guevara, *Apuntes críticos*, p. 206, donde comenta sobre el siguiente pasaje del *Manual de economía política*:
Con objeto de acrecentar la riqueza social, de observar el principio de interesar materialmente a los trabajadores por los resultados de su trabajo y de asegurar la elevación del bienestar del pueblo, es necesario valerse por todos los medios, durante el período de tránsito del socialismo al comunismo: de instrumentos económicos como la dirección planificada de la economía nacional, vinculados con la vigencia de la ley del valor, tales como el dinero, el crédito, el comercio y el Cálculo Económico.

letargo sucede la regresión, pero ambas mantienen la misma característica dogmática.*

En este cisma de la sociedad soviética, Che evalúa, entre otras cosas, un elemento crucial en su concepción de la sociedad socialista, un elemento que los soviéticos menospreciaron desde sus inicios:

> En pretendidos errores de Stalin está la diferencia entre una actitud revolucionaria y otra revisionista. Aquel ve el peligro en las relaciones mercantiles y trata de salirle al paso rompiendo lo que se opone.
>
> La nueva dirección, por el contrario, cede a los impulsos de la superestructura y acentúa la acción mercantil, teorizando para ello que el aprovechamiento total de estas palancas económicas llevan al comunismo.
>
> Hay pocas voces que se le opongan públicamente, mostrando así el tremendo crimen histórico de Stalin: el haber despreciado la educación comunista e instituido el culto irrestricto a la autoridad.†

---

* Guevara, *Apuntes críticos*, p. 213, donde comenta sobre el siguiente pasaje del *Manual de economía política*:
> La economía política marxista-leninista cuenta ya con más de un siglo de desarrollo. Presenta, como el marxismo-leninismo en su conjunto, un carácter activo y creador. Profundamente contraria a todo dogmatismo, se presenta en estrecha e indisoluble conexión con el movimiento obrero, con la lucha práctica de la clase obrera y de todos los trabajadores por el socialismo y el comunismo. Y se enriquece con nuevas tesis teóricas que surgen como fruto de la condensación de la nueva experiencia histórica.

† Guevara, *Apuntes críticos*, p. 214, donde comenta sobre el siguiente pasaje:
> En su última obra, *Problemas económicos del socialismo en la URSS*, Stalin planteó algunos problemas importantes de la teoría marxista-leninista: el del carácter objetivo de las leyes

Aprovecho el hecho de las reflexiones anteriores de Che para escaparme un poco del capítulo que escribo y dar a conocer la opinión que se había formado Che a mediados de los años 60 de los congresos del PCUS:

> Sobre los congresos soviéticos se pueden adoptar dos posturas: someterlos a una crítica profunda o ignorarlos. Aprobarlos mecánicamente conduce a choques más peligrosos aún.*

Fidel Castro apenas asistió a los congresos del PCUS, como solían hacer la totalidad de los jefes de partidos de la Europa del Este y una mayoría de los secretarios generales de los partidos comunistas del planeta.

Che tuvo la oportunidad de constatar, por sí mismo y por otros, el callejón sin salida al que llevaba el Cálculo

---

económicas del socialismo, el de la ley del desarrollo planificado y proporcional, y otros.

Hay que decir, sin embargo, que en este trabajo y en algunos otros de Stalin se contienen tesis erróneas, tales como por ejemplo, la de que la circulación mercantil representa ya, en la actualidad, un freno para el desarrollo de las fuerzas productivas y de que ha madurado ya la necesidad del paso gradual al intercambio directo de productos entre la industria y la agricultura; la insuficiente apreciación de la vigencia de la ley del valor en la esfera de la producción, en particular en lo tocante a los medios de producción, etc.

\* Guevara, *Apuntes críticos*, p. 107, donde comenta sobre el siguiente pasaje del *Manual de economía política*:
El XX Congreso del PC de la Unión Soviética, celebrado en febrero de 1956, contribuyó con una aportación muy importante a la elaboración de la economía política marxista-leninista. En sus resoluciones se plantearon y fueron resueltas con sentido creador, a base de la nueva experiencia histórica, una serie de importantísimos problemas de principio en relación con el desarrollo mundial de nuestro tiempo.

Económico. A su regreso de Moscú, a fines de 1964, comparte con sus compañeros de dirección del Ministerio de Industrias sus vivencias al respecto, algo que los cubanos pudimos experimentar masivamente en los años siguientes a 1975, cuando implantaron el Cálculo Económico en la nación.

Contaba Che:

En Moscú tuve una reunión con todos los estudiantes. Entonces sale por allí uno y me hace las tres preguntas de rigor: la ley del valor en el socialismo; la Autogestión [otro nombre para el Sistema de Cálculo Económico]...

Unas preguntas para contestar, porque era una información general, pero ellos están al tanto de todas las cosas de Cuba y entonces más o menos era una cosa de preguntas y respuestas.

Entonces les dije: "Bueno, esto es un problema ya de tipo muy específico, que no vamos a discutir aquí" (había un grupo de compañeros soviéticos).

Entonces los invité a la embajada. Bueno, ahora vamos a ver a los economistas.

Enseguida se ofrecieron una serie de voluntarios de automatización. En resumidas cuentas, se me juntaron como 50.

Yo fui dispuesto a dar una tremendísima batalla contra el Sistema de Autogestión. Bueno, pues, yo nunca había tenido un auditorio en ese tipo de descarga más atento, más preocupado y que más rápido entendió las razones mías.

¿Ustedes saben por qué? Porque estaban ahí. Y porque muchas de las cosas que yo las digo, y las digo aquí en forma teórica porque no las sé, ellos sí la saben. Las saben porque están ahí. Van al médico. Cuando van al restaurante, van al restaurante, cuando van a comprar algo a las tiendas, van a las tiendas. Y hoy en la Unión Soviética pasan cosas increíbles.

Entonces, esa ligazón que tú dices, de la Autogestión entre la masa, es mentira.

En la Autogestión lo que hay es una valoración del hombre por lo que rinde, que eso el capitalismo lo hace perfectamente, perfectísimamente. Pero tampoco hay ninguna ligazón entre la masa y el dirigente. Ninguna.

Es decir, que si nosotros tenemos aquí defectos que estábamos anotándolos para corregirlos, ese defecto no se corrige con el método de darle a aquel un peso más de esto o un peso más de aquello. De ninguna manera...

Ahora, frente a todos esos fracasos que han ocurrido, ¿cuál ha sido la reacción?

No ir a las fuentes a ver dónde están los errores, sino tratar...

Ahí en Moscú empleaba el cine y un avioncito, que creo que es bastante justo. En un momento dado, el aviador se da cuenta de que ha perdido el rumbo, está totalmente perdido.

Este aviador, en vez de volver a su punto de partida para tomar un punto verdadero, está corrigiendo el rumbo ahí donde se dio cuenta de que lo había perdido.

Pero el que él se haya dado cuenta en ese momento que lo había perdido no quiere decir que es allí donde lo perdió.

Y de esto es donde parte toda una serie de aberraciones.

¿Aberraciones que se producen en qué? Bueno, ustedes van a ver.

En Yugoslavia hay la ley del valor. En Yugoslavia se cierran fábricas por incosteables. En Yugoslavia hay delegados de Suiza y Holanda que buscan mano de obra ociosa y se la llevan a su país a trabajar. ¿En qué condiciones? En las condiciones de un país imperialista con mano de obra extranjera, donde hay toda una serie de reglamentos y regulaciones para que sea la última cosa.

Así van esos compañeros yugoslavos a trabajar como agricultores o como obreros a esos países donde escasea la mano de obra, y expuestos por supuesto a quedar en cualquier momento en la calle. Prácticamente son, en ese sentido, puertorriqueños en Estados Unidos…

En Polonia, se va claramente por el camino yugoslavo…

En Checoslovaquia y en Alemania [la República Democrática Alemana, RDA] ya se empieza a estudiar también el sistema yugoslavo para aplicarlo.

Entonces, tenemos que ya hay una serie de países que están todos cambiando el rumbo. ¿Frente a qué?

Frente a una realidad que no se puede desconocer, y es que, a pesar de que no se diga, el bloque occidental de países europeos está avanzando a ritmos superiores al bloque de la Democracia Popular.

¿Por qué? Ahí, en vez de ir al fondo de ese "por qué", que hubiera de resolver el problema, se ha dado una respuesta superficial y entonces se trata el mercado [inaudible], reforzar el mercado, empezar la ley del valor, reforzar el estímulo material.

Todo el mundo, todo lo que sea estímulo material, todos los directores cada vez ganan más.

Hay que ver el último proyecto de la RDA, la importancia que tiene la gestión del director. Es decir, la gestión del director en la retribución.

Todo eso está sucediendo por fallas de principios que no son suficientemente analizadas.

Por eso insisto tanto, y ya no hablo más.[26]

Como veremos en el capítulo siguiente, el Sistema Presupuestario de Financiamiento constituyó el modo en que se socializó y funcionó la industria cubana. Esa fue la forma en que se instauraron las relaciones socialistas de producción en la casi totalidad del sector industrial cubano.

## SEGUNDA PARTE

# El sistema de dirección de la economía en la primera etapa de la construcción del socialismo en Cuba

*Capítulo 4*

# El surgimiento del Sistema Presupuestario de Financiamiento

El Sistema Presupuestario de Financiamiento surge como un conjunto de medidas prácticas (centralización de fondos bancarios de las empresas, etc.) ante problemas concretos del sector industrial (empresas con recursos financieros sobrantes y otras sin ellos, por ejemplo). En ese momento, la revolución se enfrentaba aún a problemas sociales tales como el desempleo.

Estas medidas evolucionaron progresivamente hasta formar un cuerpo coherente de consideraciones políticas y económicas cuya formulación teórica comenzó a perfilarse alrededor de los años 1962 y 1963, y cuya aplicación práctica quedó restringida al sector industrial.

El 7 de octubre de 1959, Fidel anunció la designación de Che para ocupar el cargo de jefe del Departamento de Industrialización del Instituto Nacional de Reforma Agraria (INRA).[1]

Desde la epopeya de la Sierra Maestra[2], Che había mostrado su espíritu constructor. Con el fin de resolver los problemas de abastecimiento del Ejército Rebelde, creó diversos talleres como la armería, la sastrería, la panadería, la tasajera, los talleres de calzado, tabacos y cigarros, etc. Tras el triunfo de la revolución, al ser nombrado jefe de la Fortaleza de La Cabaña en La Habana, demostró también esas virtudes.

El Departamento de Industrialización se creó para dar respuesta al desarrollo industrial que la reforma agraria generaba.[3] También en la práctica pasó a administrar una serie de industrias y pequeños talleres o "chinchales", que provenían, algunos, de las intervenciones dictadas, porque sus propietarios, representantes del viejo régimen, se habían enriquecido a costa del erario público, y otros porque sus dueños los habían abandonado al marcharse hacia el extranjero o por conflictos laborales.[4]

En los primeros meses de la revolución, el peso de las industrias y fábricas que atendía el departamento fue creciendo. A medida que avanzó la revolución y se produjo la ola de intervenciones y nacionalizaciones en la segunda mitad de 1960, el departamento alcanzó más del 60 por ciento del total del sector industrial, y en 1961 llegó a más del 70 por ciento.

El Sistema Presupuestario de Financiamiento fue el modo en que se organizó y funcionó la economía estatal cubana en el sector industrial en una fase tan temprana de la revolución socialista. Los antecedentes de este sistema están en esta etapa, en el Departamento de Industrialización del INRA. Muchas de las fábricas y pequeños "chinchales" que pasaron a ser administrados por el departamento carecían de fondos para comprar las materias primas y materiales y para pagar a los trabajadores. Algunas de estas fábricas eran necesarias por su tipo de producción, y otras lo eran en menor medida.

En ese momento se tomó la decisión de unir los fondos de todas las fábricas y "chinchales" en un fondo centralizado en el que todos los establecimientos depositaban sus ingresos, y del que extraían los recursos programados para su gestión, de acuerdo con un presupuesto. De este modo se contribuía a no aumentar el desempleo que aún padecíamos en esa fecha, y a que la sociedad continuara recibiendo los productos que fabricaban, aunque no todos los talleres fueran rentables en ese instante.

Che llevó a cabo una política encaminada a fundir los "chinchales", a crear talleres mayores, donde se pudiera introducir la técnica, aumentar la productividad y disminuir los costos. El personal que resultaba excedente era reubicado en la rama de la producción que lo requería. A los que no tenían ubicación se les pagaba para que elevaran su cualificación técnica y cultural. Guevara procuró por encima de todo que no existieran plazas ficticias. En una reunión que tuvo el 16 de marzo de 1962, sostuvo:

> ¿Qué es mejor para el estado: mantener la ineficiencia absurda de todas nuestras industrias en el día de hoy, para que todo el mundo esté trabajando y reciba un subsidio disfrazado, o aumentar la productividad al máximo y recoger todos los excedentes de trabajo, que reciban un salario también por estudiar y por capacitarse ya como trabajo central, hacer del trabajo central de ellos la capacitación? Es una interrogante que nosotros la hemos resuelto diciéndonos que es mucho más útil para el país aumentar la productividad del trabajo, no solamente el trabajo más intenso de cada obrero, sino fundamentalmente mediante la racionalización del trabajo y, en algunos casos, mediante la mecanización.[5]

En el apartado dedicado al sistema salarial, se exponen las razones socioeconómicas de Cuba de inicios de la década de los 60 que hacían que la decisión del estudio fuera la más acertada en nuestras condiciones.

La sección de Finanzas, Contabilidad y Presupuestos del Departamento de Industrialización administraba el fondo centralizado. Para ello, Che estableció los presupuestos y un programa de ejecución siguiendo un plan anual. Le correspondieron también a este departamento los primeros pasos que se dieron en nuestro país en la planificación.

El Banco Nacional era el depositario del fondo centralizado. El Departamento de Industrialización le enviaba copia de los presupuestos de las unidades, y las agencias bancarias no efectuaban pagos superiores a lo estipulado en el presupuesto.[6]

El 13 de junio de 1959, cuatro meses antes de ser nombrado jefe del Departamento de Industrialización, Che partió hacia el extranjero al frente de una delegación del gobierno que lo llevó a visitar Egipto, India, Japón, Indonesia y Yugoslavia. De la visita de seis días a este último país, escribió un informe del que extraemos algunos fragmentos:

> Todas las colectividades de Yugoslavia, ya sean campesinas u obreras industriales, se guían por el principio de lo que ellos llaman la Autogestión. Dentro de un plan general, bien definido en cuanto a sus alcances, pero no en cuanto a su desarrollo particular, las empresas luchan entre ellas dentro del mercado nacional como una entidad privada capitalista.
>
> Se podría decir a grandes rasgos, caricaturizando bastante, que la característica de la sociedad yugoslava es la de un capitalismo empresarial con una distribución socialista de las ganancias, es decir, tomando cada empresa, no como un grupo de obreros sino como una

unidad. Esta empresa funcionaría aproximadamente dentro de un sistema capitalista, obedeciendo las leyes de la oferta y la demanda y entablando una lucha violenta por los precios y la calidad con sus similares, realizando lo que en economía se llama la libre concurrencia. Pero no debemos nunca perder de vista que las ganancias totales de esa empresa se van a distribuir, no en la forma desproporcionada de una empresa capitalista, sino entre los obreros y empleados del núcleo industrial.

Dar un diagnóstico definitivo, una opinión sobre este tipo social, es muy arriesgado en el caso mío, sobre todo porque no conozco personalmente las manifestaciones ortodoxas del comunismo, como son las de los demás países unidos en el Pacto de Varsovia, del cual Yugoslavia no es partícipe...

Esta libertad de discusión se puso de manifiesto cuando me preguntaron en una amable reunión de sobremesa, en una de las repúblicas que constituyen la federación, mi opinión sobre el sistema yugoslavo; opinión difícil que, en términos generales aún hoy, después de comprender algo más su mecanismo no puedo expresar, simplemente.

Muy interesante por todo lo que de nuevo traía hasta nosotros, miembros de un país capitalista en proceso de desarrollo económico y en lucha por su liberación nacional, la imagen de un país comunista y, al mismo tiempo, con un comunismo que se aleja de la ortodoxia expresada en los libros comunes, para adquirir una serie de características propias. *Peligroso, porque la competencia entre empresas dedicadas a la producción de los mismos artículos introduciría factores de desvirtuación de lo que presumiblemente sea el espíritu socialista.*

Esos fueron mis planteamientos, exponiendo al mismo tiempo un ejemplo práctico de los males que podría acarrear, en mi concepto, el sistema.[7]

Para nosotros estas notas resultan muy valiosas porque, en fecha tan temprana como agosto de 1959, en su primer contacto con una economía regida por la llamada "Autogestión Financiera" o "Cálculo Económico", sin conocimiento directo de otros países socialistas ni de la literatura económica especializada, sin tener un puesto en el gobierno que lo obligara a ocuparse de estos problemas, como lo tuvo después, Che manifestó su preocupación por el sistema conocido porque "introduciría factores de desvirtuación de lo que presumiblemente sea el espíritu socialista".

Meses después, al tener la responsabilidad directa de la administración, organización y desarrollo de la industria cubana, esta experiencia pesó en las decisiones que fueron conformando el Sistema Presupuestario de Financiamiento.

En el mes de febrero de 1961, el gobierno revolucionario aprobó varias leyes referentes a la estructura político-económica del país. Entre estas estaba la creación del Ministerio de Industrias, y se designó a Che para la jefatura de este nuevo organismo.[8]

En el apartado del capítulo primero dedicado al sistema de dirección económica y sus categorías, vimos sucintamente otra característica que los revolucionarios cubanos no podían desconocer para la formulación del modelo de dirección económica del país. El Sistema Presupuestario de Financiamiento se desarrolló con el objetivo de eliminar la anarquía heredada y fortalecer al estado revolucionario, que recibió una estructura económico-social neocolonial y subdesarrollada, pero también una aceptable red vial, con una buena red de comunicaciones, como ya se ha señalado. Algunas corporaciones extranjeras habían implantado en nuestro país las más avanzadas técnicas para la organización, la dirección, el control, la programación de la producción y la contabilización de la gestión económica del capitalismo monopolista de estado.

Muchas de las empresas extranjeras habían implantado el control centralizado, cuya sede estaba en La Habana o en Estados Unidos. Existían en Cuba oficinas de contables públicos que dominaban estas novísimas técnicas. Y además había cierta divulgación de estas entre los cuadros de administración de las empresas cubanas.

Che, en la conformación del Sistema Presupuestario de Financiamiento, utilizó:

- técnicas contables avanzadas que permitían un mayor control y una eficiente dirección centralizada, así como los estudios y la aplicación que efectuaba el monopolio de los métodos de centralización y descentralización;[9]
- técnicas de computación aplicadas a la economía y a la dirección, e igualmente, los métodos matemáticos aplicados a la economía;[10]
- técnicas de programación y control de la producción;
- técnicas del presupuesto como instrumento de planificación y control por medio de las finanzas;
- técnicas de control económico por métodos administrativos;
- la experiencia de los países socialistas.

Y el espíritu del sistema Che lo sintetizó del siguiente modo:

Nosotros planteamos aquí un sistema centralizado de la dirección de la economía, con un control bastante riguroso de las empresas; pero además, con un control consciente de los directores de empresas. Y considerar el conjunto de la economía como una gran empresa y tratar de establecer la colaboración entre todos los participantes como miembros de una gran empresa, en vez de ser lobitos entre sí, dentro de la construcción del socialismo.[11]

El nombre de Sistema Presupuestario de Financiamiento proviene de que la empresa entrega al presupuesto nacional todos sus ingresos; esto es, no acumula ni retiene en efectivo en una cuenta propia. La empresa, además, gasta de acuerdo con el plan financiero, por lo que recibe del presupuesto disponibilidades de fondos que le son situados en una agencia bancaria que registra las operaciones de la empresa en tres cuentas: la de salarios, la de inversiones y la de otros gastos.[12]

De este modo, la empresa recibe todos los fondos que necesita para efectuar sus actividades, por lo que resulta innecesaria la solicitud del crédito bancario y toda la ficción contable que trae aparejada. Che aplicaba aquí el mismo sistema que tiene un consorcio multinacional altamente tecnificado en las relaciones que existen entre la casa matriz y sus subsidiarias.

La única fuente de financiamiento que tiene la empresa es el presupuesto nacional. En el capítulo 6, "El papel del dinero, la banca y los precios", exponemos con detalle la concepción de Che al respecto.

En una reunión bimestral del Consejo de Dirección del Ministerio de Industrias, Guevara dijo lo siguiente:

> Creo que el Sistema de Financiamiento Presupuestario significa, por todas sus concepciones, un paso de avance que permite al menos estar prestos, cuando nosotros queramos profundizar más en este análisis, a tomar las medidas necesarias y a impulsarlas sin que tenga que

sufrir una gran conmoción sobre el sistema. Porque evidentemente es un camino que va en el sentido de la administración, por un sendero progresista, que es el sendero de los monopolios. Esto puede parecer una cosa contradictoria, pero es real.

El análisis marxista se basa en el desarrollo del capitalismo hasta en sus últimos extremos y en la contradicción que en definitiva da origen a la sociedad de transición. Eso no se produce porque después aparece el capitalismo monopolista, y aparece la teoría de Lenin del eslabón más débil, que lo aplica la Unión Soviética.[13] La Unión Soviética no es entonces un ejemplo típico de un país capitalista plenamente desarrollado que pasa al socialismo.

El sistema, como lo tomaron los soviéticos, no estaba desarrollado. De ahí entonces se partió con toda una serie de líneas que eran prestadas, incluso del capitalismo premonopolista. Y por eso el Sistema de Autogestión Financiera desde el punto de vista del desarrollo de la sociedad industrial es más atrasado que el sistema monopolista implantado en Cuba en algunas empresas. Es decir que el sistema de cálculo del Financiamiento Presupuestario, del sistema de monopolio, es más progresista que el Sistema de Autogestión.[14]

En su trabajo titulado "Sobre el Sistema Presupuestario de Financiamiento", Che señalaba lo siguiente a propósito de la utilización de tales técnicas:

> Con esta serie de citas [se refiere a fragmentos de escritos de Marx, Stalin y del economista polaco Oskar Lange], hemos pretendido fijar los temas que consideramos básicos para la explicación del sistema:
> Primero: El comunismo es una meta de la humanidad que se alcanza conscientemente; luego, la educa-

ción, la liquidación de las taras de la sociedad antigua en la conciencia de las gentes, es un factor de suma importancia, sin olvidar claro está, que sin avances paralelos en la producción no se puede llegar nunca a tal sociedad.

Segundo: Las formas de conducción de la economía como aspecto tecnológico de la cuestión, deben tomarse de donde estén más desarrolladas y puedan ser adaptadas a la nueva sociedad. La tecnología de la petroquímica del campo imperialista puede ser utilizada por el campo socialista sin temor de *contagio* de la ideología burguesa. En la rama económica (en todo lo referente a normas técnicas de dirección y control de la producción) sucede lo mismo.

Se podría, si no es considerado demasiado pretencioso, parafrasear a Marx en su referencia a la utilización de la dialéctica de Hegel y decir de estas técnicas que han sido puestas al derecho.

Un análisis de las técnicas contables utilizadas hoy habitualmente en los países socialistas nos muestra que entre ellas y las nuestras, media un concepto diferencial, que podría equivaler al que existe en el campo capitalista, entre capitalismo de competencia y monopolio. Al fin, las técnicas anteriores sirvieron de base para el desarrollo de ambos sistemas, *puestas sobre los pies*, de ahí en adelante se separan los caminos, ya que el socialismo tiene sus propias relaciones de producción y, por ende, sus propias exigencias.

Podemos decir pues, que, como técnica, el antecesor del Sistema Presupuestario de Financiamiento es el monopolio imperialista radicado en Cuba, y que había sufrido ya las variaciones inherentes al largo proceso de desarrollo de la técnica de conducción y control que va desde los albores del sistema monopolista hasta nuestros días, en que alcanza sus niveles superiores.[15]

Sobre este mismo tema, Che señaló lo siguiente:

> Entonces, lo importante no es quién inventó el sistema. En definitiva, el sistema de contabilidad que se aplica en la Unión Soviética también lo inventó el capitalismo; ahora, al aplicarse en la Unión Soviética, ya no interesa quién lo inventó... En esto sucede exactamente igual y nosotros no tenemos por qué tenerles miedo a las técnicas capitalistas de control... Exactamente en ese mismo sentido está el problema del control, el problema del cálculo presupuestario. Eso es en cuanto a la técnica general en cálculo presupuestario.
>
> Ahora, naturalmente, los capitalistas hacen el cálculo presupuestario sobre una base, sobre la base de una cierta autonomía de las fábricas o empresas y sobre el interés material directo de cada uno de los que ahí participan y la autonomía está en relación con el interés, es una condición *sine qua non*, no pueden estar separadas.[16]

Resulta entonces necesario diferenciar entre las formas de conducción de la economía desde el punto de vista técnico de la cuestión.

Che era de la opinión de que se tomaran estas técnicas de donde estuvieran más desarrolladas, y que pudieran adaptarse a la nueva sociedad, sin temor al *contagio* de la ideología burguesa, *siempre que se limitara* a la adopción o asimilación de normas técnicas de dirección y control de la producción.

Y las formas de conducción en su aspecto ideológico, para Che, no debían perdurar y desarrollarse sobre la base de mecanismos de incentivación y de criterios de dirección de la economía inherentes al régimen capitalista de producción. Vale decir que Che aceptaba la asimilación crítica de los adelantos tecnológicos en la dirección y control económicos, pero rechazaba la utilización y el desarrollo de "las armas melladas que nos legara el capitalismo".

Guevara no pensó nunca que el Sistema Presupuestario de Financiamiento era un todo acabado. Cuando partió en 1965 a tareas internacionalistas, el sistema debía ser desarrollado en algunos aspectos y corregido en otros.

No había mejor crítico del Sistema Presupuestario que el propio Che. En las numerosas reuniones del Ministerio de Industrias en que participaba, en los discursos pronunciados en colectivos obreros, en comparecencias por televisión, etc., no dejaba de señalar las debilidades que aún tenía que eliminar el Sistema Presupuestario:

> ¿Cuáles son las debilidades fundamentales del sistema? Creemos que, en primer lugar, debe colocarse la inmadurez que tiene. En segundo lugar, la escasez de cuadros realmente capacitados en todos los niveles. En tercer lugar, la falta de una difusión completa de todo el sistema y de sus mecanismos para que la gente lo vaya comprendiendo mejor.
>
> Podemos citar también la falta de un aparato central de planificación que funcione de la misma manera y con absoluta jerarquía, lo que podría facilitar el trabajo. Citaremos las fallas en abastecimiento de materiales, fallas en el transporte, que a veces nos obligan a acumular productos y, en otras, nos impiden producir. Fallas en todo nuestro aparato de control de calidad y en las relaciones (muy estrechas, muy armónicas y muy bien definidas, debían ser) con los organismos de distribución, particularmente el MINCIN [Ministerio

de Comercio Interior], y con algunos organismos suministradores, particularmente el MINCEX [Ministerio de Comercio Exterior] y el INRA.

Todavía es difícil precisar cuáles fallas son producto de debilidades inherentes al sistema y cuáles otras debidas sustancialmente a nuestro grado de organización actual.

La fábrica en este momento no tiene, ni la empresa tampoco, un estímulo material de tipo colectivo. No responde esto a una idea central de todo el esquema, sino a no haber alcanzado la suficiente profundidad organizativa en los momentos actuales, para poder hacerlo sobre otras bases que no sean el simple cumplimiento o sobrecumplimiento de los principales planes de la empresa, por razones que ya hemos apuntado anteriormente.

Se le imputa al sistema una tendencia al burocratismo. Y uno de los puntos en los cuales debe insistirse constantemente es en la racionalización de todo el aparato administrativo para que aquel sea lo menor posible. Ahora bien, desde el punto de vista del análisis objetivo es evidente que existirá mucha menos burocracia cuanto más centralizadas estén todas las operaciones de registro y de control de la empresa o unidad, de tal manera que, si todas las empresas pudieran tener centralizadas todas sus facetas administrativas, su aparato se reduciría al pequeño núcleo de dirección de la unidad y al colector de informaciones para pasarlas a la central.

Eso, en el momento actual [1964], es imposible. Sin embargo, tenemos que tender a la creación de unidades de tamaño óptimo —cosa que se facilita mucho por el sistema, al establecerse las normas de trabajo—, de un solo tipo de calificación salarial, de manera que se rompan las ideas estrechas sobre la empresa como centro de acción del individuo y se vaya volcando más a la sociedad en su conjunto.[17]

Y agregó al respecto:

Nuestra tarea es seguir perfeccionando el sistema administrativo, que no es más que un sistema, el Sistema de Financiamiento Presupuestario; ir buscando las causas, los motores realmente internos, las raras interrelaciones que existen en el socialismo entre el hombre, el individuo y la sociedad, para poder utilizar las armas nuevas que se ofrecen y desarrollarlas al máximo, cosa que no ha sucedido todavía. Allí no les pueden dar, naturalmente, solución.[18]

Che se hallaba en plena búsqueda y profundización, tanto en la teoría y en la organización práctica de las unidades de producción y servicios, como en los mecanismos de educación y de formación de una conciencia ajena a la lógica y a los valores del capital.

¿Cómo armonizar la organización y desenvolvimiento de la economía con la participación real de la población?

¿Cómo desarrollar la técnica y la implantación de las relaciones que implica su asunción en el sistema productivo y el control efectivo por parte de la gente, tanto en el proceso como en sus resultados?

Guevara sabía a estas alturas que el sistema soviético no permitía la participación de los trabajadores en la dirección de los centros de producción y en los niveles superiores.

¿Qué hacer en Cuba?

En teoría, en los documentos de los congresos de los Partidos Comunistas del campo socialista, en sus textos teóricos y de divulgación, se afirmaba que la planificación socialista garantizaba *per se* la participación de los productores. ¿Por qué en la realidad no participaban? ¿Qué mecanismos, ideología, estructuras, impedían su participación real?

Comentando una afirmación del *Manual de economía política* soviético ya citado, Che escribía:

> Es una formulación teórica. No se cumple en la URSS, no se ha cumplido en Cuba y creo que en pocos lugares, si los hay, se cumplirá. Mas, es casi un contrasentido. Las masas tienen que tener participación en la *enunciación* del plan que es de su incumbencia. El *cumplimiento* debe tender a hacerse mecánico, porque debe ser dominio de la técnica.*
>
> Frente a la concepción del plan como una decisión económica de las masas, conscientes de su pueblo, se da la de un placebo, donde las palancas económicas deciden su éxito. Es mecanicista, antimarxista.
>
> Las masas deben tener la posibilidad de dirigir sus destinos, resolver cuánto va para la acumulación y cuánto para el consumo, la técnica económica debe operar con estas cifras y la conciencia de las masas asegurar el cumplimiento.
>
> El estado actúa sobre el individuo que no cumple su deber de clase, penalizándolo o premiándole en caso contrario, estos son factores educativos que contribuyeron a la transformación del hombre, como parte del gran sistema educacional del socialismo. Es el deber so-

---

\* Guevara, *Apuntes críticos*, p. 147, donde responde a lo siguiente: La participación activa de las masas en la lucha por el cumplimiento y la superación de los planes de desarrollo de la economía nacional constituye una de las condiciones más importantes para acelerar el ritmo de construcción de la sociedad comunista.

cial del individuo el que lo obliga a actuar en la producción, no su barriga. A esto debe tender la educación.*

¿Cómo llegó Ernesto a estas apreciaciones a mediados de los 60? ¿Por qué dedicó una buena parte de su tiempo a estos temas, en los precisos momentos en que había partido de Cuba sin retorno posible a la dirección económica de la isla y entregado totalmente a los preparativos de la apertura del frente guerrillero sudamericano?

¿Por qué la mayoría de sus escritos que nos ha legado en sus estancias en África, Praga, Pinar del Río, previa partida a Bolivia, y en la campaña boliviana, se refieren a la transición socialista, al análisis del conjunto del sistema socialista y de los errores que se habían cometido y apuntaban —para Che— a un callejón sin salida y a la vuelta del capitalismo?

¿Cuáles fueron sus primeros análisis al respecto?

---

* Guevara, *Apuntes críticos*, p. 147, donde responde a lo siguiente: La planificación socialista exige una lucha intransigente contra las tendencias antiestatales, contra las tendencias encaminadas a establecer planes reducidos y cortados por patrones estrechos que no movilizan a nadie, así como contra el arbitrismo en la planificación, que no tiene en cuenta las posibilidades reales de desarrollo de la economía socialista. Lucha que será tanto más efectiva cuanto más se utilicen los resortes económicos de desarrollo de la producción socialista, y sobre todo el factor de estímulo material de incremento de la productividad del trabajo, de mejoramiento de la organización de la producción y de asimilación de la técnica existente y de implantación de la nueva técnica.

*Capítulo 5*

# La planificación como función principal de dirección en la economía socialista

En la obra de Marx y Engels aparece nítidamente delimitado uno de los conceptos claves del período de transición: el plan. Desde las *Tesis sobre Feuerbach* y *La ideología alemana* (ambas escritas entre 1845 y 1846), pasando por *El Manifiesto Comunista* (1848), *La contribución a la crítica de la economía política* (1859) y culminando en *El capital* y la *Crítica del Programa de Gotha*, Marx y Engels, ya sea de manera implícita o explícita, nos enuncian los elementos que conforman el concepto del "plan" y su papel en el período de transición y en la sociedad comunista.

Este concepto aparece vinculado a los conceptos de revolución anticapitalista y dictadura del proletariado. Esto es, "revolución anticapitalista", "instauración de la dictadura del proletariado" y "planificación" son conceptos indisolublemente ligados en la teoría marxista. Significan la síntesis de un nuevo modo de hacer la historia. Expresan el hecho de que, por primera vez en la historia de la humanidad, los hombres se arrogan el papel de transformar la sociedad conscientemente. La planificación pasa a ser la función a través de la cual los hombres pueden conocer la realidad, decidir sobre ella y crear y conformar, por lo tanto, su presente y su futuro.

Con el marxismo, "el hombre deja de ser esclavo e instrumento del medio y se convierte en arquitecto de su propio destino".[1] Esto lo dijo Ernesto apenas 22 meses después del triunfo de 1959. Al final de su vida, escribió:

> Este es el punto más débil, para mí, de la llamada economía política socialista. La ley fundamental citada puede ser de orden moral, colocarse a la cabeza del programa político del gobierno proletario, pero nunca económica.
>
> Por otra parte, ¿cuál sería esta ley económica fundamental, en el caso de existir? Creo que sí existe y que debe considerarse a la planificación como tal.
>
> La planificación debe calificarse como la primera posibilidad humana de regir las fuerzas económicas. Esta daría que la ley económica fundamental es la de interpretar y dirigir las leyes económicas del período.
>
> Para mí no está suficientemente claro. Hay que insistir en el tema.[2]

Pero volvamos a los inicios.

Con la planificación económica, los hombres pueden someter, dentro del marco probabilístico de su realidad objetiva, por primera vez en la historia, a las fuerzas económicas, que hasta la revolución comunista se movían ajenas a la conciencia de los hombres, y sin que estos, como voluntad consciente organizada, pudiesen determinar sobre ellas.

Con la realización de la revolución anticapitalista, la instauración de la dictadura del proletariado y la planificación de la producción social, cierra lo que hubo de llamar

Marx la prehistoria de la humanidad y se abre una nueva etapa que se caracteriza, como hemos apuntado, porque el hombre se convierte en arquitecto de su propio destino. Es por esto que, a diferencia de otros conceptos aceptados en la teoría y la práctica del período de transición, la planificación constituye un concepto clave, decisivo, fundamental, en la construcción del comunismo y *constituye el elemento que caracteriza y define* en su conjunto al período de transición y a la sociedad comunista:

> Podemos, pues, decir que la planificación centralizada es el modo de ser de la sociedad socialista, su categoría definitoria y el punto en que la conciencia del hombre alcanza, por fin, a sintetizar y dirigir la economía hacia su meta, la plena liberación del ser humano en el marco de la sociedad comunista.[3]

El plan, en el período de transición al comunismo, tiene la función de fijar, mantener y establecer cómo serán, en el presente y en el futuro, las proporciones de los bienes que la sociedad posee. En este sentido, el plan tiene características similares a la ley del valor. Lo que lo hace diferenciable, específico, es su carácter de instrumento, un instrumento que los hombres *crean, conforman, dominan y utilizan* conscientemente. El plan constituye el único instrumento que permite desarrollar las fuerzas productivas, hacer realidad la formación de nuevas relaciones humanas, la creación de un hombre nuevo y la llegada al estadio de la sociedad comunista.

Che pensaba, pues, que reducir este concepto a una noción económica es deformarlo *a priori* y limitar sus posibilidades. El plan, para Guevara, abarca el conjunto de las relaciones *materiales* (en la acepción que da Marx del término). Por esa razón, la planificación debe contemplar y conjugar dos elementos:

- La creación de las bases para el desarrollo económico de la nueva sociedad, su regulación y su control.
- La creación de un nuevo tipo de relaciones humanas, del hombre nuevo.

Esto nos plantea un principio del plan, y, por lo tanto, del período de transición al comunismo, imposible de omitir, so pena de deformarlo y poner en juego el proyecto comunista mismo: no podemos enjuiciar la eficacia del plan *solo* por la optimización de la gestión económica, y por ende, de los bienes económicos que posea la sociedad, ni por las ganancias obtenidas en el proceso productivo.

La eficacia del plan estriba en su potencialidad para optimizar la gestión económica en función del objetivo que se persigue: la sociedad comunista. En otras palabras, estriba en su aptitud para conjugar la racionalidad social con la racionalidad económica, en la medida en que logre que el aparato económico configure la base técnico-material de la nueva sociedad y al mismo tiempo coadyuve a la transformación de los hábitos y valores de los hombres que participan en el proceso productivo y ayude a crear e inculcar los nuevos valores comunistas.

La casi totalidad de la literatura sobre la economía política del período de transición carece de un instrumental conceptual original, acorde con la materia que se intenta apropiar. De tal modo, se fuerza el propio objeto de estudio desde el punto de vista teórico cuando se le aplican las categorías marxistas pertenecientes al análisis del régimen capitalista. Con ello la teoría pierde la posibilidad de situarse críticamente frente a la nueva realidad.

Esto es, si se emplean esas categorías, y la estructura y las relaciones que tienen estas en el discurso marxista —como elementos de la formación social capitalista—, será difícil apropiarse de una realidad de la cual se desconoce su individualidad en el plano teórico.

Se trata a la planificación como un ente económico al que hay que "conocerle la vuelta". Se olvida que es la primera etapa en la lucha del hombre por adquirir pleno dominio sobre las cosas.

Casi se puede decir que la idea de la planificación es un estado de espíritu, condicionado por la posesión de los medios de producción y la conciencia de la posibilidad de dirigir las cosas, de quitarle al hombre su condición de "cosa económica".[4]

La ley del valor es uno de los elementos de la teoría económica marxista extrapolado de su contexto y convertido en uno de los pilares fundamentales de más de una teoría sobre la economía política del período de transición. Antes de emitir cualquier consideración al respecto en cuanto a nuestros propósitos, es necesario remitirnos a Marx, y muy especialmente al capítulo de *El capital* consagrado a la teoría del valor. No pretendemos realizar una exposición sobre el valor. Nos limitaremos a destacar algunas consideraciones y juicios emitidos por Marx.

El carácter de la teoría del valor de Marx difiere de la de sus predecesores y contemporáneos porque realiza la fusión de dos elementos que, hasta ese momento, se analizaban por separado. Estos elementos que aparecen indisolublemente ligados en la teoría del valor de Marx son la relación cuantitativa entre los productos y la relación históricamente condicionada entre los productores.

En el capítulo 1 de *El capital*, Marx comienza su exposición con el análisis de la mercancía. Señala que una mercancía es un valor de uso —u objeto de utilidad— y un valor. Para Marx, el valor es una categoría social que expresa un conjunto de relaciones sociales vigentes en un momento histórico determinado. La producción y reproducción de esta relación social que toma corporeidad en la producción de mercancías no constituye la forma universal de la existencia económica. Para Marx, las categorías que explicitan el modo de producción capitalista son "formas del pensar socialmente válidas, y por tanto objetivas, para las relaciones de producción que caracterizan *ese* modo de producción social *históricamente determinado*: la producción de mercancías".[5]

En el análisis del valor está presente —más que en ningún otro lugar de la teoría marxista— el carácter social de las categorías, esto es, que dichas categorías expresan relaciones históricamente dadas entre los hombres. Y el caso es que las relaciones sociales en el régimen capitalista aparecen como relaciones entre "cosas". Marx lo demuestra dentro del capítulo 1 de *El capital* en el epígrafe titulado "El fetichismo de la mercancía y su secreto".

Esto constituye el centro de su teoría del valor. La relación cuantitativa entre cosas, entre las mercancías, no es más que la forma exterior en que se manifiestan las relaciones sociales entre los hombres. Y Marx lo expresa así:

> Lo misterioso de la forma mercantil consiste sencillamente, pues, en que la misma refleja ante los hombres el carácter social de su propio trabajo como caracteres objetivos inherentes a los productos del trabajo, como propiedades sociales naturales de dichas cosas, y, por ende, en que también refleja la relación social que media entre los productores y el trabajo global, como una relación social entre los objetos, existente al margen de los productores. Es por medio de este *quid pro quo* [tomar una cosa por otra] como los productos del trabajo se convierten en mercancías, en cosas sensorialmente suprasensibles o sociales...

> Lo que aquí adopta, para los hombres, la forma fantasmagórica de una relación entre cosas, es solo la relación social determinada existente entre aquéllos... A esto llamo el fetichismo que se adhiere a los productos del trabajo no bien se los produce como mercancías, *y que es inseparable de la producción mercantil.*
> Ese carácter fetichista del mundo de las mercancías se origina, como el análisis precedente lo ha demostrado, en la peculiar índole social del trabajo que produce mercancías.[6]

Para Marx, la ley del valor constituía la explicación de la forma en que se producía el equilibrio general del régimen capitalista. Lo que él entendía como ley del valor no era otra cosa que la explicación teórica del modo en que se establece el equilibrio entre distintas fuerzas económicas en la sociedad capitalista. Estas son, a saber: el número en que se producen las mercancías; la medida en que se intercambian estas, y la proporción en que se reparte la fuerza de trabajo entre los diferentes sectores de la economía, así como la asignación de los recursos entre estos sectores.

Es en esta dirección que cobra claridad el objetivo del concepto de valor en Marx. Este concepto nos permite apropiarnos de la estructura del régimen capitalista y del movimiento interno de dicha estructura que —como se demuestra a lo largo del capítulo 1 de *El capital*— el sistema esconde a las miradas de los hombres.

Para resumir la idea que, a nuestro entender, hilvana toda la exposición anterior y que está presente a lo largo de toda la teoría de Marx, reproducimos el siguiente fragmento de *El capital*:

> Ahora bien, es indudable que la economía política ha analizado, aunque de manera incompleta, el valor y la

magnitud del valor, y descubierto el contenido oculto en esas formas. Solo que nunca llegó siquiera a plantear la pregunta de por qué ese contenido adopta dicha forma; de por qué, pues, el trabajo se representa *en el valor*, de a qué se debe que la medida del trabajo conforme a su duración se represente en *la magnitud del valor* alcanzada por el producto del trabajo. *A formas que llevan escrita en la frente su pertenencia a una formación social donde el proceso de producción domina al hombre, en vez de dominar el hombre a ese proceso*.[7]

Pensamos que la posición de Che referida a la ley del valor y a la utilización de esta y de las demás categorías capitalistas en la dirección económica del período de transición y en la creación de la teoría de la construcción de la sociedad comunista, puede sintetizarse en los aspectos siguientes:

1. Negación de la *vigencia rectora* de la ley del valor en el período de transición al comunismo.

2. Distinción entre *admitir* la existencia en el período de transición de una serie de fuerzas, de relaciones capitalistas que obligadamente han subsistido, de las que la ley del valor, dado su carácter de ley económica, esto es, de expresión de tendencias, pudiera dar explicación; y *afirmar* la posibilidad de utilizar de forma consciente en la gestión económica la ley del valor y demás categorías que resulten de su uso.

3. Rechazo a que la caracterización del período de transición al comunismo —ni siquiera en sus primeros momentos— tenga que venir dada por la ley del valor y demás categorías mercantiles que su uso implica.

4. Rechazo a la concepción que no solo preconiza la utilización de la ley del valor y de las relaciones monetario-mercantiles en el período de transición, sino que además

afirma la necesidad de desarrollar dichas relaciones capitalistas como vehículo para alcanzar la sociedad comunista.

5. Negación de la inevitabilidad del uso de la "categoría *mercancía* en la relación entre empresas estatales", y consideración de "todos los establecimientos como parte de la única gran empresa que es el estado".[8]

6. Necesidad de establecer una política económica con tendencia a extinguir paulatinamente las categorías antiguas entre las que se incluye el mercado, el dinero (en tanto se distorsionan sus funciones) y, por lo tanto, la palanca del interés material directo, o, por decirlo mejor, con tendencia a extinguir las condiciones que provocan la existencia de estas.

7. Rechazo a la práctica de utilizar las categorías capitalistas. Cuando se usan las categorías capitalistas, tales como "la mercancía como célula económica, la rentabilidad, el interés material individual como palanca, etc."[9] en la construcción de la nueva sociedad, toman rápidamente existencia *per se*, imponiendo a la postre su propia fuerza en las relaciones entre los hombres.

8. Admisión de que el libre juego de la ley del valor —en el período de transición al comunismo— implica la imposibilidad de reestructurar las relaciones sociales en su esencia, al perpetuarse "el cordón umbilical"[10] que une al hombre enajenado con la sociedad, y que conduce, en última instancia, a la aparición de un sistema híbrido donde el vuelco trascendental de la naturaleza social del hombre y de la sociedad no llegará a producirse.

9. La construcción del socialismo y el comunismo es producción y conciencia simultáneamente.

Las propias definiciones del plan y de la ley del valor explicitadas hacen imposible su coexistencia en el período de transición al comunismo. Esto solo es permisible en la primera fase de la transición —como formas heredadas del sistema anterior— período que comienza entre el momento de destrucción de la maquinaria política burguesa y la instauración de la dictadura del proletariado y el paso de los medios de producción de manos de los capitalistas a manos del estado revolucionario.

En este período no deben desarrollarse las relaciones monetario-mercantiles, sino las nuevas relaciones socialistas, y la ley del valor no debe eliminarse por decreto, sino que tiene que experimentar un proceso de extinción paulatina en la medida que se desarrollen las nuevas formas inherentes al sistema que construimos.

A medida que los medios de producción van pasando a manos del estado revolucionario, surgen y se establecen nuevas relaciones de producción. A esta etapa debe corresponder una nueva concepción de la producción, de sus móviles y de sus fines, nuevos *modos* de operar los mecanismos de control, organización, dirección e incentivación.[11] En esta etapa, suelen perdurar medios de producción en manos de capitalistas y pequeños productores privados y cooperativistas, pero incluso en este momento en que existe producción mercantil para un sector de la esfera productiva, ya *no rige de forma "pura" la ley del valor.*

El estado revolucionario, con las medidas que va tomando, tanto en el plano social en general como en el estrictamente económico, hace que se distorsione el funcionamiento de la ley del valor. Medidas tales como la rebaja de los alquileres de las viviendas; la asistencia médica y social gratuita, o a "precios por debajo de los estipulados en el mercado"; el control y la fijación de los precios con vistas a combatir la especulación contrarrevolucionaria; el control de divisas; el control del comercio exterior; el control del comercio interior mayorista; la entrada a la vida económica del país bajo el influjo de la revolución de sectores que hasta ese momento se hallaban marginados; y las medidas tendentes a liquidar el desempleo, etc.: todas estas medidas *dictan en la práctica la imposibilidad de que rija la ley del valor.*

El valor aquí no establece la cantidad en que se producen las mercancías, el número en que se intercambian estas, la proporción en que se adjudica la fuerza de trabajo entre los diferentes sectores de la economía y el modo en que se asignan los recursos entre estos sectores. Ha dejado de ser mecanismo regulador con carácter de ley.

El hecho de que los precios no se formen espontáneamente, como resultado de la fluctuación de la oferta y la demanda en el mercado —con todas las consecuencias e implicaciones que ello conlleva, y que explican la forma automática, anárquica y también brutal en que se establecen las proporciones y el equilibrio en la sociedad capitalista—, tiene una importancia esencial.

> ¿Por qué no pensar que el estado, como parte de su acción social, renuncie a obtener el precio del trabajo adicional en determinada mercancía, y por tanto, la venda por debajo de su valor y, hasta de su costo? Nada hay que lo impida.*

La dirección de la revolución en esta etapa establece la distribución con arreglo a su proyecto político, a las condiciones concretas del país y del resto del mundo, y a su

---

* Guevara, *Apuntes críticos*, p. 166, donde responde a lo siguiente: Los precios fijados por el gobierno de una manera planificada se basan en el valor. Las mercancías producidas en la economía socialista —medios de producción y artículos de consumo— tienen un valor cuya magnitud se determina por la cantidad de trabajo socialmente necesario.

poder político-ideológico-militar, no sobre la base del valor. El plan central es un objetivo, un ideal que alcanzar. Che lo expresa de este modo:

> Es un simple problema de oferta y demanda que puede ser resuelto por el precio. Lo fundamental es que la demanda solvente concuerde con la oferta a nivel global, y luego que la oferta de productos esenciales alcance a satisfacer las necesidades. El resto es, nuevamente, un problema de ahorro. Pero subsiste la duda sobre si, en la sociedad socialista —para ser más concretos, en la sociedad soviética— subsiste o no la contradicción antagónica entre los valores.*

Lo importante son los datos *globales* de rentabilidad de la gestión social productiva. ¿Qué quiere decir esto? Que sobre la base del análisis exacto y riguroso de los costos de producción y del valor de los bienes producidos, el socialismo puede racionalmente permitirse el lujo, imposible para una sociedad capitalista, de establecer precios por

---

\* Guevara, *Apuntes críticos*, p. 161, donde responde a lo siguiente: En la economía socialista no existe la contradicción antagónica entre el valor de uso y el valor, que lleva aparejada la posibilidad de las crisis de superproducción. Pero la contradicción no antagónica entre el valor de uso y el valor se da también en el socialismo.

La economía planificada socialista abre la posibilidad de establecer las adecuadas proporciones en la producción y la realización de los productos de las diversas ramas y empresas de la economía nacional, tanto en especie como en su expresión monetaria.

Sin embargo, esta posibilidad se realiza mediante la superación de las contradicciones entre el valor de uso y el valor, que reflejan la contradicción motriz de la sociedad socialista: la que media entre el nivel alcanzado por la producción y las crecientes necesidades de la sociedad.

encima o por debajo del valor de aquellos, intercambiándolos a condición de mantener a escala global los índices de rentabilidad y eficiencia requeridos.

> Lo correcto es decir que el ahorro es lo fundamental. Bajar los precios porque el valor es la forma capitalista. La socialista lo puede hacer aun cuando el valor permanezca inalterable, e incluso, suba. Esa es su ventaja social.*

Se podría ver en ese hecho la prueba de que, en última instancia, la ley del valor rige en el socialismo, ya que se precisa de ese equilibrio social global.

Puro sueño. El equilibrio económico (entendido aquí como "rentabilidad" global de la gestión social productiva) es un rasgo inherente a cualquier sociedad. Ninguna tribu podría haber siquiera sobrevivido —y mucho menos haberse desarrollado— de consumir más de lo que era capaz de producir. Ahora bien, ese principio elemental, esa racionalidad económica, *no* es la ley del valor. De serlo habría que plantearse que dicha ley es *universal*, que ha regido y regirá siempre, de modo inexorable. La ley del valor es, simplemente, la teoría que explica el *modo* en que dicho equilibrio se establece, de forma espontánea, en la sociedad burguesa. El plan, por su parte, es el *modo* en que se obtiene este equilibrio de modo consciente y racional en las sociedades socialistas y comunistas.

---

\* Guevara, *Apuntes críticos*, p. 159, donde comenta sobre este pasaje: El valor de la mercancía tiene en la economía socialista una importancia muy esencial. El estado planifica la producción no solo en índices en especie sino también en índices monetarios. Y en la obra de asegurar la máxima satisfacción de las demandas de las masas populares es muy importante la reducción sistemática del valor de las mercancías producidas y, sobre esta base, la rebaja de los precios.

Por otra parte, está claro que la función del plan, y la ventaja que su existencia supone en relación con el capitalismo, no estriba ni mucho menos en establecer cuánto cuesta elaborar cada producto para fijar el precio de ese artículo específico. De seguirse esa lógica, el plan resultaría un absurdo y perdería su ventaja esencial, pues de hecho quedaría sometido a la ley del valor. Por ese camino incluso se llega un día a renegar del socialismo, como le sucedió al economista checoslovaco Ota Sik y al economista polaco Wlodzimierz Brus. En los años 60, ellos argumentaron que la liberación definitiva de los mecanismos de mercado ahorraría millones de operaciones matemáticas a las comisiones nacionales de planificación, ya que la ley del valor, por sí sola, establecería espontáneamente los precios sin necesidad de todo ese "fatigoso" trabajo.

La función del plan es otra: la de ser instrumento de la construcción racional y consciente de la nueva sociedad. Su ventaja principal radica precisamente en que no tiene que someterse, como el empresario capitalista, al nivel de rentabilidad de una unidad de producción o de todo un sector productivo, sino que puede financiar centralmente, y con arreglo a proporciones globales, toda su gestión. La clave de su éxito es, por otro lado, el rigor, el detalle, la exactitud y minuciosidad que se alcance en la obtención de los datos y el análisis de estos.

Ernesto no olvida la interrelación con el mercado mundial:

> Al desarrollarse el mercado mundial se crea un valor mundial con el que hay que comparar el valor local. El desdeñar eso provocó la caída vertical del comercio exterior de los países socialistas con un amplio comercio exterior. El cambio de trabajo vivo se hacía cada vez más desigual hasta el momento en que la técnica impuso un cambio cualitativo, y los productos deja-

ron de encontrar mercado. Además, es importante esto para el intercambio entre países socialistas de distinto desarrollo.[12]

Analizado desde otro plano, el solo hecho de que los precios de los productos no constituyen en este momento una emanación de su valor y del mecanismo de la oferta y la demanda sería suficiente para permitir la afirmación de que no actúa la ley del valor. A partir de ese momento, el equilibrio global no se produce a través de los mecanismos en que se da la ley del valor, sino por la acción de decisiones conscientes.

Incluso cuando hayamos aceptado la existencia de la producción mercantil —debido a la supervivencia de pequeños productores privados y cooperativistas— no puede afirmarse totalmente que el intercambio entre el sector estatal y el sector privado se efectúa teniendo en cuenta las reglas que imperan en una transacción mercantil dentro de una sociedad en la que rige la ley del valor.

De hecho, el dinero que opera en la referida transacción *no constituye* medida de valor. Téngase presente que, en la operación de intercambio entre el sector privado, no se enfrentan iguales cantidades de trabajo socialmente necesario, debido a que los precios de las mercancías no se fijan atendiendo a su valor y al mecanismo de la oferta y la demanda. También los medios de producción utilizados por el sector privado, tanto su cantidad como los precios a que el estado vende sus productos, son asignados por este último atendiendo a una determinada política económica, instrumentada en el plan.

Un aspecto no menos importante que los abordados hasta ahora lo constituye la relación que ha de existir entre la planificación y las categorías y los mecanismos a través de los cuales esta ha de expresarse.

La posición de Che en este aspecto es la siguiente: el hecho de que subsista producción mercantil en el período de transición durante un determinado tiempo *no implica* que el plan deba usar mecanismos capitalistas para su funcionamiento y expresarse a través de categorías capitalistas.

El Sistema Presupuestario de Financiamiento no solo constituye un hecho original —en la teoría del período de transición existente hasta el momento de su aparición— por su concepción general sobre la naturaleza de la construcción de la sociedad comunista. Es, además, un modelo de dirección y control de la economía del período de transición al comunismo que constituye un arma para la destrucción de las relaciones económicas capitalistas, de las categorías mercantiles y de las formas ideológicas capitalistas. Es, en suma, promotor fundamental de las nuevas formas de relaciones humanas y de la conciencia comunista.

Transcribimos a continuación los criterios que desarrolla Che acerca de la ley del valor desde la visión del Sistema Presupuestario de Financiamiento en contraposición al llamado Cálculo Económico. Primeramente, reproducimos los criterios contenidos en su trabajo "Sobre el Sistema Presupuestario de Financiamiento" bajo el epígrafe titulado "Acerca de la ley del valor".

> Una diferencia profunda (al menos en el rigor de los términos empleados) existe entre la concepción de la ley del valor y la posibilidad de su uso consciente, planteada por los defensores del Cálculo Económico y la nuestra.
> 
> Dice el *Manual de economía política*:
> 
> "Por oposición al capitalismo, donde la ley del valor actúa como una fuerza ciega y espontánea que se impone a los hombres, en la economía socialista se tiene

conciencia de la ley del valor y el estado la tiene en cuenta y la *utiliza* en la práctica de la dirección planificada de la economía.

"El conocimiento de la acción de la ley del valor y su *inteligente utilización* ayudan necesariamente a los dirigentes de la economía a encauzar racionalmente la producción, a mejorar sistemáticamente los métodos de trabajo y a aprovechar las reservas latentes para producir más y mejor".

Las palabras subrayadas por nosotros indican el espíritu de los párrafos.

La ley del valor actuaría como una fuerza ciega pero conocida y, por tanto, doblegable, o utilizable por el hombre.

Pero esta ley tiene algunas características: Primero, está condicionada por la existencia de una sociedad mercantil. Segundo, sus resultados no son susceptibles de medición *a priori* y deben reflejarse en el mercado donde intercambian productores y consumidores. Tercero, es coherente en un todo, que incluye mercados mundiales y cambios y distorsiones que en algunas ramas de producción se reflejan en el resultado total. Cuarto, dado su carácter de ley económica actúa fundamentalmente como tendencia y, en los períodos de transición, su tendencia debe ser lógicamente a desaparecer.

Algunos párrafos después, el *Manual* expresa:

"El estado socialista utiliza la ley del valor, realizando por medio del sistema financiero y de crédito el control sobre la producción y la distribución del producto social.

"El dominio de la ley del valor y su utilización con arreglo a un plan representan una enorme ventaja del socialismo sobre el capitalismo. Gracias al dominio sobre la ley del valor, su acción en la economía socialista no lleva aparejado el despilfarro del trabajo social inseparable de la anarquía de la producción, propia del capitalismo. La ley del valor y las categorías con ella relacionadas —el dinero, el precio, el comercio, el crédito, las finanzas— son utilizadas con éxito por la URSS y por los países de democracia popular, en interés de la construcción del socialismo y del comunismo, en el proceso de dirección planificada de la economía nacional".

Esto solo puede considerarse exacto en cuanto a la magnitud total de valores producidos para el uso directo de la población y los respectivos fondos disponibles para su adquisición, lo que podría hacer cualquier ministro de Hacienda capitalista con unas finanzas relativamente equilibradas. Dentro de ese marco, todas las distorsiones parciales de la ley caben.

Más adelante el *Manual* apunta:

"La producción mercantil, la ley del valor y el dinero solo se extinguirán al llegar a la fase superior del comunismo. Pero, para crear las condiciones que hagan posible la extinción de la producción y la circulación mercantiles en la fase superior del comunismo, es necesario *desarrollar* y utilizar la ley del valor y las relaciones monetario-mercantiles durante el período de construcción de la sociedad comunista".

¿Por qué *desarrollar*? Entendemos que durante cierto tiempo, se mantengan las categorías del capitalismo y que este término no puede determinarse de antemano, pero las características del período de transición son las de una sociedad que liquida sus viejas ataduras para ingresar rápidamente a la nueva etapa.

La *tendencia* debe ser, en nuestro concepto, a liquidar lo más vigorosamente posible las categorías antiguas entre las que se incluye el mercado, el dinero y, por tanto, la palanca del interés material o, por mejor decir, las condiciones que provocan la existencia de las mismas.

Lo contrario haría suponer que la tarea de la construcción del socialismo en una sociedad atrasada es algo así como un accidente histórico y que sus dirigentes, para subsanar el *error*, deben dedicarse a la consolidación de todas las categorías inherentes a la sociedad intermedia, quedando solo la distribución del ingreso de acuerdo al trabajo y la tendencia a liquidar la explotación del hombre por el hombre como fundamentos de la nueva sociedad, lo que luce insuficiente por sí solo como factor del desarrollo del gigantesco cambio de conciencia necesario para poder afrontar el tránsito, cambio que deberá operarse por la acción multifacética de todas las nuevas relaciones, la educación y la moral socialista, con la concepción individualista que el estímulo material directo ejerce sobre la conciencia, frenando el desarrollo del hombre como ser social.

Para resumir nuestras divergencias: consideramos la ley del valor como parcialmente existente, debido a los restos de la sociedad mercantil subsistentes, que se refleja también en el tipo de cambio que se efectúa entre el estado suministrador y el consumidor.

Creemos que, particularmente en una sociedad de comercio exterior muy desarrollado, como la nuestra, la ley del valor en escala internacional debe reconocerse como un hecho que rige las transacciones comerciales, aun dentro del campo socialista. Y reconocemos la necesidad de que este comercio pase ya a formas más elevadas en los países de la nueva sociedad, impidiendo que se ahonden las diferencias entre países desarrollados y los más atrasados por la acción del intercambio.

Vale decir, es necesario hallar fórmulas de comercio que permitan el financiamiento de las inversiones industriales en los países en desarrollo, aunque esto contravenga los sistemas de precios existentes en el mercado mundial capitalista, lo que permitirá el avance más parejo de todo el campo socialista, con las naturales consecuencias de limar asperezas y cohesionar el espíritu del internacionalismo proletario (el reciente acuerdo entre Cuba y la URSS es una muestra de los pasos que se pueden dar en este sentido).

Negamos la posibilidad del uso consciente de la ley del valor, basado en la no existencia de un mercado libre que exprese automáticamente la contradicción entre productores y consumidores; negamos la existencia de la categoría *mercancía* en la relación entre empresas estatales, y consideramos todos los establecimientos como parte de la única gran empresa que es el estado (aunque, en la práctica, no sucede todavía así en nuestro país).

La ley del valor y el plan son dos términos ligados por una contradicción y su solución; podemos, pues, decir que la planificación centralizada es el modo de ser de la sociedad socialista, su categoría definitoria y el punto en que la conciencia del hombre alcanza, por fin, a sintetizar y dirigir la economía hacia su meta, la plena liberación del ser humano en el marco de la sociedad comunista.[13]

En su trabajo "Consideraciones sobre los costos de producción", Che escribe:

La base por la cual se rige el mercado capitalista es la ley del valor, y esta se expresa directamente en el mercado. No se puede pensar en el análisis de la ley del valor extraída de su medio natural, que es aquel. De otra forma, puede decirse que la expresión propia de la ley del valor es el mercado capitalista.

Durante el proceso de construcción de la sociedad socialista, muchas de las relaciones de producción van cambiando a medida que cambia el dueño de los medios de producción y el mercado deja de tener las características de libre concurrencia (aun considerando la acción de los monopolios) y adquiere otras nuevas, ya limitado por la influencia del sector socialista que actúa en forma consciente sobre el fondo mercantil.[14]

En su polémico trabajo titulado "Sobre la concepción del valor", Che apuntaba:

Pasando al comienzo del primer párrafo del artículo comentado,[15] diremos que no es exacta esta apreciación. Nosotros consideramos el problema del valor en otra forma. Me refiero al artículo publicado en *Nuestra Industria: Revista Económica*, número uno.[16] Decía allí:

"Cuando todos los productos actúan de acuerdo con precios que tienen ciertas relaciones internas entre sí, distinta a la relación de esos productos en el mercado capitalista, se va creando una nueva relación de precios que no tiene parangón con la mundial. ¿Cómo hacer para que los precios coincidan con el valor? ¿Cómo manejar conscientemente el conocimiento de la ley del valor para lograr el equilibrio del fondo mercantil por una parte y el reflejo fiel en los precios por otra? Este es uno de los problemas más serios planteados a la economía socialista".

Es decir, no se está impugnando la vigencia de la ley del valor. Se está considerando que esta ley tiene su forma de acción más desarrollada a través del mercado capitalista y que las variaciones introducidas en el mercado por la socialización de los medios de producción y los aparatos de distribución conllevan cambios que impiden una inmediata calificación de su acción.

Sostenemos nosotros que la ley del valor es reguladora de las relaciones mercantiles en el ámbito del capitalismo y, por tanto, en la medida en que los mercados sean distorsionados por cualquier causa, así mismo sufrirá ciertas distorsiones la acción de la ley del valor.

La forma y la medida en que esto se produzca no han sido estudiadas con la misma profundidad con que Marx llevó a cabo su estudio sobre el capitalismo. Este y Engels no previeron que la etapa de transición pudiera iniciarse en países económicamente atrasados y, por ende, no estudiaron ni meditaron sobre las características económicas de aquel momento.

Lenin, a pesar de su genialidad, no tuvo el tiempo preciso para dedicar largos estudios —toda la vida que le dedicara Marx— a los problemas económicos de esta etapa de transición en la cual se conjuga el hecho histórico de una sociedad que sale del capitalismo sin completar su desarrollo de esa etapa (y en la que se conservan restos de feudalismo todavía) con la concentración en manos del pueblo de la propiedad de los medios de producción.

Este es un hecho real cuya posibilidad fue prevista por Lenin en sus estudios sobre el desarrollo desigual del capitalismo, el nacimiento del imperialismo y la teoría del desgajamiento de los eslabones más débiles del sistema en momentos de conmoción social como son las guerras.

Él mismo probó, con la Revolución Rusa y la creación del primer estado socialista, la factibilidad del hecho. Pero no tuvo tiempo de continuar sus investigaciones, ya que se dedicó de lleno a la consolidación del poder, a participar en la revolución, como anunciara en el abrupto final de su libro *El estado y la revolución*. (La suma de los trabajos de Lenin sobre la economía del período de transición nos sirve de valiosísima introducción al tema, pero le faltó el desarrollo y la profundización que el tiempo y la experiencia debían darle).[17]

¿Cómo intentó Che poner en práctica estas concepciones? ¿Cómo se vinculaba su concepción del plan al resto de las categorías que conformaban su propuesta integral de transición del capitalismo al comunismo en la Cuba de los 60?

*Capítulo 6*

# El papel del dinero, la banca y los precios

Por una cuestión puramente metodológica, hemos considerado que este es el momento apropiado para exponer las concepciones de Che sobre el dinero, aunque el lector podrá encontrar en las páginas precedentes —en especial en las dedicadas a la exposición de la ley del valor—, implícitamente, algunos elementos básicos de su concepción.

Consecuente con su convicción de que las características del período de transición y la teoría que lo enuncia poseen una distinta naturaleza de las del régimen capitalista, Che asigna al dinero un papel diferente del que le confieren los partidarios del Cálculo Económico. Sus ideas acerca del papel que debe desempeñar el dinero en el período de transición se hacen inteligibles en el seno de su concepción del período de transición, y es precisamente en este contexto donde obtienen toda su relevancia.

Las podemos hallar sobre todo a lo largo de sus trabajos escritos entre 1963 y 1965, y muy especialmente en sus artículos "Planificación y conciencia en la transición al socialismo: Sobre el Sistema Presupuestario de Financiamiento" y "La banca, el crédito y el socialismo". Ambos estudios poseen un carácter polémico. No obstante, el primero de ellos se acerca más a una exposición positiva del Sistema Presupuestario de Financiamiento, propugnado por Che. También usaremos las reflexiones y notas al margen que le indujo la lectura del *Manual de economía política* de la Academia de Ciencias de la URSS.

Con el objeto de no alterar el modo en que aborda Che el problema que nos atañe, realizaremos la exposición de su concepción sobre el dinero y la banca en el período de transición observando en lo posible el orden de exposición del propio Guevara en ambos estudios. Por razones obvias, nos ahorraremos la exposición del origen de la banca, sus características y funciones en el régimen capitalista de producción.[1]

El dinero constituye un producto de las relaciones mercantiles y, por tanto, expresa determinadas relaciones de producción. Es, por ello, una categoría social históricamente condicionada por dichas relaciones. No es posible destruir en un solo día las relaciones mercantiles, por lo que estas están presentes en el período de transición. Su presencia será relativamente larga según el ritmo de desarrollo de las nuevas relaciones de producción y según la política que se adopte hacia ellas, pero en todo caso las relaciones mercantiles deben ser combatidas. La tendencia ha de ser que, de manera paulatina, se vayan extinguiendo hasta su total desaparición, pues su desarrollo pone en peligro la realización misma del proyecto comunista.

Lo antes expuesto es extensible al papel de la banca en el período de transición. Che señalaba:

> Es importante consignar para fines ulteriores, que el dinero refleja las relaciones de producción; no puede existir sin una sociedad mercantil. Podemos decir tam-

bién que un banco no puede existir sin dinero y, por ende, que la existencia del banco está condicionada a las relaciones mercantiles de producción, por elevado que sea su tipo.[2]

De las cinco funciones que la forma dinero posee en toda producción mercantil, según el estudio de Marx, solo dos de ellas deben subsistir en el período de transición. Estas son:

- El *dinero aritmético*, o sea, medida de valores.
- El *dinero como medio de circulación y/o distribución* entre el estado y los pequeños propietarios privados que aún subsistan y el pueblo como consumidor.[3]

Comparando el Sistema Presupuestario de Financiamiento y el Cálculo Económico, Guevara afirmaba:

Otra diferencia es la forma de utilización del dinero. En nuestro sistema solo opera como dinero aritmético, como reflejo, en precios, de la gestión de la empresa, que los organismos centrales analizarán para efectuar el control de su funcionamiento.

En el Cálculo Económico es no solo esto, sino también medio de pago que actúa como instrumento indirecto de control, ya que son estos fondos los que permiten operar a la unidad y sus relaciones con el banco son similares a las de un productor privado en contacto con bancos capitalistas, a los que deben explicar exhaustivamente sus planes y demostrar su solvencia. Naturalmente, en este caso no opera la decisión arbitraria sino la sujeción a un plan, y las relaciones se efectúan entre organismos estatales.[4]

Asimismo, en *El capital* podemos leer:

La función del dinero como medio de pago trae consigo una contradicción no mediada. En la medida en que se compensan los pagos, el dinero funciona solo *idealmente como dinero de cuenta* o medida de los valores. En la medida en que los pagos se efectúan realmente, el dinero ya no entra en escena como medio de circulación, como forma puramente evanescente y mediadora del metabolismo, sino como la encarnación individual del trabajo social, como la existencia autónoma del valor de cambio, como mercancía absoluta.[5]

La supervivencia del dinero y su uso para expresar el valor de los productos, y como medio de distribución, vienen dados por la existencia de un sector privado y del pueblo como consumidor. Estas funciones del dinero desaparecerán con el desarrollo de la nueva sociedad, y no implican un peligro para la formación de la conciencia comunista y de las nuevas relaciones humanas.

La certeza de Che de que el dinero funciona como dinero aritmético viene avalada, entre otras razones, por el desarrollo de las técnicas más modernas en lo que a organización, control, dirección y análisis económicos ha desarrollado el sistema imperialista. Incluso los monopolios yanquis habían instrumentado la idea de la utilización del dinero aritmético para operar entre sus unidades componentes y, de este modo, evitar gastos innecesarios. Para ellos, ya resultaba absurdo cobrarles y pagarles a sus unidades. El desarrollo de las referidas técnicas relega el dinero al papel de simple expresión del valor de lo producido.

El uso del dinero como medida de valores supone que se utilice para reflejar en forma de precios la gestión de la empresa. De este modo, el dinero aritmético sirve de instrumento para el análisis por los organismos centrales de la economía, del funcionamiento de las empresas. El dinero actúa, entonces, como *indicador económico*.

Che afirma al respecto:

Coqueteo con la verdad. Es la masa de mercancías la que da la firmeza de la moneda, no el oro que sirve de garantía para lograr lo necesario en el mercado capitalista mundial.*

Guevara llega a la conclusión de que, en la URSS y demás países de Europa del Este, el dinero había alcanzado un protagonismo que negaba y cerraba el camino a la creación de una nueva economía ajena a los mecanismos capitalistas:

> Esta es la raíz de la cuestión: el dinero es, si no el árbitro, al menos el gran censor, el que mide triunfos y fracasos.†

El Sistema Presupuestario de Financiamiento otorga a las finanzas un contenido y un papel distintos al que les confiere el Cálculo Económico. Las finanzas dejan de ser el

---

\* Guevara, *Apuntes críticos*, p. 164, donde comenta sobre el siguiente pasaje del *Manual de economía política*:
En la sociedad socialista, es el oro el que ejerce las funciones de *dinero mundial*. Las reservas oro son necesarias para garantizar la firmeza de la moneda soviética y como fondo de reserva del estado en dinero mundial. El oro es el medio de que el estado se vale para efectuar los cálculos en el comercio exterior, en calidad de medio de compra y pagos.
La firmeza de la moneda soviética la garantizan no solo las reservas de oro, sino principalmente la enorme cantidad de mercancías concentradas en manos del estado y lanzadas a la circulación a los precios fijos establecidos en el plan.

† Guevara, *Apuntes críticos*, p. 196, donde comenta sobre el siguiente pasaje:
El mejoramiento de la actividad económica de las empresas y la rigurosa aplicación de un régimen de economía requieren que se fortalezca más y más el control de los bancos mediante el rublo sobre la producción y que se influya activamente en las empresas mal administradas.

mecanismo mediante el cual se controla, dirige, analiza y organiza la economía. La compulsión financiera se sustituye por una compulsión técnico-administrativa. Che explicaba:

> Con todo ello [se refiere a la organización, control, costo, inventarios, etc.] y en el perfeccionamiento de nuestro aparato, nosotros podemos obviar el problema de la Autonomía Financiera y convertir la compulsión financiera (porque en definitiva la Autonomía Financiera no es más que la compulsión de tipo financiero) en una compulsión de tipo administrativo, de tal manera que al vigilar esos aparatos y al tener los lugares, los centros donde se permita, donde se puedan ver los resultados concretos de las tareas de las fábricas, e inmediatamente se dé la voz de alarma en cuanto el plan en algunas facetas esté incumpliéndose y se pueda remediar el problema.[6]
>
> Hay medidas administrativas. Hay una cosa que nosotros tenemos que tener presente. ¿Acaso, señores, la masa obrera de una fábrica norteamericana tenía algún cariño por el dueño? Absolutamente ningún cariño. ¿Y había una vigilancia policial para vigilar la producción? No la había, porque hay una serie de mecanismos administrativos que, cuando se fracasa en la producción, permiten que se tomen medidas administrativas que hacen que el señor obrero que se descuida gane menos, reciba en su propio cuerpo la medida de su falla, tranquilamente, y así separar a cualquiera que cometa errores. De manera que no es ningún secreto vigilar la buena marcha de un centro de trabajo.[7]

El Sistema Presupuestario de Financiamiento concibe a las empresas como partes de un todo, de una gran empresa: el estado. Ninguna empresa puede, ni necesita, tener fondos propios. Las empresas bajo este sistema pueden tener en el banco cuentas separadas para la extracción y el depósito:

> Consecuentemente con la forma de utilizar el dinero, nuestras empresas no tienen fondos propios. En el banco existen cuentas separadas para extraerlos y depositarlos. La empresa puede extraer fondos —según el plan— de la cuenta general de gastos y de la especial para pagar salarios. Pero al efectuar un depósito, este pasa a poder del estado automáticamente.
>
> Las empresas de la mayoría de los países hermanos tienen fondos propios en los bancos que refuerzan con créditos de los mismos por los que pagan interés, sin olvidar nunca que estos fondos *propios*, al igual que los créditos, pertenecen a la sociedad, expresando en su movimiento el estado financiero de la empresa.[8]

La propiedad social de los medios de producción dentro de la esfera estatal, por medio de la aplicación de este sistema financiero para las transacciones que entre sí realicen las empresas socialistas, permite la conversión de la compraventa mercantil en entrega de productos. Limita la función del dinero como medio de pago, reduciéndola a medida de valor. Y elimina la función de las cuentas a cobrar y a pagar como instrumento de crédito, transformándolas conceptualmente en simples actos administrativos o de contabilidad que se representan físicamente por órdenes de compensación al solo efecto del control bancario.[9]

> Se deslizan aquí dos incorrecciones graves.
>
> La primera es que el acto de compraventa significa el traslado de la mercancía de un proveedor a otro, y mercancía, lo vimos al principio, es todo producto susceptible de cambios de propiedad.

La segunda es que se explica esto por la diversidad de formas de propiedad social, en todo caso, se podría admitir la compraventa para las relaciones entre *koljoses* [granjas colectivas] y el resto de la propiedad social, no imponerla a toda ella.[10]

Che continúa profundizando en el tema y disiente de los teóricos soviéticos:

> Negación completa del principio de compraventa. En general, los autores [del *Manual de economía política*] aplican los nombres de categorías capitalistas a cosas diferentes, y de allí surge también la contradicción.
>
> Si se dijera, por ejemplo, contrato de entrega, quedaría resuelto el problema. Pero detrás de la aparentemente inofensiva impresión de las formulaciones se esconde algo más grave: existen verdaderas contradicciones entre las empresas, con choque de intereses. Cosa lógica, ya que el sistema se asemeja mucho al capitalista en sus mecanismos de acción.[11]

El sistema bancario está llamado a desaparecer a largo plazo en el período de transición al comunismo. Sobrevivirá durante el período en que perduren las relaciones mercantiles. Como puntualizara Che:

> En los períodos de construcción de la sociedad socialista, cambian todos los conceptos que amparan la vida política del banco, y debe buscarse otro camino para utilizar su experiencia.[12]

El banco deja de tener un papel hegemónico en la economía como producto de las transformaciones que, en las relaciones económico-sociales, sufre la sociedad. Sus funciones económicas no son las mismas que las que tenía en el capitalismo. No posee un capital propio ni puede actuar como si lo tuviese. Por tanto, solo puede subsistir como propiedad del estado, que lo utiliza para determinadas funciones económicas. Es el estado el que engloba toda la economía, y el banco es un instrumento para determinadas funciones.

No es posible pretender "que el banco siga manteniendo una posición hegemónica en la economía, independientemente de los cambios económico-sociales", dijo Che.[13]

"Para nosotros, el banco debe ser un viceministerio del Ministerio de Hacienda, y no debe tener la autonomía que hoy la ley le confiere".[14]

El hecho de que el Sistema Presupuestario de Financiamiento sea partidario de la centralización no entraña que sea el banco, precisamente, el que asuma la máxima responsabilidad de la contabilidad y el control del estado, ni que dicte la política económica de la nación.

> Existe aquí la creencia generalizada de que la relación directa con el banco garantiza el análisis de todos los factores de la producción y la imposibilidad de burlar la atención vigilante de ese organismo, lo que no es más que un espejismo en las condiciones actuales de Cuba, y el banco tiene pruebas fehacientes de ese aserto en sus relaciones con los organismos de Autogestión [también conocido como Cálculo Económico].

En el año 1931, Stalin hacía el siguiente análisis:

> "Pero esto no es todo. A lo citado hay que añadir la circunstancia de que, como consecuencia de la mala gestión administrativa, los principios de rentabilidad se han encontrado enteramente comprometidos en toda una serie de nuestras empresas y organizaciones económicas. Es un hecho que en una serie de empresas y organizaciones económicas hace tiempo que se acabó de contar, de calcular y de establecer balances justifi-

cativos de los ingresos y de los gastos. Es un hecho que en una serie de empresas y organizaciones económicas las nociones de 'régimen de economía', 'reducción de gastos improductivos', 'racionalización de la producción', se pasaron hace tiempo de moda. Por lo visto, cuentan con que el Banco del Estado 'de todas maneras librará las cantidades necesarias'. Es un hecho que en los últimos tiempos los precios de costo en una serie de empresas han empezado a subir. Se les señaló la necesidad de bajar los precios de costo en un 10 por ciento y más, y en lugar de eso los han elevado".[15]

Lo citamos simplemente para demostrar que se impone una tenaz tarea de organización administrativa antes de poder implantar cualquier sistema, y ese debe ser el sentido de nuestro esfuerzo principal en el momento actual.[16]

Y escribe Che en sus notas:

Lo importante es que en el socialismo el banco podría ser una simple caja, función indispensable, por otra parte. Toda la importancia asignada a los bancos nace de lo varias veces repetido: el establecer un sistema de control con todas las características capitalistas, buscando al máximo la automatización del proceso por la vía del dinero.*

---

* Guevara, *Apuntes críticos*, p. 196, donde comenta sobre lo siguiente: En la URSS y en los países de Democracia Popular, la banca se halla concentrada en manos del estado socialista. Los bancos bajo el socialismo son órganos estatales de finanzas y de crédito, que en interés del desarrollo de la economía socialista llevan a cabo la movilización de los recursos libres, abren crédito a las empresas, financian las inversiones básicas, se encargan de la contabilidad y los pagos en la economía nacional, efectúan el control mediante el rublo sobre

En igual medida, el hecho de que el dinero sea un medio de pago no presupone la necesidad del crédito. Bien puede funcionar como dinero aritmético en todas las transacciones entre empresas estatales y cooperativas. Históricamente, la necesidad del crédito responde a la forma que adoptó el joven estado soviético para controlar y dirigir su economía.

Bajo el Sistema Presupuestario de Financiamiento, el banco no tiene como función la concesión de créditos, menos aún la de obtener dividendos por concepto de interés. Che fundamenta su opinión reproduciendo algunos pasajes de *El capital*. He aquí algunos de estos fragmentos:

> No debe olvidarse, sin embargo, que, en primer lugar, el dinero —en forma de metal precioso— sigue siendo la base de la que *jamás* puede desprenderse, por la naturaleza misma de la cosa, el régimen de crédito. Y, en segundo lugar, que el sistema de crédito presupone el monopolio de los medios sociales de producción (bajo forma de capital y de propiedad territorial) en manos de particulares, es decir, que este sistema es de por sí, por una parte, *una forma inmanente del sistema capitalista de producción*, y por otra parte, una fuerza motriz que impulsa su desarrollo hasta su forma última y más alta.
>
> El sistema bancario, por su organización formal y su centralización, como se expresó ya en 1697 en *Some Thoughts of the Interests of England*, es el producto más artificioso y refinado que el régimen capitalista de producción ha podido engendrar...

---

las empresas socialistas y regulan la circulación monetaria.

Por tanto, bajo el socialismo los bancos, aun conservando su vieja forma, han cambiado de contenido y asumido nuevas funciones en relación con los bancos del capitalismo.

Finalmente, no cabe la menor duda de que el sistema de crédito actuará como un poderoso resorte en la época de transición desde el modo capitalista de producción hasta el modo de producción del trabajo asociado, pero solamente como un elemento en relación con otras grandes conmociones orgánicas del propio modo de producción.

En cambio, las ilusiones que algunos se hacen acerca del poder milagroso del sistema de crédito y del sistema bancario, en un sentido socialista, nacen de la ignorancia total sobre el modo capitalista de producción y el sistema de crédito como una de sus formas. *Tan pronto como los medios de producción dejen de convertirse en capital (lo que implica también la abolición de la propiedad privada del suelo), el crédito como tal no tendrá ya sentido*, cosa que, por lo demás, han comprendido hasta los sansimonianos.

Sin embargo, mientras perdure el modo capitalista de producción, perdurará el capital que devenga interés como una de sus formas, y seguirá formando, de hecho, la base de su sistema de crédito. Solo ese mismo escritor sensacionalista (Proudhon) que pretendía dejar en pie la producción de mercancías y al mismo tiempo abolir el dinero era capaz de soñar ese dislate del *crédit gratuit* [crédito sin interés], pretendida realización de los píos deseos del pequeñoburgués.[17]

Cuando el banco está cobrando determinado interés a las empresas estatales —el que lo haga de acuerdo a un plan, y no surja la tasa de interés de forma espontánea como sucede en el capitalismo, no altera en lo más mínimo nuestro razonamiento— por los fondos suministrados a estas, está cobrando por el uso de un dinero que no le pertenece, lo que constituye una función típica de la banca privada.

El interés es una categoría capitalista. Más aun, pertenece a la etapa fetichista del capitalismo, y consiste en cobrar por el uso del dinero. Si no hay capital, ¿cómo puede haber interés?[18]

Los bancos socialistas efectúan una operación simbólica cuando prestan dinero a interés, ya que prestan el dinero de otra empresa, realizan una operación fetichista:

> El capital ficticio es producto del crédito, y este del préstamo y los bancos. Al prestar dinero a interés los bancos socialistas, realizan una típica operación fetichista, agravada por el hecho de que están prestando el dinero de otra empresa que lo depositara allí.[19]

Che recurre a Marx:

> Si Marx ha formulado, como hemos visto, que la abolición de la propiedad privada le quita todo el sentido al crédito como tal, ¿qué decir del interés? Dice Marx:
> "Es en el capital que devenga interés donde la relación capitalista cobra su forma más superficial y más fetichista. Aquí nos encontramos con D-D', dinero que genera más dinero, valor que se valoriza a sí mismo, sin el proceso que media ambos extremos.
> En el capital comercial, D-M-D', por lo menos existe la forma general del movimiento capitalista, aunque solo se mantenga dentro de la esfera de la circulación, razón por la cual la ganancia aparece aquí como simple ganancia sobre la enajenación. No obstante, aparece como producto de una *relación* social y no como producto de una mera *cosa*.
> La forma del capital comercial representa, a pesar de todo, un proceso, la unidad de fases contrapuestas, un movimiento que se divide en dos actos antagónicos: la compra y la venta de mercancías. En

D-D', o sea, en la forma del capital que devenga interés, esto se esfuma".[20]

Y continúa Che:

> Teniendo en cuenta que técnicamente el interés no es un elemento de costo de las empresas, sino una deducción del plustrabajo del obrero para la sociedad, que debía constituir un ingreso del presupuesto nacional, ¿no es este en realidad el que está financiando los gastos de operaciones del aparato bancario en forma sustancial?[21]

Tiempo después, Guevara escribió:

> El que el dinero sea un medio de pago no presupone la necesidad del crédito, puede funcionar como dinero aritmético en todas las transacciones entre empresas estatales y cooperativas. El crédito, su necesidad, responde a la forma adoptada por la sociedad soviética para controlar y dirigir su economía; una vez más, no es privativo del socialismo, sino de esta forma específica de socialismo.[22]

Che estaba convencido de que la organización económica de la banca influye en la superestructura y tiene implicaciones ideológicas. Refiriéndose a la banca soviética, escribió:

> También posee filiales en Londres y París (un poco enmascarados). Uno se puede preguntar si todo esto no influirá en los métodos y concepciones de la dirigencia soviética, así como las instituciones crediticias pertenecientes al partido [Partido Comunista] argentino influyen en su línea de acción política.*

---

\* Guevara, *Apuntes críticos*, p. 196, donde comenta sobre lo siguiente: El Banco del Estado de la URSS es el banco más poderoso del

En cuanto a las inversiones, Che plantea:

El banco lo que hace es distribuir los recursos del presupuesto nacional asignados por el plan de inversiones y situarlos a disposición de los aparatos inversionistas correspondientes.

Este aspecto del financiamiento y control de las inversiones, particularmente en lo que se refiere a las construcciones, así como el sistema de crédito bancario y el interés, constituyen diferencias sustanciales entre el sistema que en este artículo se denomina Autonomía Económica y el de Financiamiento Presupuestario. El financiamiento y control de las inversiones será objeto de un artículo del compañero Álvarez Rom, ya que la importancia y extensión del tema así lo requieren.[23]

Sin embargo, expondremos los fundamentos de este procedimiento, exposición ya hecha por el Ministerio de Hacienda en el Fórum de Inversiones. Hacienda llega a la conclusión de que todo el embrollo existente actualmente en cuanto al control de las inversiones se debe a la concepción mercantil que la ampara. Todavía pensamos en el banco como representante de los monopolios, su cancerbero, vigilando el tipo y la efectividad de la inversión.

En un régimen de presupuesto, con los controles funcionando adecuadamente, el banco no tiene por qué tener participación en la decisión de la inversión, que es una tarea económico-política (JUCEPLAN [Junta Central de Planificación]). En el control físico de la inversión, el banco no debe participar —esto obligaría a crear un aparato enorme y sin sentido— y sí el organismo inversionista directamente interesado, en tanto

---

mundo. Posee filiales en las capitales de república, territorio y región y en casi todas las cabezas de distrito del país.

que el control financiero lo puede llevar Hacienda, que es responsable del presupuesto estatal, único lugar donde se debe recoger el plus-producto para darle la utilización adecuada. El banco debiera ocuparse, en buena ley, de cuidar del cumplimiento de la metodología de la extracción de fondos, que es su función específica.[24]

Como ya planteamos en páginas precedentes, para el Sistema Presupuestario de Financiamiento, las empresas estatales forman parte de la única gran empresa que es el estado. El Sistema Presupuestario fundamenta su parecer desde dos ángulos, el técnico-económico y el ideológico. "Una empresa es un conglomerado de fábricas o unidades que tienen una base tecnológica parecida, un destino común para su producción o, en algún caso, una localización geográfica limitada".[25] Desde el ángulo ideológico, la fundamentación está dada a lo largo de las páginas anteriores.

En cambio, en el Sistema de Autogestión Financiera, toda unidad productiva constituye una empresa. Las relaciones entre empresas son muy similares a las existentes en el régimen capitalista: toda transferencia de productos entre empresas estatales se realiza bajo el mecanismo de la compraventa, de modo que los productos de una empresa estatal poseen las propiedades características de una *mercancía*.

La diferencia antes apuntada es imprescindible para comprender el modo en que cada sistema concibe el financiamiento de las empresas. Che afirmó:

> Nosotros consideramos que el sistema de crédito bancario y la compraventa mercantil dentro de la esfera estatal, cuando se usa el Sistema de Financiamiento Presupuestario, son innecesarios.
>
> Para comprender la diferencia entre ambos sistemas... es necesario tener en cuenta que todas estas

categorías surgen como consecuencia de la consideración individualizada de patrimonios independientes y solo conservan su forma a manera de instrumento para poder controlar la economía nacional, ya que la propiedad de hecho es de todo el pueblo. Esta ficción que llega a dominar la mente de los hombres… se elimina con la aplicación del Sistema de Financiamiento Presupuestario.

[A continuación, Che cita un trabajo inédito de Luis Álvarez Rom:]

"En este Sistema [Presupuestario de Financiamiento] el principio del rendimiento comercial dentro de la esfera estatal es estrictamente formal y dominado por el plan, solamente a los efectos del Cálculo Económico, la contabilidad, el control financiero, etc. Pero nunca llegará a predominar en forma fetichista sobre el contenido social de la producción, ya que, como la empresa no tiene patrimonio contrapuesto al estado, no retiene ni acumula, por lo tanto, en fondos propios, el resultado de su producción ni la reposición de sus costos.

"En el Sistema Presupuestario, la compraventa mercantil solo tiene lugar allí donde el estado vende (sin comillas) a otras formas de propiedad. Y en la realización de este acto de cambio mercantil de carácter esencial, la empresa traslada al presupuesto nacional, a través del cobro y depósito del precio de la mercancía vendida, la totalidad de los costos y acumulaciones internas que han tenido lugar desde el primero hasta el último acto de producción y comercialización.

"De esta manera, si alguno de los actos formales intermedios de 'pago y cobro' —que no son más que compensaciones contables sin efecto económico— no llegaran a complementarse por falta de organización o negligencia, etc., el fondo de acumulación nacional no sería perjudicado si el último acto de cambio, que es el único de contenido esencialmente económico, se realiza.

"Este sistema debilita el concepto de patrimonio de grupos individualizados en fábricas del estado, lo cual es objetivamente beneficioso al desarrollo filosófico del marxismo-leninismo. Hace innecesario el impuesto y el préstamo con interés, ya que la empresa no retiene ni acumula en fondos propios, eliminando, desde ahora, en su fondo y en su forma, categorías que en el desarrollo del proceso comenzarán a luchar entre sí".

[Che continúa diciendo:]

El financiamiento a una empresa se realiza, por un lado, para compensar, a los efectos de la contabilidad y control social, a otra empresa por el trabajo materializado; y por otro lado, para retribuir el trabajo vivo agregado en cada proceso de la producción social. Si el primero de estos actos es formal y sin contenido económico, ya que es compensatorio, y si el segundo es la entrega del salario al trabajador, que se realiza *después* de haber sido empleada su fuerza de trabajo en la producción de valor de uso, ¿cuál es la conclusión que se deriva de estas premisas? Que es el trabajador el que efectivamente da crédito.[26]

Partiendo de los presupuestos dados en los párrafos anteriores, Che hace su incursión en los mecanismos de formación de los precios. Le resulta de inmediato evidente que los mecanismos de control de mercado, al estipular los precios, buscan la coincidencia entre la oferta y la demanda en cada unidad o mercancía, dejando incluso un margen de utilidad para la empresa. De hecho, el plan se supedita, en esta concepción, a la ley del valor y no a la inversa. El mercado, por lo tanto, sigue operando, con la "incomodidad" propia de un capitalismo de concurrencia que fuese víctima de la intromisión estatal en su gestión administrativa.

En un sistema centralizado se podrían plantear otras soluciones:

A. Evitar los desequilibrios económicos mediante cálculos matemáticos precisos que estudien los datos de producción y las fluctuaciones en la demanda, así como la situación de la circulación monetaria y el poder adquisitivo. Con esos datos se procedería a una *política de precios* que entonces se establecería con criterios político-sociales, y cuya resultante final mantendría, al mismo tiempo, la racionalidad económica.

B. Sustituir el sistema de impuesto de circulación sobre las mercancías (estipulado en las economías que se rigen por la Autogestión Financiera) por una escala salarial o descuento que mantuviera el equilibrio requerido desde una perspectiva global. Dicha escala puede establecerse gracias al análisis preciso del monto total del fondo salarial, el circulante y valor global de la producción (entendido aquí como suma total de precios).

Refiriéndose a esto, Che manifestó:

> El *impuesto de circulación* es una ficción contable mediante la cual se mantienen determinados niveles de rentabilidad a las empresas, encareciendo el producto para el consumidor, de tal manera que se nivela la oferta de artículos con el fondo de la demanda solvente. Creemos que es una imposición del sistema pero no una necesidad absoluta, y trabajamos sobre fórmulas que contemplen todos estos aspectos.[27]

C. Lograr la estabilización global del fondo mercantil y la demanda solvente mediante directivas de los organismos encargados de la regulación del comercio interior. Es preciso anotar que, en la referida estabilización, el hecho de que una serie de mercancías imprescindibles para la vida del hombre se entreguen a precios por debajo de su costo no atenta contra la economía del país, si al fijar los precios de otra serie de artículos no vitales lo hacemos elevándolos por encima de su valor. El precio individual en el socialismo puede alejarse del valor tanto como se considere necesario. *Lo fundamental son las proporciones globales.*

D. Completar el sistema con estudios sociológicos que detecten qué tipos de productos son necesarios y en qué cantidades. Los datos provenientes de la base serían procesados centralmente junto con los otros: capacidades productivas, costos, plan de distribución de la renta nacional, etc., y todo sería integrado luego en el plan. Los mecanismos de partido, sindicato, etc., servirían antes y después para viabilizar las inquietudes, polémicas o sugerencias de corrección al plan entre el gobierno y la masa.

E. Asumir que el Sistema Presupuestario de Financiamiento rechaza la utilización de la compulsión financiera como principio directriz en la implantación de los mecanismos de control que los organismos directores y supervisores de la economía han de usar en su gestión. El Sistema Presupuestario establece una compulsión de tipo administrativo y enfoca los esfuerzos de los organismos en la planificación y el desarrollo tecnológico, propugnando este desarrollo como la vía para la optimización del aparato productivo y estatal.

Lo antes expuesto posee una estrecha relación con el proceso de formación de los precios. El Sistema Presupuestario de Financiamiento no tiene entre sus métodos el estímulo de la producción mediante el precio, lo cual sí haría una economía de mercado.

F. Situar precios diferenciales a los productos de la tierra, porque el costo es muy diferente en función del rendimiento del suelo. Esto evitaría la diferenciación de las colectividades agrícolas en ricas y pobres. La aplicación de los principios enunciados en el punto C coadyuvaría la obtención de éxitos notables en esta esfera económica.

Se olvidan de dos cosas: primero, la técnica es fundamental. Segundo, en los productos de la tierra debe de haber precios diferenciales, porque el costo es muy diferente de acuerdo con la productividad de la tierra. El hecho de que existan koljoses ricos y pobres se debe fundamentalmente a este hecho. Si se hubiera creado un método diferente al del estímulo de la producción mediante el precio se hubieran logrado éxitos notables hace mucho tiempo.*

También sería bueno apuntar la necesidad no solo de estudiar los fenómenos de oferta y demanda, sino de controlar y dirigir la demanda hacia objetivos acordes a la racionalidad social. Los economistas que defienden la utilización del mercado como la única vía para resolver de forma automática los millares de ecuaciones que impli-

---

* Guevara, *Apuntes críticos*, p. 168, donde comenta sobre lo siguiente: El contar con la acción de la ley del valor tiene gran importancia para planificar los precios de los productos agrícolas. El nivel y la correlación de los precios a que realizan sus productos los koljoses y los koljosianos ejercen una notable influencia sobre los estímulos materiales de producción de tales o cuales productos agrícolas.

No se puede, por ejemplo, fijar un precio único a una tonelada de algodón y a una tonelada de trigo haciendo caso omiso del hecho de que el valor del trigo es considerablemente más bajo que el del algodón.

De otra parte, no es posible asignar al trigo un precio excesivamente alto, ya que esto menoscabaría el interés material de los koljoses y los koljosianos en la producción de cereales e inferiría un quebranto al desarrollo de la economía cerealista.

can las "opciones" individuales del consumidor olvidan que las teorías sobre la "autonomía del consumidor", del consumidor como dictador de la producción, han perdido toda respetabilidad incluso dentro de la teoría económica burguesa. Es archisabido que las apetencias y tendencias de consumo se *crean* y *dirigen* a través de la publicidad.

En una sociedad socialista, el comportamiento del consumidor puede y debe ser también controlado y manejado para evitar que surjan contradicciones entre este y los principios y fines de la sociedad en su conjunto. Al igual que la sociedad reprime, en aras de la convivencia, toda una serie de instintos humanos naturales, también debe controlar los hábitos de consumo. Una sociedad que se deje orientar por las espontáneas apetencias de consumo restringe sistemáticamente sus recursos, que de ese modo tienen que ser desviados de sus funciones principales para dedicarse a la satisfacción de necesidades que se reproducen y multiplican a cada instante.

Queda claro, por tanto, que de lo que se trata es de establecer el equilibrio global de la oferta y la demanda mediante la fijación de precios a través del plan, que se determinarán con criterios político-sociales. Aun así, todavía queda un grave problema por resolver: ¿cuál sería la base de formación de precios *reales* para llevar a cabo análisis económicos?

Che buscaba una primera solución:

> Entre los múltiples problemas planteados a la economía socialista en la práctica de la planificación, surge el análisis de la gestión de las empresas, considerando las nuevas situaciones creadas por el desarrollo de la revolución socialista.
> 
> La base por la cual se rige el mercado capitalista es la ley del valor, y esta se expresa directamente en el

mercado. No se puede pensar en el análisis de la ley del valor extraída de su medio natural, que es aquel. De otra forma, puede decirse que la expresión propia de la ley del valor es el mercado capitalista.

Durante el proceso de construcción de la sociedad socialista, muchas de las relaciones de producción van cambiando a medida que cambia el dueño de los medios de producción y el mercado deja de tener las características de libre concurrencia (aún considerando la acción de los monopolios) y adquiere otras nuevas, ya limitado por la influencia del sector socialista que actúa en forma consciente sobre el fondo mercantil.

En el caso nuestro, frente a la carencia de mercancías se hubiera producido inmediatamente un proceso de aumento de los precios en el mercado y se hubiera nivelado nuevamente la relación de oferta-demanda. Pero establecimos rígidas congelaciones de precios, manteniendo un sistema de racionamiento en el cual el valor real de las mercancías no se puede expresar a través del mercado, el que tiene ahora distintas características. Aunque el racionamiento es una situación transitoria, con el correr de los años, la economía planificada dentro de los límites de un país, va separando sus propias realidades de las realidades del mundo exterior.

En el intrincado proceso de producción y distribución de los productos, intervienen materias primas y gastos de todo tipo, que van determinando un precio. Cuando todos los productos actúan de acuerdo con precios que tienen una cierta relación interna entre sí, distinta a la relación de esos productos en el mercado capitalista, se va creando una nueva relación de precios que no tiene parangón con la mundial.

¿Cómo hacer para que los precios coincidan con el valor? ¿Cómo manejar conscientemente el conocimiento de la ley del valor para lograr el equilibrio del fondo mercantil por una parte, y el reflejo fiel en los precios por otra? Este es uno de los problemas más serios planteados a la economía socialista...

Insistimos en el análisis del costo, pues parte de nuestra concepción está referida a la no necesaria coincidencia o relación íntima entre el costo de producción y el precio del sector socialista. (Para Cuba, país de poco desarrollo, de grandes intercambios comerciales externos, las relaciones con el resto del mundo son fundamentales).

Por ello planteamos que no debe desligarse de ninguna manera la estructura general de los precios internos y la de los precios del mercado externo; bien entendido que estos precios se refieren solamente a la esfera socialista, donde cumplen las funciones fundamentales de dinero aritmético, es decir, de forma de medición.

Frente a esto, se objeta las innumerables dificultades provocadas por la distorsión ya existente con respecto a los precios externos y avances tecnológicos, distorsiones temporales o la acción de los monopolios sobre los mercados, que hacen variar diariamente los precios del mercado internacional.

Nosotros, aun cuando no hemos llegado todavía al análisis completo de este problema, consideramos que podría obviarse, estableciendo un sistema general que contemplará una cierta medida histórica de los precios del mercado mundial capitalista, con las correcciones que puedan introducirse por la acción de los precios del mercado socialista (por otra parte muy cercanos en la actualidad, en cuanto al mercado externo, con el mercado capitalista) y un factor de aumento por los fletes a pagar desde el origen hasta nuestro país. Los precios así fijados funcionarían, durante ciertos períodos, sin alteraciones.

Si se tomaran los precios de los artículos fundamentales de la economía y, basados en ellos, por cálculos aproximativos se establecieran los demás, se llegaría a un nivel histórico ponderado de los precios del mercado mundial que permitiría medir automáticamente la eficiencia relativa de todas las ramas de la economía en el mercado mundial.

Se observa también que la estructura de los precios de los productos dará una imagen deformada de la productividad nacional, ya que mide solo la eficiencia media mundial, y se provocarían peligrosas tendencias de consumo, basadas en los precios tentadores de productos cuyo trabajo invertido en él es muy superior a lo que denota la comparación mundial.

Esta objeción tiene validez y habría que buscar algunos números índices con que designar los productos de acuerdo con su rentabilidad, para la planificación correcta. Como este sistema está basado en un control central de la economía y una mayor centralización de decisiones, la rentabilidad relativa sería solo un índice, ya que lo que realmente interesa es la rentabilidad general del aparato productivo. Este se mediría, si fuera posible —y como aspiración permanente— en términos de valor mundial; si no, inexcusablemente, en cuanto al nivel de precios a la población.

Esto no quiere decir, ni remotamente, que ya tendremos asegurado un criterio para las nuevas inversiones y que de acuerdo con los costos de nuestras industrias y los posibles costos de las nuevas inversiones, se decidiera de acuerdo con nuestras posibilidades de acumulación, automáticamente, las líneas a establecer.

Precisamente no sería así, porque la ley del valor se expresa relativamente pura en el mercado mundial, y en nuestro medio interno estará muy influida por la incidencia del sector socialista y el trabajo socialmente necesario, a nivel local, para producir determinados artículos, sin contar con que es posible que nos interese desarrollar mucho más algún tipo de producto que no sea el más rentable, pero sí, estratégicamente, más considerado o, simplemente, más beneficioso para la población.

No hay que olvidar, una vez más lo recalcamos, que existirá un precio a la población que puede estar relativamente divorciado del precio interno de contabilidad de las empresas que se rijan por este sistema. Con este esquema tendríamos inmediatamente el espejo donde se reflejara toda la marcha de la economía en un momento dado. En este tipo de organización, no necesariamente del total del país, pero sí de algunas ramas de la industria, podríamos aplicar un sistema cada vez más perfeccionado de análisis económico.

El costo sería el que realmente daría el índice de la gestión de la empresa. No importa que estos fueran mayores o menores que el nivel de los precios del sector socialista, o incluso, en determinados casos aislados, a los que se vendiera el producto al pueblo, *ya que lo que interesa es el análisis continuado de la gestión de la empresa, a través de un determinado tiempo, medido por su éxito en rebajar los costos.*

En el precio se reflejaría, en este caso, el análisis automático de la rentabilidad en relación con los precios mundiales. Para ello hay que trabajar más seriamente en estos problemas que todavía son tratados en forma esquemática y sin un profundo análisis.[28]

Usamos esta extensa cita para evidenciar, una vez más, que el Sistema Presupuestario de Financiamiento no es sinónimo de despilfarro, descontrol o bancarrota económica, y que los recursos pueden controlarse tan bien como la Autogestión.

Diez meses después de haber publicado el artículo arriba citado, Che reafirmaría su concepción sobre la formación de los precios en su ensayo "Planificación y conciencia en la transición al socialismo: Sobre el Sistema Presupuestario de Financiamiento":

> En la teoría de la formación de los precios tenemos también divergencias profundas. En la Autogestión se forman los precios "atendiendo a la ley del valor", pero no se explica (hasta donde nuestros conocimientos alcanzan) cuál expresión de la ley del valor se toma. Se parte del trabajo socialmente necesario para producir un artículo dado, pero se ha descuidado el hecho de que el trabajo socialmente necesario es un concepto económico-histórico y, por lo tanto, cambiante, no solo a nivel local (o nacional) sino en términos mundiales.
>
> Los continuos avances en la tecnología, consecuencia del mundo capitalista de la competencia, disminuyen el gasto de trabajo necesario, y, por tanto, el valor del producto. Una sociedad cerrada puede ignorar los cambios durante determinado tiempo, pero siempre habría que volver a estas relaciones internacionales para cotejar su valor.
>
> Si una sociedad dada los ignora durante un lapso largo, sin desarrollar fórmulas nuevas y exactas en su reemplazo, creará interconexiones internas que configuren su propio esquema del valor, congruente en sí mismo, pero contradictorio con las tendencias de la técnica más desarrollada (el ejemplo del acero y el plástico), esto puede provocar atrasos relativos de alguna importancia y, en todo caso, distorsiones a la ley del valor en escala internacional que hagan incomparables las economías...

Consideramos que es necesaria una estabilización global del fondo mercantil y la demanda solvente: el Ministerio de Comercio Interior [MINCIN] se encargaría de nivelar la capacidad de compra de la población con los precios de las mercancías ofrecidas, considerando siempre que toda una serie de artículos de carácter fundamental para la vida del hombre deben ofrecerse a precios bajos, aunque en otros menos importantes se cargue la mano con manifiesto desconocimiento de la ley del valor en cada caso concreto.

Aquí surge un gran problema. ¿Cuál será la base de formación de precios reales que adopte la economía para el análisis de las relaciones de producción? Podría ser el análisis del trabajo necesario en términos cubanos. Esto traería aparejado distorsiones inmediatas y la pérdida de visión de los problemas mundiales, por las necesarias interrelaciones automáticas que se crearían. Podría tomarse, en contrario, el precio mundial. Esto acarrearía la pérdida de visión de los problemas nacionales, ya que nuestro trabajo no tiene productividad aceptable en términos mundiales en casi ninguna rama.

Proponemos, como primera aproximación al problema, que se considere la creación de índices de precios basados en lo siguiente:

Todas las materias primas de importación tendrán un precio fijo, estable, basado en una media del mercado internacional, más unos puntos por el costo de transporte y del aparato de comercio exterior. Todas las materias primas cubanas tendrían el precio de su costo de producción real en términos monetarios.

A ambos se les agregarían los gastos de trabajo planificados más el desgaste de los medios básicos para elaborarlas, y ese sería el precio de los productos entregados entre empresas y al comercio interior. Pero constantemente estarían afectados por índices que reflejaran el precio de esa mercancía en el mercado mundial más los costos de transporte y de comercio exterior.

Las empresas que operan por el régimen de Financiamiento Presupuestario trabajarían sobre la base de sus costos planificados y no tendrían beneficios. Todos los lograría el MINCIN. (Naturalmente, esto se refiere a aquella parte del producto social que se realiza como mercancía, es lo fundamental como fondo de consumo).

Los índices nos dirían continuamente (al aparato central y la empresa) cuál es nuestra real efectividad y evitaría tomar decisiones equivocadas. La población no sufriría nada con todos estos cambios, ya que los precios por la mercancía que compra están fijados independientemente, atendiendo a la demanda y la necesidad vital de cada producto.

Por ejemplo, para calcular el monto de una inversión, haríamos el cálculo de materias primas y equipos directamente importados; el gasto de los equipos de construcción y montaje; el costo de los salarios planificados, atendiendo a las posibilidades reales y un cierto margen para el costo del aparato constructor. Esto podría darnos, al finalizar la inversión, tres cifras: una, el costo real en dinero de la obra; otra, lo que debía costar la obra según nuestra planificación; la tercera, lo que debería costar en términos de productividad mundial. La diferencia entre la primera y la segunda se cargaría a la ineficiencia del aparato constructor; la diferencia entre la segunda y la tercera sería el índice, en el sector de que se trate, de nuestro atraso.

Esto nos permite tomar decisiones fundamentales sobre el empleo alternativo de materiales tales como el cemento, el hierro, los plásticos; los techos de fibrocemento, aluminio o zinc; las tuberías de hierro, plomo o cobre;

el uso de ventanas de madera, hierro o aluminio, etc.

Todas las decisiones pueden apartarse del óptimo matemático atendiendo a razones políticas, de comercio exterior, etc., pero siempre tendríamos el espejo de los sucesos reales en el mundo frente a nuestro trabajo. Los precios nunca estarán separados de su imagen mundial, que será cambiante en determinados años, de acuerdo con los adelantos de la tecnología y donde cada vez tendrán mayor preeminencia el mercado socialista y la división internacional del trabajo, luego de lograr un sistema socialista mundial de precios más lógico que el usado actualmente.

Podríamos seguir abundando en este interesantísimo tema, pero es preferible dejar aquí esbozadas algunas ideas primarias y aclarar que todo esto necesita una elaboración posterior.[29]

Otra de las grandes lagunas que existe en el conocimiento de la práctica y de la elaboración teórica realizadas por Che es su estilo y método sistemático de autocrítica y de búsqueda de la verdad. Han creado un Che idealista alejado de la realidad, ingenuo, desconocedor de la naturaleza humana y de las realidades económicas que vivía en el primer quinquenio de la revolución de 1959.

A continuación, transcribo algunos pasajes que nos permitirán llegar a un conocimiento más objetivo, imparcial, del quehacer práctico y teórico de Ernesto Che Guevara de la Serna:

> Sobre la "Disciplina financiera: medidas a adoptar cuando se produzcan violaciones de las mismas":
> Yo quería hacer una última advertencia. Al principio de año les avisé de las consecuencias que puede tener la indisciplina, sobre todo en un aspecto fundamental que es los ajustes de inventarios. Se los dije, que

íbamos a tomar medidas drásticas y esto es una advertencia seria que se sabía. Y todos los contadores saben que esto es una cosa que no se puede hacer. Sistemáticamente, semana a semana en la Circular 90, tenemos que analizar un ajuste de inventario, incumpliendo las reglamentaciones.

Esto provoca ahí, verdaderamente, la oportunidad máxima del robo individual. Es más peligrosa que todas las otras. Las otras son indisciplinas organizativas que hay que corregir, que son muy malas pero que, en definitiva, provocan una debilidad en la gestión de la empresa y no va más allá. Los ajustes de inventarios, en la forma que se están haciendo, provocan la posibilidad del robo directo, cosa que no está excluida por ningún decreto.

Las posibilidades del robo existen y existirán durante mucho tiempo en el socialismo, hasta que ya haya cambiado la mentalidad de la gente. Los controles en los almacenes son deficientes, y los sistemas que tienen para hacer ajustes son muy elementales, cosa que no la voy a admitir...

Han pasado casi ocho meses o quizás más, de aquella advertencia y los directores de empresas siguen permitiendo (semana a semana lo vemos) que hagan los ajustes de inventarios. No sé si es un desconocimiento completo de las reglas elementales de la contabilidad, o si es un conformismo de los directores, pero sí sé que se produce y es grave...[30]

A mí me da la impresión de que estamos por lo menos empezando una de esas etapas de estancamiento que suceden en el Ministerio [de Industrias] cada cierto tiempo, cuando empiezan las cosas, es decir, no se ve avance. Después de un salto de calidad tan grande como hemos dado, en general, eso se nota claramente.

> A mí me da la impresión que hemos agotado en cierta medida nuestra capacidad de dirección con la organización actual, y también la capacidad de movilización propia de las empresas, y que estamos entrando a este quietismo que ha caracterizado al Ministerio durante cierta etapa y lo hemos detectado más o menos rápidamente y hemos salido a tomar medidas.[31]

Che vincula esta realidad descrita en las páginas y capítulos precedentes a la solución que los países socialistas daban a sus problemas económicos, sociales y políticos prácticos, y lo relacionaba con el futuro próximo por el tipo de soluciones que estaban tomando en los años sesenta. Veamos:

> Quería decirles que yo estaba leyendo algunas cosas de los análisis que estaban ocurriendo ahora en el campo socialista por los problemas que han tenido. Y precisamente estaba leyendo la resolución del Pleno del 14 Congreso del partido polaco, una síntesis hecha por el pleno del partido, por el Presídium. Además, algunas intervenciones de compañeros del Buró Político, donde se plantean todos los mismos problemas que a nosotros nos achacan como debilidad del sistema [se refiere al Sistema Presupuestario de Financiamiento—AUTOR].
>
> En Polonia, donde nadie puede sospechar que haya otra cosa que el llamado Cálculo Económico, los problemas de las inversiones, los problemas de los costos, la gente que ingresa, los trabajadores ingresan —hasta ellos estaban hablando— ingresan de bomberos de las fábricas y de cuidadores de puertas de las fábricas. Los trabajadores administrativos que aumentan, el poco análisis de los costos que hacen las fábricas, cómo se preocupan de aumentar la producción sin cuidarse de surtir y cómo los productos en la distribución quedan sin distribuir.

Toda una serie de problemas, que se nos achacan a nosotros como característica del Sistema de Financiamiento Presupuestario, están ahí escritos, uno por uno, por los polacos. Después nosotros los vamos a publicar —no en el próximo número de *Nuestra Industria: Revista Económica*, pero probablemente en el otro— porque es interesante ver cómo los argumentos están rebatidos exactamente por gente de la autoridad del partido polaco.

Es decir, que los problemas que se plantean y las debilidades que tiene nuestro sistema, la debilidad que tenemos nosotros, que no son debilidades de un sistema financiero sino son debilidades de una economía que ha cambiado su composición, su característica. Y que todavía considero que en todo el mundo socialista no se ha encontrado exactamente los estudios necesarios para cambiarlos por la mecánica capitalista y el funcionamiento de la ley del valor.

La solución que se le piensa dar a estos problemas en Polonia es el libre fuero de la ley del valor: es decir la vuelta al capitalismo. Esta solución se había aplicado en Polonia en el campo, donde se descolectivizó la agricultura. Entonces, este año la agricultura polaca, debido a las sequías y todas las calamidades naturales, está peor que antes, ha tenido problemas más serios.

Es decir que ese camino, el camino adonde conduce en definitiva el Cálculo Económico, cuando llega desde el punto de vista filosófico —cuando llega, como debe llegar, a un callejón sin salida—, conduce por la lógica de los hechos a tratar de resolverlo por el mismo sistema: aumentar el estímulo material, la dedicación de la gente específicamente a su interés material. Y por ahí, al libre fuero de la ley del valor.

Y por ahí, al resurgimiento, en cierta manera, de categorías ya estrictamente capitalistas; cosa que ha sucedido hace tiempo y que ahora Polonia lo está probando y que creo que también van a probarlo otros países socialistas.[32]

Veamos en el próximo capítulo las consecuencias de este rumbo en las relaciones internacionales.

*Capítulo 7*

# El intercambio desigual

El comandante en jefe Fidel Castro, en una gira por los países socialistas, expresó un principio de vital importancia para la revolución:

> Nosotros pensamos en nuestros deberes con el resto del mundo. En la medida en que tengamos un pueblo fuertemente educado en las ideas internacionalistas, en la solidaridad, con plena conciencia de los problemas del mundo de hoy, tendremos un pueblo más preparado para cumplir su deber internacional.
>
> No se puede hablar de la solidaridad en el seno del pueblo si no se crea al mismo tiempo la solidaridad entre todos los pueblos. De lo contrario, se cae en el egoísmo nacional.
>
> ¿Qué enseñó la burguesía a los pueblos? El nacionalismo egoísta y estrecho. ¿Qué le enseñó al individuo? El egoísmo individual.
>
> La ideología burguesa es la expresión de los egoísmos individuales y de los egoísmos nacionales. La ideolo-

gía marxistaleninista es la expresión de la solidaridad entre los individuos y la solidaridad entre los pueblos.[1]

En los escritos y discursos de los dirigentes de la revolución se sugieren las bases teórico-administrativas para restringir los efectos negativos de la ley del valor en las relaciones comerciales internacionales con respecto a los países subdesarrollados *revolucionarios*. Este esfuerzo requiere una efectiva división internacional del trabajo, conjuntamente con el desarrollo de un mercado socialista: un mercado con una concepción diferente al mercado capitalista mundial. Che explicaba:

> Reconocemos la necesidad de que este comercio [*dentro* del campo socialista] pase ya a formas más elevadas en los países de la nueva sociedad, impidiendo que se ahonden las diferencias entre los países desarrollados y los más atrasados por la acción del intercambio.
>
> Vale decir, es necesario hallar fórmulas de comercio que permitan el financiamiento de las inversiones industriales en los países en desarrollo, aunque esto contravenga los sistemas de precios existentes en el mercado mundial capitalista, lo que permitirá el avance más parejo de todo el campo socialista, con las naturales consecuencias de limar asperezas y cohesionar el espíritu del internacionalismo proletario (el reciente acuerdo entre Cuba y la URSS es una muestra de los pasos que se pueden dar en este sentido).[2]

Las ideas de Che sobre el intercambio desigual se encuentran fundamentalmente en el discurso que pronunciara en la Conferencia Mundial de Comercio y Desarrollo, en Ginebra, el 25 de marzo de 1964, y también en su intervención en el Segundo Seminario Económico de Solidaridad Afroasiática, en Argel, el 24 de febrero de 1965. Asimismo, podemos encontrarlas en sus escritos posteriores a abril de 1965, cuando parte de Cuba. Creemos que el mejor modo de transmitir al lector las ideas de Che al respecto es transcribir fragmentos medulares de los discursos y escritos referidos:

> De todo esto debe extraerse una conclusión: el desarrollo de los países que empiezan ahora el camino de la liberación debe costar a los países socialistas. Lo decimos así, sin el menor ánimo de chantaje o de espectacularidad, ni para la búsqueda fácil de una aproximación mayor al conjunto de los pueblos afroasiáticos; es una convicción profunda.
>
> No puede existir socialismo si en las conciencias no se opera un cambio que provoque una nueva actitud fraternal frente a la humanidad, tanto de índole individual, en la sociedad en que se construye o está construido el socialismo, como de índole mundial, en relación con todos los pueblos que sufren la opresión imperialista.
>
> Creemos que con este espíritu debe afrontarse la responsabilidad de ayuda a los países dependientes, y que no debe hablarse más de desarrollar un comercio de beneficio mutuo basado en los precios que la ley del valor y las relaciones internacionales del intercambio desigual, producto de la ley del valor, oponen a los países atrasados.
>
> ¿Cómo puede significar "beneficio mutuo" vender a precios de mercado mundial las materias primas que cuestan sudor y sufrimientos sin límites a los países atrasados, y comprar a precios de mercado mundial las máquinas producidas en las grandes fábricas automatizadas del presente?
>
> Si establecemos ese tipo de relación entre los dos grupos de naciones, debemos convenir en que los paí-

ses socialistas son, en cierta manera, cómplices de la explotación imperial. Se puede argüir que el monto del intercambio con los países subdesarrollados, constituye una parte insignificante del comercio exterior de estos países. Es una gran verdad, pero no elimina el carácter inmoral del cambio.

Los países socialistas tienen el deber moral de liquidar su complicidad tácita con los países explotadores del Occidente.[3]

Más de una interpretación distorsionada ha surgido en torno a los planteamientos de Che arriba expuestos. Una de ellas tiende a ver en aquellos una proposición de ayuda indiscriminada a las naciones subdesarrolladas, y por ello se plantea refutarlos, demostrando con hechos que muchos países subdesarrollados a los cuales el ámbito socialista les ha facilitado créditos, con un bajo o ningún interés, y a los que les ha cedido recursos para el desarrollo, han utilizado dichas relaciones y ayuda para presionar y chantajear al imperialismo y obtener innúmeras prebendas de este.

En relación con ello, es necesario subrayar que la lectura cuidadosa de sus palabras indica claramente que Che, en el discurso de Argel, condicionaba la política que propugnaba para el ámbito socialista y los países subdesarrollados revolucionarios a los siguientes requisitos:

> Cada vez que se libera un país, dijimos, es una derrota del sistema imperialista mundial. Pero debemos convenir en que el desgajamiento no sucede por el mero hecho de proclamarse una independencia o lograrse una victoria por las armas en una revolución. Sucede cuando el dominio económico imperialista cesa de ejercer sobre un pueblo.
>
> Por lo tanto, a los países socialistas les interesa como cosa vital que se produzcan efectivamente estos desga-

jamientos. Y es nuestro deber internacional, el deber fijado por la ideología que nos dirige, el contribuir con nuestros esfuerzos a que la liberación se haga lo más rápida y profundamente que sea posible...

*No hay otra definición del socialismo, válida para nosotros, que la abolición de la explotación del hombre por el hombre...*

Sin embargo, el conjunto de medidas propuestas no se puede realizar unilateralmente. El desarrollo de los subdesarrollados debe costar a los países socialistas, de acuerdo. Pero también deben ponerse en tensión las fuerzas de los países subdesarrollados *y tomar firmemente la ruta de la construcción de una sociedad nueva —póngasele el nombre que se le ponga— donde la máquina, instrumento de trabajo, no sea instrumento de explotación del hombre por el hombre. Tampoco se puede pretender la confianza de los países socialistas cuando se juega al balance entre capitalismo y socialismo,* y se trata de utilizar ambas fuerzas como elementos contrapuestos para sacar de esa competencia determinadas ventajas.

Una nueva política de absoluta seriedad debe regir las relaciones entre los dos grupos de sociedades. Es conveniente recalcar, una vez más, que *los medios de producción deben estar preferentemente en manos del estado,* para que vayan desapareciendo gradualmente los signos de la explotación.[4]

Otros economistas, obviando el análisis a fondo del problema, se creen en el deber de justificar la existencia del intercambio desigual entre países socialistas y países de orientación socialista declarando que los primeros no son los causantes de la presente situación, lo que incuestionablemente es cierto, pero no constituye, en cualquier caso, justificación válida para basar el comercio en las reglas del mercado capitalista. Al respecto, Che aclara:

Muchos países subdesarrollados, analizando sus males, llegan a una conclusión de bases aparentemente lógicas. Expresan que si el deterioro de los términos del intercambio es una realidad objetiva y base de la mayoría de los problemas, debido a la deflación de los precios de las materias primas que exportan y al alza de los precios de los productos manufacturados que importan, todo esto en el ámbito del mercado mundial, al realizarse las relaciones comerciales con los países socialistas en base a los precios vigentes en estos mercados, estos se benefician con el estado de cosas existentes, ya que son, en general, exportadores de manufacturas e importadores de materias primas.

Nosotros debemos contestar honesta y valientemente que esto es así. Pero con la misma honestidad se debe reconocer que aquellos países no han provocado esa situación (apenas absorben el 10 por ciento de las exportaciones de productos primarios de los países subdesarrollados al resto del mundo). Y que, por circunstancias históricas, se han visto obligados a comerciar en las condiciones existentes en el mercado mundial, producto del dominio imperialista sobre la economía interna y los mercados externos de los países dependientes. No son estas las bases sobre las cuales los países socialistas establecen su comercio a largo plazo con los países subdesarrollados...

En muchas oportunidades, los mismos países que reclaman un trato preferencial unilateral a los desarrollados sin exclusión, considerando, por tanto, en este campo a los países socialistas, ponen trabas de todo tipo al comercio directo con aquellos estados, existiendo el peligro de que se pretenda comerciar a través de subsidiarias nacionales de las potencias imperialistas que pudieran obtener así ganancias extraordinarias, por la vía de la presentación de un país dado como subdesarrollado con derecho a la obtención de preferencias unilaterales.[5]

Pensamos que hay otra razón —además de las aportadas por los dirigentes de la revolución— que demuestra la justeza de las tesis de la Revolución Cubana, que corrobora la validez de sus planteamientos.

Carlos Marx, en sus manuscritos que datan de 1857–58, titulados posteriormente *Fundamentos de la crítica de la economía política (Grundrisse)*, nos da a conocer la posibilidad de que dos países intercambien entre sí equivalentes, de modo que se llegue hasta el punto de que ambos obtengan ventajas en dicho comercio y que, no obstante, una nación "explote y robe constantemente a la otra":

> Dos naciones pueden efectuar intercambios entre sí según la ley de la ganancia de manera que ambas se beneficien, aunque una explote y robe constantemente a la otra.
>
> Del hecho de que la ganancia puede mantenerse *por debajo* de la plusvalía, y por tanto el capital puede intercambiarse con ganancia sin que se valorice en el sentido estricto de la palabra, se desprende que no solamente los capitalistas individuales sino naciones enteras pueden constantemente efectuar intercambios entre sí, e incluso repetir dichos intercambios a un ritmo de expansión en constante crecimiento, sin que por ello obtengan ganancias en grados iguales.
>
> Una nación puede apropiarse constantemente de una fracción del plustrabajo de la otra sin darle nada a cambio, excepto que la medida utilizada aquí no es la del intercambio entre capitalistas y trabajadores.[6]

También, en la sección tercera del tomo 3 de *El capital*, titulada "Ley de la baja tendencial de la tasa de ganancia", Marx aborda de forma tangencial el problema que examinamos:

> Otra interrogante —que por su especialización se halla, en realidad, más allá de los límites de nuestra investigación— es la siguiente: ¿resulta acrecentada la tasa general de ganancia en virtud de la tasa de ganancia más elevada que obtiene el capital invertido en el comercio exterior, y especialmente en el comercio colonial?
>
> Los capitales invertidos en el comercio exterior pueden arrojar una tasa de ganancia superior porque, *en primer lugar, en este caso se compite con mercancías producidas por otros países con menores facilidades de producción, de modo que el país más avanzado vende sus mercancías por encima de su valor, aunque más baratas que los países competidores.* En la medida en que aquí el trabajo del país más adelantado se valoriza como trabajo de mayor peso específico, aumenta la tasa de ganancia al venderse como cualitativamente superior el trabajo que no ha sido pagado como tal.
>
> La misma relación puede tener lugar con respecto al país al cual se le envían mercancías y del cual se traen mercancías; a saber, que *dicho país dé mayor cantidad de trabajo objetivado* in natura *[en especie] que el que recibe, y que de esa manera, no obstante, obtenga la mercancía más barata de lo que él mismo podría producirla.* Es exactamente lo mismo que el fabricante que utiliza un nuevo invento antes de generalizarse, vendiendo más barato que sus competidores, no obstante lo cual *vende su mercancía por encima de su valor individual, es decir que valoriza como plustrabajo la fuerza productiva específicamente más elevada del trabajo que ha empleado. De esa manera, realiza una plusganancia.*[7]

La tesis de Che sobre el intercambio desigual alcanza su mayor grado de fundamentación teórica con los párrafos de Marx antes transcritos.

Guevara explicaba que los países socialistas más desarrollados pueden contribuir al desarrollo de los países dependientes y, no obstante, participar en mayor o en menor escala en la explotación de estos últimos, de mantenerse como norma el ejercicio del comercio exterior sobre la base de los mecanismos de mercado y la ley del valor. El país más atrasado saldría beneficiado del comercio con el país socialista desarrollado y, no obstante, parte de sus riquezas se traspasarían al país socialista sin una retribución similar recíproca.

Puede ocurrir "que dicho país [dependiente] dé mayor cantidad de trabajo objetivado *in natura* que el que recibe, y que de esa manera, no obstante, obtenga la mercancía más barata de lo que él mismo podría producirla". Intercambio de *equivalentes*, pero intercambio desigual. Como apuntábamos anteriormente, la solución que plantea Che la avizora con una transformación, una verdadera revolución en las relaciones internacionales entre los países socialistas desarrollados y los países subdesarrollados de orientación socialista. Y él planteaba:

> Un gran cambio de concepción consistirá en cambiar el orden de las relaciones internacionales. *No debe ser el comercio exterior el que fije la política sino, por el contrario, aquel debe estar subordinado a una política fraternal hacia los pueblos.*[8]

Y si la ley del valor no necesariamente debe regir las relaciones comerciales, tampoco debe regir las relaciones políticas entre los países socialistas y los países subdesarrollados de orientación socialista:

No hay fronteras en esta lucha a muerte. No podemos permanecer indiferentes frente a lo que ocurre en cualquier parte del mundo; una victoria de cualquier país sobre el imperialismo es una victoria nuestra, así como la derrota de una nación cualquiera es una derrota para todos. El ejercicio del internacionalismo proletario es no solo un deber de los pueblos que luchan por asegurar un futuro mejor; además, es una necesidad insoslayable.[9]

De todos es conocido el carácter desigual que ha caracterizado el desarrollo del sistema capitalista mundial. Con Lenin y con la Revolución de Octubre descubrimos que la lucha contra el imperialismo y su destrucción no se decidirían en sus primeras etapas, al menos no en una lucha final y frontal. Todo lo contrario. Poco a poco, se irán desgajando una serie de países del sistema capitalista mundial —como ha venido ocurriendo—, países que tomarán el único medio que tienen para construir su nuevo orden social, el comunismo.

Y es una obligación internacionalista del ámbito socialista —sin siquiera considerar todo lo que tiene de conveniente para su propia supervivencia— el acelerar ese proceso y ofrecer ayuda a todo país que realice una revolución anticapitalista, o al menos que manifieste los síntomas de una revolución anticapitalista.

La ayuda oportuna de la URSS a Cuba desde sus primeros enfrentamientos con Estados Unidos permitió que nuestro pueblo resistiera el bloqueo impuesto por el imperialismo y evitó que muriéramos de hambre, contribuyendo con ello a la radicalización acelerada del proceso revolucionario cubano. Che, tanto en su trabajo titulado "Sobre el Sistema Presupuestario de Financiamiento" como en numerosos discursos como los pronunciados en Argel, en Ginebra o en la ONU, exaltó la oportuna y fundamental solidaridad que nuestro país recibió del ámbito socialista, y especialmente de la URSS. El comandante Fidel Castro en su viaje a Chile decía lo siguiente:

> Nuestras relaciones podemos llamarlas, con el campo socialista así, con la palabra buenas. Con la Unión Soviética, muy buenas. ¿Que hemos tenido contradicciones? Sí, en algunos momentos hemos tenido algunas contradicciones. Pero para nosotros está presente el hecho y la circunstancia de que en los momentos decisivos de nuestra revolución, en los momentos de vida o muerte de nuestro país, cuando nos quitaron toda la cuota azucarera, cuando nos quitaron todo el petróleo —y habrían condenado a nuestro pueblo a la muerte por hambre o al exterminio—, cuando preparaban invasiones contra nosotros, nosotros tuvimos el mercado soviético, los abastecimientos de combustibles de la Unión Soviética...
> 
> Nos enviaron todas las armas que nosotros necesitábamos. Y nos han apoyado políticamente. E invariablemente, indefectiblemente, a lo largo de todos estos años nos han dado una extraordinaria ayuda, con un incuestionable espíritu internacionalista...
> 
> Porque aparentemente lo que habían querido es que cuando el bloqueo yanqui, cuando nos quitaron el petróleo y cuando nos iban a invadir, nosotros no hubiéramos tenido nadie que nos ayudara. ¡Qué triste y qué doloroso y qué duro habría sido para los millones de cubanos que esas circunstancias se hubieran presentado! Y ocurrió precisamente la ayuda, la solidaridad.
> 
> Eso es lo que tanto irrita a los reaccionarios, porque descubrieron que por primera vez en el mundo había

la posibilidad de que un pequeño país resistiera, había la posibilidad de que un pequeño país en este continente se pudiera mantener frente a todas esas fechorías y todas esas agresiones.[10]

Che proponía, en suma, que la nueva ética enunciada por Marx y Engels debía estructurarse de forma permanente entre los países socialistas desarrollados o más desarrollados y los países subdesarrollados de orientación socialista que hubieran emprendido la construcción de un nuevo orden social. Así, Guevara citaba en Argel, como ejemplo y valioso antecedente para una nueva normación de los precios, el caso de Cuba con algunos países socialistas:

> Tenemos que preparar las condiciones para que nuestros hermanos entren directa y conscientemente en la ruta de la abolición definitiva de la explotación, pero no podemos invitarlos a entrar si nosotros somos cómplices de esa explotación. Si nos preguntaran cuáles son los métodos para fijar precios equitativos, no podríamos contestar, no conocemos la magnitud práctica de esta cuestión, solo sabemos que, después de *discusiones políticas*, la Unión Soviética y Cuba han firmado acuerdos ventajosos para nosotros, mediante los cuales llegaremos a vender hasta cinco millones de toneladas a precios fijos superiores a los normales en el llamado mercado libre mundial azucarero.[11]

Se reafirma, una vez más, que la práctica de una nueva ética (internacionalismo proletario) no solo debía regir en la fijación de los precios de los artículos destinados al intercambio, pues Che la extiende también al problema de los créditos:

> Analizaremos brevemente el problema de los créditos a largo plazo para desarrollar industrias básicas. Fre-

cuentemente nos encontramos con que los países beneficiarios se aprestan a fundar bases industriales desproporcionadas a su capacidad actual, cuyos productos no se consumirán en el territorio y cuyas reservas se comprometerán en el esfuerzo.

Nuestro razonamiento es que las inversiones de los estados socialistas en su propio territorio pesan directamente sobre el presupuesto estatal y no se recuperan sino a través de la utilización de los productos en el proceso completo de su elaboración, hasta llegar a los últimos extremos de la manufactura. Nuestra proposición es que se piense en la posibilidad de realizar inversiones de ese tipo en los países subdesarrollados.

De esta manera se podría poner en movimiento una fuerza inmensa, subyacente en nuestros continentes que han sido miserablemente explotados, pero nunca ayudados en su desarrollo y empezar una nueva etapa de auténtica división internacional del trabajo basada, no en la historia de lo que hasta hoy se ha hecho, sino en la historia futura de lo que se puede hacer.

Los estados en cuyos territorios se emplazarán las nuevas inversiones tendrían todos los derechos inherentes a una propiedad soberana sobre los mismos sin que mediare pago o crédito alguno, quedando obligados los poseedores a suministrar determinadas cantidades de productos a los países inversionistas, durante determinada cantidad de años y a un precio determinado.

Es digna de estudiar también la forma de financiar la parte local de los gastos en que debe incurrir un país que realice inversiones de este tipo. Una forma de ayuda que no signifique erogaciones en divisas libremente convertibles podría ser el suministro de productos de fácil venta a los gobiernos de los países subdesarrollados, mediante créditos a largo plazo.[12]

Por lo antes expuesto, se impone la evaluación de los acuerdos de cooperación económica entre Cuba y la URSS, ya que *los referidos acuerdos constituyen, precisamente, la materialización de las ideas expuestas por Che.*[13]

Creemos indispensable transcribir a continuación fragmentos de la comparecencia del comandante en jefe Fidel Castro ante los medios de radiodifusión del país, efectuada el 3 de enero de 1973, para informar a nuestro pueblo y al mundo de los acuerdos económicos suscritos con la Unión Soviética:

> Otro de los problemas que tienen los países subdesarrollados es la cuestión de los créditos para el desarrollo. No solo la deuda, sino los créditos para su ulterior desarrollo. En general, esos créditos en el mundo capitalista son escasos, además, son a corto plazo y son créditos con intereses muy altos.
>
> Nosotros, desgraciadamente, en ocasiones tenemos que adquirir equipos e instalaciones industriales en el área capitalista, y los créditos son con altos intereses y a plazos cortos: cinco años y, por excepción, en algunos casos hemos obtenido hasta ocho años.
>
> En ese aspecto se manifiesta mucho la presión del imperialismo en todas partes, y durante muchos años incluso logró que a Cuba no se le concediera crédito de ninguna clase prácticamente en ningún país capitalista. Después, a medida que su influencia en el mundo fue perdiendo peso, se abrieron en cierto modo las puertas del crédito capitalista a Cuba. Pero en general son esas las condiciones para Cuba y para los demás países: de alto interés y a corto plazo.
>
> Otro problema muy serio para los países subdesarrollados es el problema del intercambio desigual, que consiste en el hecho de que los productos del mundo

industrializado tienen cada año más precio. Eso se puede apreciar en cualquier artículo: desde un ómnibus cualquiera, un equipo de construcción cualquiera, un transporte cualquiera, una instalación industrial cualquiera.

Todos esos productos —las materias primas y los demás artículos del mundo industrializado— crecen anualmente de precio. Si nosotros comparamos los precios ahora con los precios de hace 10 años, nos encontramos que esos productos prácticamente valen el doble. Cuestan ahora el doble que hace 10 años cualquiera de ellos, sobre todo los equipos y las instalaciones industriales.

Pero, por otra parte, los productos del mundo subdesarrollado, que por lo general son productos primarios o algunas producciones agrícolas, suelen tener cada año menos precio...

Este es el problema que se ha dado en llamar el problema del intercambio desigual. Es una cuestión que aparece también en todas las conferencias económicas de carácter internacional, en todos los organismos de las Naciones Unidas, uno de los temas que más se debaten.

De modo que el mundo tiene la situación de deudas cada vez mayores, con créditos altos, condiciones apremiantes; créditos para el desarrollo a corto plazo, con intereses muy altos, en condiciones muy duras. Y por último, el intercambio desigual: precios más caros para los productos de los países industrializados, y precios más baratos para los productos de los países subdesarrollados.

Estos son problemas muy serios que preocupan hoy a una gran parte del mundo, y que no tienen hasta ahora solución y no aparece la solución por ninguna parte.

A la luz de estos hechos es como podemos valorar la importancia que tienen estos acuerdos suscritos con la Unión Soviética...

Constituye también, a nuestro juicio, un ejemplo sin precedentes, puesto que nosotros creemos que no existe ningún precedente en la historia de tales relaciones económicas entre un país como la Unión Soviética y un pequeño país como Cuba, dadas las condiciones en que Cuba ha tenido que luchar por su vida, a 90 millas de Estados Unidos, y soportando durante todos estos años —desde el triunfo de la revolución prácticamente— un bloqueo criminal por parte de Estados Unidos...

Creo que las relaciones entre la Unión Soviética y Cuba pasarán a la historia como modelo de relaciones verdaderamente fraternales, verdaderamente internacionalistas y verdaderamente revolucionarias.[14]

Doce días después de haber hablado Fidel, el periódico *Granma*, órgano oficial del Comité Central del Partido Comunista de Cuba, en el editorial titulado "Los convenios con la URSS", subrayaba las ideas esenciales expresadas por Fidel en su intervención. Se daba prueba así, una vez más, de la coherencia ininterrumpida de las posiciones de nuestra revolución y de la indivisibilidad del pensamiento y acción revolucionarios de Che y de Fidel. Se confirmaba que las ideas que vertió Che en 1964 y 1965 —al representar a nuestro país en encuentros internacionales— marcan la senda por la cual han de transitar los países que se entreguen a la tarea de la construcción de la sociedad comunista (tanto aquellos que tienen un alto desarrollo como los que aspiran a lograr ese desarrollo a través del socialismo).

Por todo lo anterior, creemos necesario transcribir también algunos fragmentos del referido editorial:

... porque en los convenios suscritos el objetivo no es ni la ganancia ni la acumulación de riquezas, sino el hombre.

Porque las partes contratantes han reivindicado a ese hombre, y este ha adquirido su verdadera dimensión y toda su dignidad, y ha creado un genuino sentido de justicia e igualdad y trabaja con una conciencia nueva y con un espíritu nuevo...

El valor extraeconómico de los convenios está dado en lo que representan para el mundo como cuestión de principios, en lo que expresan del espíritu internacionalista de la Unión Soviética, en lo que patentizan el sentido de generosidad y desinterés del pueblo soviético.[15]

Che Guevara expresa en sus últimos escritos algunas valoraciones críticas sobre el modo en que los países del ámbito socialista realizaban su comercio, y pasa a describir y a analizar las causas. Veamos algunas de ellas.

Che relaciona constantemente todos los mecanismos de funcionamiento económico con el ideal que pretende alcanzarse, lo real en los países socialistas con los principios éticos y formas de organización y gestión más avanzados. Un ejemplo de lo anterior podemos apreciarlo en la siguiente cita donde Guevara vincula el internacionalismo con las relaciones comerciales:

[Pero si "el comercio exterior se utiliza para dar la más plena satisfacción a las crecientes necesidades"] de la sociedad de que se trate, lo que implica una contradicción con la otra parte. Esto plantea el problema del internacionalismo proletario en las relaciones entre Estados de diferente nivel de desarrollo. Es necesario crear índices de productividad que obliguen al país más desarrollado a vender más barato y a comprar más caro a los países de menor desarrollo o, al menos, vender más barato o comprar más caro.*

Che contrasta la práctica del Consejo de Ayuda Mutua Económica (CAME)[16] con el internacionalismo y las contradicciones existentes en el seno del ámbito socialista:

> La olla de grillos que es el CAME desmiente también esto [se refiere a lo que dice el Manual sobre la "fraternal colaboración" entre los estados miembros del CAME] en la práctica. Se están refiriendo a un ideal que solo puede establecerse mediante el verdadero ejercicio del internacionalismo proletario, pero que lamentablemente falta hoy día.†

Y la nota precedente que escribió Che no deja lugar a dudas de su valoración:

> La última parte del párrafo [se refiere a lo escrito en el *Manual de economía política* de la URSS en relación a las

---

\* Guevara, *Apuntes críticos*, p. 190, donde comenta sobre el siguiente pasaje del *Manual de economía política* de la Unión Soviética:
En consonancia con la ley económica fundamental del socialismo y con las demás leyes de este régimen, el comercio exterior se utiliza para dar la más plena satisfacción a las crecientes necesidades de la sociedad.

† Guevara, *Apuntes críticos*, p. 210, donde comenta sobre el siguiente pasaje:
El desarrollo y el fortalecimiento de la colaboración económica entre los países del sistema mundial del socialismo se basan en una nueva división internacional del trabajo de tipo socialista…
A diferencia de lo que ocurre bajo el capitalismo, la división del trabajo entre los estados del campo socialista no se establece por medio de la coacción y la violencia, mediante una dura lucha de competencia, sino por la vía de la fraternal colaboración y la mutua ayuda socialista entre estados iguales en derechos.

prácticas dentro del campo socialista] es un metódico compendio de inexactitudes. Se dan fenómenos de expansión, de cambio no equivalente, de competencia, hasta cierto punto de explotación y ciertamente de sojuzgamiento de los estados débiles por los fuertes.*

En cuanto a los créditos internacionales y al comercio exterior en el ámbito socialista, Che escribió:

> La forma es esencialmente igual; varía el contenido en alguna medida pero lo inmoral —si tratamos de moral— es cobrar interés por el capital. El *monto* del interés es secundario. Además, los precios y la calidad de los artículos producidos los sitúan muchas veces fuera del mercado internacional capitalista. Hay ejemplos abundantes en Cuba y todo el mundo. La URSS y China han seguido una política más consecuente con el internacionalismo proletario en este aspecto.[17]

La base del comercio es el precio del mercado internacional, y este está tarado por el intercambio desigual. Suponiendo que se den algunas ventajas, como precios fijos durante algunos años, esto no significa anular el intercambio desigual, sino mitigarlo, en todo caso. De ahí que las relaciones de este tipo contribuyan al enriquecimiento del país industrial en desmedro del exportador de materias primas.†

---

* Guevara, *Apuntes críticos*, p. 209, donde comenta sobre lo siguiente: El desarrollo de la colaboración entre todos los países del campo socialista se traduce en la aceleración del auge de la economía de todo el sistema mundial del socialismo. Y esto hace que en el campo socialista no se den ni puedan darse fenómenos de expansión, de cambio no equivalente, de lucha de competencia, de explotación y sojuzgamiento de los estados débiles por los fuertes.

† Guevara, *Apuntes críticos*, p. 212, donde comenta sobre lo siguiente:

Che no se limita a exponer sus críticas al intercambio desigual. Busca también las causas de la dejación de los principios en la práctica política y en la fundamentación teórica de los soviéticos:

> Sería bueno precisar más el punto ["el aspecto económico de la teoría marxista"]. Y sobre todo, cómo interpretan los dirigentes soviéticos el paso al comunismo en un solo país y los problemas de relaciones internacionales, concretamente el carácter cada vez más agresivo del imperialismo norteamericano. Cómo influye el presupuesto de defensa para la URSS y otros países que dependen de su ayuda en el desarrollo de la sociedad. Carácter del intercambio.[18]

Y refiriéndose a la tesis soviética de la "coexistencia pacífica", escribió:

> Esta es una de las más peligrosas tesis de la URSS, que puede aprobarse como una posibilidad extraordinaria, pero no convertirse en el *leitmotiv* de una política. Tampoco ahora las masas son capaces de impedir la guerra, y las manifestaciones contra la de Vietnam se deben a que la sangre corre. Es el heroísmo del pueblo vietnamita en lucha el que impone la solución. La política de apaciguamiento, por otro lado, ha reforzado la agresividad yanqui.*

---

La ampliación de las relaciones económicas de los estados del sistema mundial del socialismo con los países débilmente desarrollados constituye para estos países uno de los medios más importantes de asegurar su independencia económica.

\* Guevara, *Apuntes críticos*, p. 103, donde comenta sobre lo siguiente: En la actualidad, la situación ha cambiado radicalmente. Ha surgido el sistema mundial del socialismo, convertido ya en una poderosa fuerza. Los países del sistema socialista defien-

En el día de hoy —julio de 1984—, en que hago la lectura final de mi investigación iniciada el primero de junio de 1969, y teniendo en cuenta lo vivido en los últimos 10 años bajo el Cálculo Económico y la copia del modelo soviético, puedo afirmar que Che no se equivocó en ninguna de sus afirmaciones y críticas a las prácticas y concepciones comerciales de los países del ámbito socialista, entre ellos y con los países del Tercer Mundo.

Che analizó las consecuencias nocivas del Cálculo Económico y de toda la concepción soviética sobre el socialismo en las relaciones comerciales internacionales. Me atrevo a afirmar que la tendencia actual —en 1984— es la de profundizar estos desvaríos, dejando a un lado el ideal socialista original de la Revolución Bolchevique.

---

den firme y consecuentemente la causa del mantenimiento y el fortalecimiento de la paz entre los pueblos, partiendo de la tesis leninista de que el sistema capitalista y el sistema socialista pueden perfectamente coexistir en paz y competir económicamente entre sí.

*Capítulo 8*

# Che y el trabajo voluntario

Ernesto Che Guevara fue el promotor original en Cuba del trabajo voluntario, que se convierte, en su calidad de factor ideológico, económico y moral, en un elemento importante dentro del sistema de dirección económica desarrollado por Che:

> Porque el socialismo, ahora, en esta etapa de construcción del socialismo y comunismo, no se ha hecho simplemente para tener nuestras fábricas brillantes. Se está haciendo para el hombre integral.
>
> El hombre debe transformarse conjuntamente con la producción que avance, y no haríamos una tarea adecuada si solamente fuéramos productores de artículos, de materia prima, y no fuéramos a la vez productores de hombres.[1]

En esta labor, el trabajo voluntario tiene un valor incalculable. Lenin fue el primero que se percató de ello, y lo dejó plasmado en su artículo "Una gran iniciativa".[2] Este ensayo es de importancia capital y de total vigencia en nuestra década y en las venideras hasta llegar al comunismo, ya que en esta sociedad, cuando el trabajo deje de ser una obligación para convertirse en una necesidad espiritual, será voluntario.

Lenin observa en el trabajo voluntario el germen de una revolución con respecto al trabajo, el inicio de una revolución esencial con respecto al trabajo, ya que representa un modo efectivo de lucha contra el egoísmo pequeñoburgués, contra las lacras heredadas del capitalismo.

En el surgimiento y desarrollo del trabajo voluntario, Lenin subraya la creación de las nuevas relaciones sociales, la nueva actitud ante el trabajo, una nueva disciplina laboral, consciente y libre, de los trabajadores. Habla de la creación de un tipo más elevado de organización social del trabajo que la capitalista: un tipo de organización que conjugue los adelantos científico-técnicos capitalistas con la agrupación de los trabajadores conscientes, el incremento de la productividad del trabajo y la importancia de la emulación socialista.

El pensamiento de Che es un desarrollo lógico de la ideología revolucionaria desarrollada por Marx, Engels y Lenin. El pensamiento del Guerrillero Heroico constituye un rico manantial de ideas y soluciones, de fórmulas socialistas para la construcción de la nueva sociedad. Y el trabajo voluntario es un ejemplo fehaciente de ello.

Una de las tareas más importantes en el período de transición —que debe realizarse simultáneamente a la socialización de la propiedad sobre los medios de producción— es la creación de una nueva actitud ante el trabajo. Y uno de los hechos concretos más significativos de los cambios que generan las relaciones de producción socialistas es el surgimiento de una nueva modalidad de trabajo: el trabajo voluntario. Para Che, el trabajo voluntario "es el que se realiza fuera de las horas normales de trabajo sin percibir remuneración económica adicional. El mismo puede realizarse dentro o fuera de su centro de trabajo".[3]

Con la abolición de la propiedad privada sobre los medios de producción, surge la propiedad social socialista. Esta forma de propiedad determina y condiciona la existencia de otro modo de producción completamente distinto al capitalista. Logra la unión no antagónica de las fuerzas de trabajo con los medios de producción, así como el carácter del trabajo bajo un nuevo principio: la eliminación de la explotación del hombre por el hombre. La fuerza de trabajo deja de ser una mercancía y el trabajo adquiere objetivamente el contenido de relaciones de ayuda mutua y compañerismo. El trabajo empieza a realizarse no solo en interés individual, sino colectivo y social. También sabemos que la socialización de la propiedad sobre los medios de producción no basta para provocar un cambio en los individuos:

> La actitud comunista ante el trabajo consiste en los cambios que van ocurriendo en la mente del individuo, cambios que necesariamente serán largos y que no se puede aspirar a que sean completos en un corto período, en los cuales el trabajo ha de ser lo que todavía es hoy, esa obligatoriedad compulsiva social para transformarse en una necesidad social.[4]

El trabajo voluntario contribuye a que, de manera paulatina, se genere una identidad y sentido de realización individual con la tarea laboral cotidiana.

Por supuesto, también genera un mayor desarrollo económico y, en su realización, los trabajadores rompen los récords de productividad alcanzados en las jornadas de trabajo habituales.

Pero en nuestra sociedad la importancia capital del trabajo voluntario radica en su papel educador. Su objetivo primario es la educación comunista del nuevo hombre. Constituye "una escuela creadora de conciencia. Es el esfuerzo realizado en la sociedad y para la sociedad, como aporte individual y colectivo. Y va formando esa alta conciencia que nos permite acelerar el proceso del tránsito hacia el comunismo".[5] "El trabajo voluntario es parte de esa tarea de educación de que hemos hablado a los compañeros. En los lugares donde no se pueda hacer, no hay que inventarlo".[6]

Pero Che no solo se preocupó de la definición teórica y de la importancia del trabajo voluntario, sino que dedicó iguales esfuerzos a su organización, instrumentación, modalidades, control y desarrollo. Para él, la organización es el elemento primordial del desarrollo del trabajo voluntario. Luchaba para que no se pierda tiempo en este. Destacaba que se hace trabajo voluntario, no con el propósito de quemar energías físicas, sino para incorporarlas "a un trabajo que rinda algo y que sirva de formador de conciencia".[7]

Che percibía el trabajo voluntario como un modo eficaz de dirección:

> Nosotros tenemos, hace dos años, la determinación de que todos los directores del Ministerio [de Industrias] y los directores de empresas vayan el mes de vacaciones a trabajar en la producción. El acuerdo después no se cumplió, porque hay directores que no lo cumplen y nosotros no los forzamos al máximo por considerar que trabajan mucho más de las ocho horas. Y son medidas que conflictivamente no dan ningún resultado, traen nada más que resquemores y cosas de esas. Pero está planteado de ir...

Yo sistemáticamente, antes de las 240 horas [la campaña para completar 240 horas de trabajo voluntario en un año], iba en mi día de vacaciones... Por nada de la vida salía de la producción, porque considero que es útil para uno ir a la producción.

Desgraciadamente la utilidad mía es muy poca, porque yo no puedo hablar con los obreros. Porque cada vez que voy a hablar con un obrero, resulta que ya él no se va, que le toca la guardia de la milicia y todas esas cosas [*risas*]. Pero realmente quisiera estar en un lugar donde la gente puede hablar de verdad y respondiera a las preguntas.

Eso se ha planteado para todos los directores de empresas, que trabajen en sus empresas y trabajen como obreros... Yo iba a la mina El Mono en octubre del 62 cuando vino el molote aquel.[8] Es decir que es una vieja cosa nuestra meternos en la producción.

Ahora nosotros decimos: compañeros, si no quieren, no vayan a trabajar a la producción. Métanse en una fábrica, resuelvan los problemas de una fábrica, pero en una fábrica.[9]

Y en octubre de 1964, retoma el tema nuevamente:

> Es necesario establecer una campaña para el trabajo en fábricas durante las vacaciones [de los directores], instrucciones que habían sido dadas a los directores, y que gracias al trabajo voluntario se ha revitalizado, pero que deben ser tomadas como una verdadera instrucción política. Es imprescindible que directores, administradores y otros dirigentes participen en la tarea manual directamente. Aunque esta será voluntaria y separada de la anterior de democión obligatoria...
>
> Los compañeros que realizan cualquiera de estas tareas de asesoramiento no deberán presentar informes,

salvo que hayan detectado anormalidades que constituyan delitos contra la revolución o contra el estado, para prever y conservar el espíritu de una ayuda desinteresada y cálida de un grupo de gentes o de personas individuales a otras. De manera que todas las debilidades sean analizadas con el solo objeto de superarlas, y que no sirva de ninguna manera como antecedente para tomar acciones futuras.[10]

En la reunión histórica —por su valioso contenido— del 5 de diciembre de 1964, Che explica a sus compañeros del consejo de dirección del Ministerio de Industrias lo siguiente:

> Y nosotros, preocupados ya no solamente por el socialismo, además de eso establecemos —creo que por primera vez en el mundo, ya lo podemos decir sin que suene petulante— por primera vez en el mundo un sistema marxista, socialista, congruente o aproximadamente congruente, en el cual se pone el hombre en el medio. Se habla del individuo, se habla del hombre y de la importancia que tiene como factor esencial de la revolución.
>
> Ahora, no somos capaces de desarrollar los sistemas que hagan que ese hombre rinda lo que debe rendir. Y las fallas en nuestra mecánica hacen que tendamos a convertirlo en máquina. Incluso, cosas como el trabajo voluntario se transforman en mecanismo...
>
> Que el hombre sienta la necesidad de hacer trabajo voluntario es una cosa interna, y que el hombre sienta la necesidad de hacer trabajo voluntario por el ambiente es otra. Las dos deben estar unidas. El ambiente debe ayudar a que el hombre sienta la necesidad de hacer trabajo voluntario.
>
> Pero si es solamente el ambiente, las presiones morales, las que obliguen a hacer al hombre trabajo vo-

luntario, entonces continúa aquello que mal se llama la enajenación del hombre, es decir, no realiza algo que sea una cosa íntima, una cosa nueva, hecha en libertad, sino que sigue esclavo del trabajo.

Y entonces el trabajo voluntario pierde mucho. Y eso nosotros lo vemos, alguna gente lo hace... No hemos sido capaces de darle el contenido que debe tener.[11]

Che insistía en que hay que llevar el trabajo voluntario a las masas con organización y contenido para lograr que las personas se sientan útiles, "es decir, la identificación del hombre con el trabajo es algo que hay que conseguir, hay que organizarlo".[12] Resaltaba la importancia del control: el más estricto control del resultado del trabajo realizado, sin burocratismo.

El total de trabajadores del Ministerio de Industrias que alcanzaron Certificados de Trabajo Voluntario fue de 1,002. Al principio eran 900 y pico; al final han aparecido más. Estas son las cosas negativas, porque todo es trabajo voluntario, todo es expresión del entusiasmo de la gente. Pero sin control no podemos construir el socialismo. Y también el trabajo voluntario hay que controlarlo bien: no burocráticamente, sino controlarlo bien.[13]

El valor del ejemplo de los dirigentes es también esencial para crear una nueva sociedad, y no es ajeno al trabajo voluntario:

Quisiera que todos tuvieran la seguridad... que en nuestro Ministerio trabajamos con el sentido de que es la obligación de los dirigentes el ir a la cabeza. Que cada vez que tratamos de lanzar una consigna, nosotros vamos a la cabeza. Ya sea en trabajo voluntario, ya sea en la capacitación, en cualquiera de las cosas que nosotros consideramos problemas fundamentales, tratamos de ir a la cabeza.

Esa es una vieja herencia histórica del pueblo de Cuba. En todas las luchas de liberación, sus dirigentes han estado a la cabeza, y han sucumbido muchas veces.

Primero, Narciso López, fue fusilado. Después, en otra época, Agramonte murió en acción. Céspedes murió con un arma en la mano, no siendo presidente pero defendiéndose en las zonas rebeldes. Maceo murió en combate. Martí, que no era militar, murió en combate. Máximo Gómez siempre dirigió los combates en primera línea. Después, en nuestra época, Mella fue asesinado también por el imperialismo. Camilo estuvo siempre al frente de sus tropas.[14]

Y por último, compañeros, desde la época de la Sierra, y ahora cada vez que se arma cualquier clase de lío, de cualquier tipo, nuestra preocupación es que ya Fidel va a meterse directamente allí. Y es nuestra preocupación porque lo estimamos y lo respetamos como el dirigente de todos nosotros, como el hombre capaz de dirigir a Cuba en situaciones sumamente difíciles.

Pero es su actitud de no permitir nunca que le impidan llegar a donde él estima que debe estar alentando a su pueblo: en Playa Girón,[15] o en un ciclón, o en cualquier tipo de acontecimiento que demande la presencia de los dirigentes. Es por eso que tiene la confianza, la fe de todo el pueblo. Y es por eso que tiene la estatura que tiene Fidel, no solamente en Cuba, sino en América y en el mundo.[16]

Como modalidades, Guevara aceptaba las siguientes:

> ... el trabajo productivo industrial o agrícola, el trabajo de enseñanza educativa no remunerada, el trabajo téc-

nico. Se le dará categoría de trabajo técnico a la brigada de técnicos que se cree en un momento determinado para la realización de una tarea específica.[17]

Che no concebía que se pudiera realizar en un centro laboral trabajo voluntario en una tarea en la que no se hubiese cumplido antes la norma de trabajo. El trabajo voluntario se desnaturaliza y se distorsiona cuando en este se enmascara la ineficiencia de los cuadros y la indisciplina de los trabajadores. No concebía que se pudiera incumplir la norma de trabajo y luego con trabajo voluntario cubrir la falta de exigencia y la indisciplina. Para Che, tiene más importancia la formación del hombre que el resultado de la labor realizada en el trabajo voluntario.

Para eliminar esta situación, Guevara se empezó a preocupar por los sistemas que motivan al hombre a dar lo que se espera que entregue a la sociedad. Aunque esta preocupación surge en él desde sus primeros trabajos sobre la transición, se revela con mayor fuerza en 1964, y principalmente al final de ese año.

*Capítulo 9*

# El sistema de incentivación

Uno de los elementos del Sistema Presupuestario de Financiamiento que es habitual encontrar distorsionado en una vasta literatura referida a la Revolución Cubana y al pensamiento de Che es el de los mecanismos de incentivación. A menudo intentan identificarse sus propuestas sobre el particular con una concepción romántica e idealista en la que se hace caso omiso de las realidades del proceso de desarrollo de la conciencia social durante el período de transición, para dar paso a una postura voluntarista en la que la conciencia comunista viniese dada por decreto del gabinete.

Muy al contrario. Pese a su fe inquebrantable en la capacidad transformadora de los hombres, Che comprendía que la nueva conciencia era el resultado de un proceso progresivo de transformación de las estructuras sociales vigentes de las que inevitablemente surge. Por lo tanto, reconocía que las posibilidades de transformar al hombre estaban dadas —más que por llamadas a la conciencia— por la transformación de las relaciones sociales de producción y la correcta selección de las palancas motivadoras de su acción.

Apoyado en esta realidad, Guevara articuló un sistema basado en los siguientes pilares:
I. El sistema salarial;
II. Los estímulos;
III. La emulación.

Antes de pasar a desarrollar de forma sintética los aspectos esenciales del tema, queremos subrayar que, para el logro de la mayor efectividad en el trabajo, Che insistía a escala global en tres condiciones:

- Perfeccionamiento de la planificación;
- Organización;
- Exigencia en el control.

No es posible abordar aquí las formas orgánicas que adopta este cuerpo de normas administrativas y sus niveles de gestión. Ahora solo pretendemos subrayar la importancia que tenía y tiene actualmente la toma de conciencia de estos aspectos.[1]

**I. El sistema salarial**

Para Che estaba claro que el sistema salarial que se implantara debía inscribirse, de modo coherente, en la línea política e ideológica de la revolución socialista, o sea, en los principios marxista-leninistas. Pero era consciente de que esa transformación se lograría solo de forma paulatina:

> Porque el salario es un viejo mal, es un mal que nace con el establecimiento del capitalismo, cuando la burguesía toma el poder destrozando al feudalismo. Y no muere siquiera en la etapa socialista. Se acaba, como último

> resto, se agota, digamos, cuando el dinero cesa de circular, cuando se llegue a la etapa ideal, al comunismo.
> En salario —es decir, en dinero— se mide la distinta calificación de todos los que reciben algo por trabajar. En dinero se mide también el espíritu de trabajo de cada uno de los que trabajan en sus distintas calificaciones. El dinero es la única medida que puede abarcarlo todo, y en la época de la construcción del socialismo, en que todavía existen relaciones mercantiles, nosotros tenemos que trabajar con el dinero.[2]

Más tarde precisaría:

> Es decir, nosotros estamos en una época en que la injusticia no es desterrada, no la podemos desterrar absolutamente; no podemos dar a cada cual según su necesidad. Estamos en la construcción del socialismo, tenemos que dar a la gente según su trabajo, tenemos que corregir las injusticias poco a poco, y tenemos que hacerlo discutiendo siempre con los trabajadores.[3]
> 
> Naturalmente, nosotros todavía estamos en la etapa de la construcción del socialismo, del período de transición, en que hay que dar a cada cual según su trabajo, no a cada cual según su necesidad, que es de una etapa posterior.[4]
> 
> El salario es el reconocimiento por parte de la sociedad de que un individuo ha cumplido un deber social. Se basa en las necesidades de los obreros en cada etapa, es decir, es el valor de la fuerza de trabajo por toda, cuyo precio fija la sociedad de acuerdo con su nivel de desarrollo.[5]

Che comprendía que el pragmatismo y el tecnocratismo no son buenos consejeros de las revoluciones. Podían surgir muchas soluciones técnicas a corto plazo, pero algunas podían hipotecar el futuro de la revolución e implicar retrocesos en sus postulados ideológicos. El sistema —y las soluciones para su instrumentación— debía ser analizado no solo desde el punto de vista de las ventajas técnicas y económicas que podía representar, sino también teniendo presente las implicaciones ideológicas que traería aparejadas.

El sistema salarial debía tener por base el principio del pago con arreglo a la cantidad y calidad del trabajo. Debía potenciar los valores comunistas que iban surgiendo en el proceso revolucionario y fomentar la utilización de los estímulos morales. Y, aunque la política salarial adoptada aún hiciera uso de los estímulos materiales todavía vigentes, heredados del capitalismo, debía hacerlo con la necesaria lucidez, de modo tal que no produjera un *desarrollo* de estos, sino todo lo contrario.

Los asuntos relacionados con el salario, la organización, la normación del trabajo y las formas de pago son aspectos de fundamental importancia en el conjunto de todos los elementos que intervienen en la economía y que inciden en el equilibrio de la estructura económica. En el socialismo, asociamos el término *equilibrio* al concepto de *racionalidad del sistema*.

En el capitalismo, el equilibrio se expresa mediante las leyes específicas que actúan en la dinámica del sistema económico, de acuerdo con la racionalidad del mismo. Y la dinámica del sistema tiene su expresión en el mercado. Es precisamente allí donde acude el capitalista en busca de todos los elementos necesarios para realizar su función. Él trata de garantizar la marcha del proceso productivo y de adquirir los medios de producción y la fuerza de trabajo como mercancías. Luego vuelve al mercado para realizar el producto creado y materializar en dinero la plusvalía de que se apropia en el proceso de producción.

Para el capitalista, por lo tanto, el hecho de apropiarse del trabajo excedente del obrero es del todo racional. Por eso, cuando calcula "su costo de producción", lo hace en términos del capital desembolsado. Es decir, para él, costo de producción = C + V, donde "C" es el capital constante y "V" el capital variable.[6]

El capitalista no cuenta en los gastos de trabajo necesarios para la obtención de la mercancía aquella parte del trabajo no retribuido al obrero, de la cual se apropia en forma de plusvalía. La racionalidad del sistema en este sentido está en función de obtener el costo de producción más bajo y de apropiarse en el mercado de la diferencia entre el precio de venta y su "precio de costo".

Al capitalista, como sabemos, no le interesa el valor de uso de la mercancía como un fin, sino como un medio para obtener lo que le interesa: el valor. Por ello, el concepto de efectividad de su gestión viene dado única y exclusivamente por la medida en que pueda extraer más plusvalía del trabajador. En el capitalismo, racionalidad y efectividad son términos que se divorcian del verdadero contenido de su utilidad social. No le interesa producir para satisfacer necesidades con un contenido de tipo social, sino que la actividad de producción se realiza con el único interés de obtener más plusvalía.

Para el logro de los objetivos anteriormente explicados, el sistema capitalista ha desarrollado sus propios instrumentos de organización y control. Las empresas capitalistas modernas cuentan con un eficaz aparato organizativo para su gestión. Las técnicas organizativas del capitalismo han llevado el control hasta los elementos más insignificantes que intervienen en el proceso de producción y distribución. No pueden ignorarse los exigentes métodos de control y normación puestos en práctica tradicionalmente por el capitalismo, y que en su etapa más moderna permiten la medición más precisa de los insumos productivos, inventarios, etc., todo en función de la racionalidad y efectividad del sistema. El salario y la motivación del trabajador constituyen eslabones del sistema necesarios, pero solo se atiende a ellos con el fin de producir más plusvalía.

Si volvemos los ojos al socialismo, es obvio que tenemos ante nosotros conceptos muy distintos en términos de racionalidad y efectividad. Está claro que, para garantizar la mejor gestión, los mecanismos que deben utilizarse son necesariamente distintos.

Cuando Marx define sus ideas acerca del valor y los gastos del trabajo, plantea que el costo de producción real no es aquel anteriormente expresado por C + V, según lo calcula el capitalista individual. Sostiene que, por el contrario, el costo de producción real viene dado por C + V + P, donde "P" (es decir, la plusvalía) también es gasto de trabajo. Es precisamente de ese gasto de trabajo del que se apropia el capitalista cuando realiza su mercancía.

Sin embargo, cuando vamos a estudiar la racionalidad y la efectividad del socialismo como sistema económico, podemos partir de que el producto viene dado en una primera aproximación por C + V + P, donde "P" ya no es plusvalía, sino el "plusproducto" que crea el obrero con un sentido de *efecto social*, resultado opuesto al ya examinado para el capitalismo. Igualmente, los gastos de trabajo necesarios para la obtención del producto deben ser analizados con un sentido diferente de como lo hacemos para el capitalismo.

En el socialismo se produce un producto con el interés de obtener un efecto social distinto, de modo que está claro que van a intervenir elementos de tipo cualitativo que no son tenidos en cuenta en una economía capitalista regida por la ley del valor. Estos elementos cualitativos serán definidos por la política económica que tracen el partido y el gobierno para una etapa determinada. Ya no será la ley del valor —con la espontaneidad del mercado— lo que defina la racionalidad del sistema y su efectividad sobre la base de intereses individuales. La producción en este caso tiene un contenido social específico, divergente del contenido capitalista. Aquí la gestión será consciente, y el sustituto de la ley del valor será la "planificación".

El *control* adquiere una importancia de primer orden, precisamente porque se trata de medir el *efecto social* del esfuerzo productivo y de los gastos de trabajo en un marco donde el desarrollo progresivo de la conciencia del trabajador no garantiza hasta una etapa determinada la materialización de los postulados que plantea la propia racionalidad del sistema. Aquí se vuelve a plantear que el salario y la motivación —con un contenido distinto al de la sociedad capitalista— constituyen tan solo dos eslabones de la cadena que es el sistema. Al respecto, Che señalaba:

> Al entrar en una sociedad nueva, no puede considerarse el trabajo como la parte negra de la vida, sino todo lo contrario. Tenemos que caminar sobre una base fundamental, hacer del trabajo una necesidad moral, una necesidad interna. Ese tiene que ser el proceso educativo de los años que vienen.
>
> Es necesario que se quite el aspecto erróneo, propio de una sociedad explotadora, de que el trabajo es la necesidad desgraciada del hombre, y que aparezca el otro aspecto del trabajo como la necesidad interna del hombre.[7]

Consideramos, en primer lugar, que cuando nosotros vamos a situarnos frente al salario entregando a un trabajador por cumplir una norma de trabajo, no debemos interpretar que le estamos dando un salario por vender su fuerza de trabajo. No podemos decir simplemente que el trabajador trabaja porque si no trabaja no come. En la sociedad socialista o en la construcción del socialismo, el trabajador trabaja porque es su deber social, tiene que cumplir su deber social. Ese deber social es el de rendir un esfuerzo medio, de acuerdo con su calificación, y recibir, por lo tanto, un salario individualizado, de acuerdo con esa calificación, en esta etapa de construcción, en este período de transición y, al mismo tiempo, todos los beneficios que la sociedad otorga.[8]

Para el logro de la efectividad del trabajo en función de su utilidad social, será más importante aún la implantación de los métodos de planificación, organización y control más exigentes, de tal forma que hasta el elemento menos importante que participe en el proceso productivo sea controlado con precisión.

El 26 de diciembre de 1963, Che compareció en televisión para explicar las normas de trabajo y la escala salarial, y responder a las preguntas que le hicieron al respecto. Allí explicó lo siguiente:

> De la época capitalista heredamos una cantidad enorme de salarios distintos, una variedad enorme de salarios distintos para las mismas calificaciones. Como ustedes saben, el salario es el producto, en la época capitalista, de la venta de la fuerza de trabajo, y está influido por la lucha de clases.
>
> Además, Cuba, por el hecho de ser un país neocolonial, dominado por el imperialismo norteamericano, fue en una época campo de inversión de las industrias manufactureras norteamericanas, que aplicaron tasas de salarios que para Cuba eran desconocidas por su generosidad, pero que significaban honorarios varias

veces menores que los que, en las mismas condiciones, recibían los obreros en Estados Unidos.

Todo esto hizo que se acentuara la complejidad del problema salarial y que aumentaran los tipos de salarios. Se puede calcular que en Cuba había unos 90 mil salarios diferentes, y que había aproximadamente unas 25 mil calificaciones salariales diferentes.[9]

De 1959 a 1961, la situación descrita por Che empeoró debido a la lucha de algunos sindicatos por alzas salariales, y también a la política de los burgueses de aumentar los salarios por temor a que se originasen conflictos que desembocaran en la intervención del gobierno revolucionario, o con el fin de desestabilizar la economía por la vía inflacionaria. Además, las administraciones revolucionarias contribuyeron a empeorar el caos existente al fijar salarios arbitrarios.

Se llegó a 1962 con una difícil situación organizativa que podríamos resumir de este modo:

- Gran diversidad de salarios y diferentes tarifas para una misma ocupación.
- Desproporciones salariales entre especialidades.
- Diferentes denominaciones para una misma ocupación.
- Inexistencia de contenidos de trabajo y requisitos de calificación.
- Diversos sistemas de pago para un mismo trabajo.
- Ausencia de normas de trabajo.
- Carencia casi total de técnicos en organización del trabajo.[10]

En 1962, el Ministerio de Industrias y el Ministerio del Trabajo emprendieron la tarea de elaborar un sistema de organización y normación del trabajo íntimamente vinculado a la creación de un sistema salarial.

Este sistema debía convertirse en impulsor del desarrollo de la economía y de la conciencia comunista, y tener en cuenta el insuficiente y pobre nivel de cualificación promedio de la fuerza laboral de nuestro país, desde el punto de vista técnico, para la expansión agrícola e industrial. El sistema salarial que quería crearse debía tender a estimular a los obreros para que elevaran su nivel cultural-técnico y, de este modo, incrementar el desarrollo de nuestro pueblo.

Entre las tareas más importantes acometidas en aquel período, figuraban las siguientes:

- Elaborar la lista y nomenclatura única de ocupaciones;
- Confeccionar los contenidos de trabajo y requisitos de cualificación, y evaluar, desde el punto de vista de su complejidad, más de 10,634 ocupaciones distribuidas en 340 calificadores;
- Reordenar las tarifas existentes (miles), reduciéndolas a unas 41 para toda la economía;
- Clasificar los centros laborales del país a los efectos del personal dirigente;
- Evaluar y clasificar ocupaciones atendiendo a las condiciones laborales anómalas de trabajo;
- Preparar unos 5 mil técnicos en la materia y organizar los aparatos de dirección dedicados a esta actividad;
- Efectuar cursos de adiestramiento para los cuadros de dirección política, administrativa y sindical en todo el país;
- Elaborar una escala única para toda la economía;
- Establecer normas de producción en los centros en los que sea posible hacerlo.[11]

Los elementos componentes del sistema elaborados bajo la dirección de Che pueden resumirse en los puntos siguientes:

A. La escala salarial;
B. Los calificadores de ocupaciones. Cualificación de los trabajadores;
C. Las tarifas;
D. Las normas de trabajo;
E. Las formas y sistemas de pago.

*A. La escala salarial*
Con la escala salarial, Che introducía y sentaba el principio de distribución socialista con arreglo a la cantidad y calidad del trabajo, al establecer los distintos grados de complejidad de los trabajos existentes para todo el país. La escala tenía dos elementos fundamentales: el número de grupos y los coeficientes.

Los grupos determinaban los distintos grados de complejidad que tenían los trabajos, y se establecían en función de la cualificación indispensable que debían tener los obreros, de la tecnología, y de la complejidad y organización de la producción.

Los coeficientes determinaban los distintos grados de complejidad de los grupos en relación con el primer grado, que tenía siempre por coeficiente la unidad. Por ello los coeficientes de los otros grupos expresaban cuántas veces eran más complejos que el primero. Che explicó:

> La primera tarea era llevar todos estos salarios a grupos que reflejaran aproximadamente las mismas características y en los que pudiera condensarse toda esta enorme cantidad de salarios distintos en cuanto a pagos y, además, de calificaciones distintas. Para esto se empezó confeccionando una primera tabla que incluía 12 calificaciones salariales. Después la práctica nos fue mostrando que era mejor, más lógico, llevarlo a solo ocho calificaciones salariales y, al mismo tiempo, apli-

car escalas por trabajos realizados en condiciones peligrosas o nocivas, y desde extrema peligrosidad o extremadamente nocivas, pero sobre la base de las mismas ocho escalas salariales.[12]

En un informe redactado al implantarse el nuevo sistema salarial, se señalaba lo siguiente:

> [La escala] abarca el 98 por ciento de los obreros, quedando aproximadamente solo el 2 por ciento fuera de sus límites. Además, la cantidad de ocho grupos es suficiente para organizar correctamente el salario. Al unificarse las distintas tarifas en ocho grupos se establece, en primer lugar, un incentivo sensible para el obrero a fin de elevar su calificación y, en segundo lugar, se facilita y reduce la forma de computar y contabilizar el salario.[13]

### B. Los calificadores de ocupaciones; cualificación de los trabajadores

Una de las mayores dificultades a la que se enfrentaba la revolución en sus primeros años era el bajo nivel de cualificación de nuestros trabajadores. Che insistía en la necesidad de elevar la capacidad y cualificación técnico-cultural de los trabajadores como requisito para el avance en la construcción de la nueva sociedad. En toda organización del salario de los obreros y de los sueldos de los trabajadores administrativos, personal técnico y dirigente, debía ponerse especial énfasis en el desarrollo e incremento de la cualificación y la capacidad. El sistema salarial propugnado por Che y el Ministerio del Trabajo apuntaba en este sentido. La capacitación constituía uno de los principios y uno de los pilares fundamentales del sistema.

Como hemos señalado, el sistema salarial estaba compuesto por una escala de grupos dividida en ocho niveles o calificaciones salariales. La diferencia existente entre un grupo y otro de la escala no solo viene dada por el salario, sino por el grado de cualificación.

Un trabajador que aspirara a ganar un salario superior al que le correspondería a su grupo salarial podría conseguirlo por el sistema de primas, con el sobrecumplimiento de su norma. Aun así, el sistema de salario a tiempo y con primas estipulaba una limitación: nunca podría pagarse una cantidad tal que igualara las entradas del trabajador con las de los del escalafón o grupo superior en la escala. El trabajador solo podría obtener un nivel salarial superior si se capacitaba.

Che lo explicaba del modo siguiente:

> Se ha impugnado precisamente esta medida de no pagar todo el exceso de cumplimiento... no solamente no se paga una parte del sobrecumplimiento, sino que ese sobrecumplimiento tiene un límite, tiene el límite de su categoría salarial superior...
>
> ¿Por qué? Precisamente para tratar de luchar contra uno de los grandes males que nosotros consideramos que tiene el sistema —que puede ser considerado casi de destajo, el sistema de pago de salario a tiempo, con premio completo— y es el del poco interés por la calificación.
>
> Nosotros exigimos una calificación mayor de los trabajadores. Apelamos a la conciencia de los trabajadores —es nuestro deber— y se responde en general a este llamamiento. Pero además hay que tomar medidas de tal índole que aseguren que sea realmente un imperativo de carácter económico la calificación. De tal manera que el trabajador no podrá llegar nunca a recibir un salario superior al de la tarifa inmediata siguiente a la que él tiene, en la que él está calificado,

por más que sobrecumpla las metas de producción...

De manera tal que nosotros tratamos por todos los medios de que el trabajador comprenda la importancia que tiene calificarse para obtener un salario mayor.[14]

Al abordar el problema de la cualificación, Che no perdió la oportunidad de subrayar su conexión con los otros elementos del sistema:

> Es decir, la calificación de los trabajadores está directamente relacionada con su producción. Y la producción de los trabajadores, la norma de trabajo y de calidad, es el deber social de cada obrero para con toda la comunidad que le da su trabajo, le garantiza la comida a sus hijos, le garantiza el bienestar social mínimo, las atenciones, los servicios mínimos y se preocupa porque estas atenciones y estos servicios vayan creciendo más a medida que aumente nuestra capacidad de producción.[15]

El sistema salarial implantado poseía el calificador de ocupaciones, que servía para calificar los trabajos y determinar a qué grupo de la escala pertenecía cada obrero. Permitía la diferenciación del pago del trabajo en relación con la calificación del obrero, esto es, de la calidad del trabajo. En los calificadores se hacían las descripciones de los diversos trabajos, la calificación requerida y el grupo de complejidad que le pertenecía según la escala. Se hicieron dos calificadores, los de ocupaciones más comunes y las propias a cada rama de la producción.[16]

*C. Las tarifas*
Las tarifas determinaban el nivel de pago del trabajo por hora o por día.

Las tarifas horarias de la escala aprobada son las que siguen:

| I | II | III | IV | V | VI | VII | VIII |
|---|---|---|---|---|---|---|---|
| 0.48 | 0.56 | 0.65 | 0.76 | 0.89 | 1.05 | 1.23 | 1.49 |

La tarifa horaria del primer grupo se fijó en 48 centavos, partiendo de dos factores. En primer lugar, que en este salario comienzan las concentraciones normales de obreros: el 19,11 por ciento de los obreros perciben un salario horario que oscila entre 45–49 centavos. En segundo lugar, porque el salario mínimo establecido por la legislación vigente, de 85 pesos mensuales, coincide con la tarifa horaria establecida para el primer grupo de la escala.

Las tarifas se diferencian según las condiciones en que se realizan los trabajos. Se han establecido tres condiciones de trabajo: normales, nocivas o peligrosas. Los obreros que trabajen en las condiciones del primer tipo percibirán su salario según la tarifa de la escala. En las del segundo, percibirán un incremento del 20 por ciento sobre la tarifa normal. Y en las del tercer tipo tendrán un incremento del 35 por ciento.[17]

Sin embargo, se respetarían los salarios superiores si estos fueron conquistas sindicales de los obreros en el antiguo régimen. En un informe publicado en *Cuba Socialista* sobre el nuevo sistema, se afirmaba:

[El sistema salarial respetará] los ingresos actuales en cada puesto de trabajo o cargo. Esto requiere que los salarios de los obreros que se encuentran por encima de la tarifa correspondiente a su calificación en la escala de grupos se integren en dos partes: *salario tarifado*, que será el básico; y *remuneración adicional*, que es el exceso sobre la tarifa que la revolución conserva por las conquistas de los trabajadores en las viejas luchas libradas contra el régimen capitalista.

Al adquirir los obreros una calificación superior, su salario subirá hasta el que señala la tarifa para dicha calificación. Y la remuneración adicional disminuirá en la misma medida, conservándose dicha remuneración mientras la totalidad de los ingresos del trabajador no se confunda con el salario correspondiente a su calificación en la escala de grupos.[18]

Che explicó lo anterior del modo siguiente en una comparecencia en televisión para dar a conocer el sistema:

Pero ocurrió otro fenómeno muy distinto. Y es que toda una serie de industrias, particularmente las industrias a que me he referido anteriormente, que en general respondían al capital extranjero, y de acuerdo con la lucha establecida por los distintos sindicatos y por los distintos sectores del país, tenían salarios más altos que los que actualmente se contemplan.

En algunos casos las reducciones serían extremadamente grandes. Y en general, naturalmente que sería una medida sumamente impopular el reducir todo a una sola escala salarial, máxime cuando esta escala salarial no se puede decir que sea la escala justa en términos absolutos. Es la escala justa en estos momentos de Cuba. Y por lo tanto, en nuestras condiciones de subdesarrollo es una escala relativamente baja.

Por eso establecimos la retribución adicional, que fue bautizada como "plus" y ha quedado en el conocimiento de todos los obreros como "plus"...

Es decir, que hay un grupo de obreros que recibirán el salario dividido en dos partes: su salario básico —el que le corresponde por alguna de las ocho categorías— y el plus que corresponde a su salario histórico.

Para considerar los premios por sobreproducción, solamente se tendrá en cuenta el salario básico. Sin embargo, todo el salario intervendrá en las penas por no cumplir las normas.[19]

La decisión política adoptada en las circunstancias de la Cuba de 1963 era la acertada, a pesar de que limitaba el principio socialista del pago por el trabajo. De inmediato la economía cubana experimentó un incremento de la productividad, y la proporción entre el salario medio y la productividad se manifestó favorable a esta última. Che, consciente de la importancia del principio socialista, explicó lo siguiente en una intervención que efectuó en una reunión:

> Nosotros entramos en una revolución socialista y estamos construyendo el socialismo. Ahora, el socialismo se construye con trabajo y con sacrificio, y además, siguiendo una serie de normas.
>
> Nosotros no podemos construir el socialismo con obreros que ganen 15 pesos diarios por no hacer nada. ¡Así no se construye el socialismo! Así tendremos que ver cómo hacemos para sobrevivir, pero el socialismo no lo vamos a hacer. Entonces, hay una cosa lógica y de elemental política, que es tratar de no bajar el salario a nadie. Bien, que no se baje el salario a nadie. Pero el nuevo que entre ¿por qué va a entrar recibiendo los beneficios de una vieja lucha sindical que hoy no tiene nada que ver?[20]

*D. Las normas de trabajo*
Guevara consideraba que el sistema salarial que debía implantarse tenía que estar en consonancia con el sistema de organización y normación del trabajo y, a su vez, constituir uno de los pilares fundamentales en los que se asentara esta normación del trabajo.

Desde que fue nombrado ministro de industrias, se preocupó y participó en la tarea de normación del trabajo, discutiéndola e impulsándola en el ministerio y en los centros obreros que visitaba semanalmente, y también en las reuniones con los sindicatos, en las plenarias y en otras actividades.

> Podemos extraer una conclusión muy importante, y es que dentro de la norma tiene que existir la norma de calidad. Y la norma no solo es cantidad, es calidad. Y entonces, la obligación del obrero es producir tanto de tal calidad. Si no produce tanto de tal calidad, no ha cumplido su deber social.[21]
>
> Y cuando nosotros establezcamos nuestras normas de trabajo para establecer los salarios, la norma de trabajo mínima —la que debe cumplir cada obrero, día a día— ese es su deber social. No es lo que él tiene que hacer para ganar un salario, sino que es lo que tiene que hacer por el deber social ante la colectividad, que le ofrece —mediante un salario, mediante las prestaciones sociales que cada día abundarán más— la oportunidad de vivir, de vestirse, de educar a sus hijos, de adquirir cultura y de realizarse cada vez más como individuo humano. Es una pequeña y sutil diferencia siquiera, pero una diferencia educativa que va señalando un rumbo y una intención bien definida y siempre presente.[22]
>
> Las normas de trabajo no pueden tener ningún resultado para la nación, e incluso para la clase obrera, si no se toman medidas organizativas y se mantienen estas medidas ya para siempre. En el momento en que caigan los controles, caerá todo el aparato organizativo que se ha montado, y volveremos a tener las mismas distorsiones que hemos padecido du-

rante estos primeros cinco años de construcción de la nueva sociedad.[23]

Nuestro sistema de normas tiene el mérito de que establece la obligatoriedad de la capacitación profesional para ascender de una categoría a otra, lo que dará, con el tiempo, un ascenso considerable del nivel técnico.

El no cumplimiento de la norma significa el incumplimiento del deber social. La sociedad castiga al infractor con el descuento de una parte de sus haberes. La norma no es un simple hito que marque una medida posible o la convención sobre una medida del trabajo. Es la expresión de una obligación moral del trabajador; *es su deber social*.

Aquí es donde deben juntarse la acción del control administrativo con el control ideológico. El gran papel del partido en la unidad de producción es ser su motor interno y utilizar todas las formas de ejemplo de sus militantes para que el trabajo productivo, la capacitación, la participación en los asuntos económicos de la unidad, sean parte integrante de la vida de los obreros, se vaya transformando en hábito insustituible.[24]

Con estos fragmentos hemos querido destacar —además de la importancia que él daba a las normas reguladoras— el modo en que Che, en la práctica, veía la interconexión entre el hecho económico, la elevación de la producción, la creación de la base material del socialismo y, a la par, la creación de la nueva conciencia. Con su desarrollo la conciencia también constituirá una fuerza material fundamental para el desarrollo de la producción y de la sociedad socialista. También hemos querido subrayar, una vez más, el papel primordial que él le asignaba al control.

### E. Las formas y sistemas de pago

El sistema establecía formas de pago para obreros y para los trabajadores administrativos, técnicos y personal dirigente.[25] Para los obreros, se establecía el trabajo a tiempo normado con primas que vinculaba el salario del obrero a su productividad y a su calificación. Se pagaban primas por los sobrecumplimientos de la norma y del plan de producción. La suma de las primas y de la tarifa, sin embargo, no podía exceder la tarifa del grupo inmediatamente superior.

Los obreros a tiempo que intervenían en trabajos básicos auxiliares —en los que era prácticamente imposible precisar la norma— recibían las primas por los resultados mensuales del trabajo ejecutado. La prima se computaba para ambos casos por el tiempo realmente trabajado. Se otorgaban primas por el sobrecumplimiento del plan de producción, que debía cumplir además los requerimientos de calidad. La prima se pagaba a cuenta del fondo de salario.

Para los trabajadores administrativos, técnicos y personal dirigente, el salario se determinaba por el tiempo trabajado (ocho horas). En el sector productivo se medía su productividad por los resultados finales de la labor de la unidad a la que estos trabajadores estaban vinculados. Se establecieron dos formas de pago: pago a tiempo y pago a tiempo con primas.

La primera se usaba para los que trabajaban en el sector improductivo y para los del sector productivo que trabajaban en los ministerios, oficinas intermedias y oficinas centrales de las empresas. El pago a tiempo se efectuaba con un sueldo fijo en función de una escala.

El pago a tiempo con primas se utilizó en las unidades de producción del sector productivo. Los índices fundamentales para tener derecho a las primas eran el sobrecumplimiento del plan de producción con la calidad requerida y la disminución del costo de producción.

Todos los pagos de las primas estaban debidamente reglamentados, así como los porcentajes y las escalas.

*La implantación general del sistema salarial: etapas*
Durante 1963 se implantó con éxito el sistema —en forma experimental— en 36 establecimientos de la agricultura y en 247 unidades de la industria y los servicios. En junio de 1964, comenzó la segunda etapa con la implantación del sistema en todas las unidades del sector industrial no incluidas en la primera etapa.

La segunda etapa se enunció y se llevó a cabo bajo la misma metodología establecida para la primera etapa. Daba orientaciones sobre el estudio de las ocupaciones, la elaboración de la plantilla y la ubicación de los trabajadores en la misma, el cálculo económico salarial y la realización de asambleas de información del trabajo realizado.

Una vez generalizado el sistema salarial, el Ministerio del Trabajo dictó la Instrucción No. 1 del 24 de abril de 1965, que regulaba la aplicación del salario en los casos de nuevos trabajadores, así como de los ascensos y traslados.

El 17 de mayo de 1965, se dictó la Instrucción No. 2, con la que se inició la tercera etapa de la implantación del sistema para los trabajadores administrativos. Se comprendía en esta designación a aquellos que, posteriormente, fueron clasificados como personal de servicios. Esta tercera etapa quedó definida entre el 17 de mayo, fecha de la referida instrucción, y el mes de diciembre del mismo año.

En sus notas al *Manual de economía política* de la URSS, referidas a la importancia que él le otorgaba a la disciplina laboral, Che escribe lo siguiente:

> La disciplina del trabajo se impone por la fuerza en una sociedad de clases. La socialista es una sociedad de clases, y por ende, debe ejercer la coerción sobre los

trabajadores para implantar su disciplina, solo que lo hará (lo debe hacer) auxiliada por la educación de las masas hasta que la disciplina sea espontánea.

Para ser consecuentes, aquí debían haber puesto la palanca del interés material como factor disciplinante, lo que es cierto. Pero también lo es que va contra la educación comunista, en la forma actual de aplicarse.[26]

*La transformación posterior del sistema salarial*

La tendencia que preconizaba Che era la de acercarnos cada día más al principio socialista. No obstante, el sistema salarial creado por él sufrió una serie de modificaciones posteriores a abril de 1965, lo que, unido a la no observancia de algunas de sus estipulaciones, dieron al traste con el sistema. Resulta importante realizar esta diferenciación, porque muchos confunden o identifican erróneamente esta etapa ulterior con el sistema desarrollado originalmente por Che.

Las modificaciones posteriores, en general, fueron las siguientes:

1. La creación de nuevos sectores productivos, cuyos salarios fueron establecidos por resoluciones especiales dictadas al efecto, que no coincidían con las escalas establecidas.

2. La realización de promociones que no se atenían a los requerimientos de cualificación y otros que establecía el sistema.

3. La Instrucción No. 20, de fecha 4 de agosto de 1967, dictada por la Dirección de Trabajo y Salarios del Ministerio del Trabajo, que contiene el reglamento sobre las condiciones salariales, de manutención, avituallamiento, etc., que regirían las movilizaciones de jóvenes y adultos por dos años hacia el sector agropecuario.

El decreto planteaba: "Estos salarios son fijos y no se verán afectados por el incumplimiento ni el sobrecumplimiento de las normas, ni por la realización de labores correspondientes a otros grupos, ya sean superiores o inferiores a lo que se ha tomado como base para la fijación de su salario".

4. La Instrucción No. 20A de la propia dirección, de fecha de 10 de agosto de 1967, modificaba la anterior y establecía que el salario estaría de acuerdo con lo establecido para los obreros habituales y sujeto al cumplimiento de las normas de trabajo, aunque se mantendría la gratuidad del albergue y la alimentación.

5. Los acuerdos masivos de la Ofensiva Revolucionaria de 1968, de renuncia al cobro de horas extras, propinas, etc.[27]

6. La Instrucción No. 50 de la Dirección de Trabajo y Salarios del Ministerio del Trabajo, de fecha 17 de octubre de 1968, que contenía el reglamento para la aplicación del sistema de salario a tiempo con normas en el sector industrial. El reglamento incluía la eliminación del descuento como penalidad por el incumplimiento.

Es conveniente consignar que el deterioro del aparato administrativo iniciado a partir de los errores cometidos en la aplicación de las medidas tomadas contra el burocratismo en 1969, maduró alrededor de 1968 con la pérdida de los controles económicos —y la normativa estipulada para ellos—, la fluidez y disciplina estadística.[28] Desapareció, incluso, la posibilidad de construir los necesarios macroindicadores para el análisis de la gestión administrativa.

En su Informe Central al Primer Congreso del Partido, Fidel dijo con relación a este punto:

> El salario se desvincula de la norma en 1968. Se estimulan los horarios de conciencia y la renuncia al cobro de horas extras...
>
> Al no tomarse en cuenta la retribución con arreglo al trabajo, el exceso de dinero circulante se incrementó

notablemente ante una escasez de oferta de bienes y servicios, lo que creó condiciones favorables y el caldo de cultivo para el ausentismo y la indisciplina laboral.[29]

Esta situación determinó que la aplicación del salario a tiempo con normas no fuera cabal, ya que la ausencia de controles impedía medir el cumplimiento de las normas. Por otra parte, estas mismas circunstancias posibilitaban graves indisciplinas financieras, como el pago indebido a absentistas y a trabajadores con licencias sin sueldo.

Los efectos negativos se resumen en la siguiente imagen: la fuerza laboral del país recibía un ingreso constante, independientemente de las fluctuaciones en su producción y productividad, y al margen de su disciplina laboral, en unos momentos en que el volumen de bienes de consumo a su alcance decrecía, reduciéndose así también las posibilidades de recaudar ese circulante y provocándose un agudo desequilibrio financiero.

## II. Los estímulos

Este es otro de los elementos del Sistema Presupuestario de Financiamiento desarrollado por Che que se desconocen, confunden o identifican con la etapa ulterior a su partida de Cuba.

Pasemos, pues, a presentar de forma sintética algunos aspectos esenciales del problema, y dejaremos que sea el propio Che, mediante citas, el que exponga su pensamiento al respecto.

La búsqueda de mecanismos de incentivación que difieran de los empleados por el capitalismo está dada por la comprensión de que el socialismo es no solo un hecho económico, sino también un hecho de conciencia.

El socialismo se propone no solo crear un régimen caracterizado por la abundancia de bienes de consumo, sino también una nueva actitud humana ante la sociedad y ante el bienestar que ésta le brinde. De olvidarse el último factor y analizarse la cuestión en un sentido meramente económico y pragmático, conceptos tan antagónicos como "sociedad de consumo" y "comunismo" acabarían identificándose.

En el Informe Central al Primer Congreso del Partido Comunista de Cuba, Fidel dijo lo siguiente:

> En la formación de nuestra conciencia comunista, la elevación del nivel de vida material es, y debe ser, un objetivo noble y justo de nuestro pueblo a alcanzar con su trabajo abnegado, en el medio natural donde vivimos. Pero, a la vez, hemos de estar conscientes de que ese medio es limitado, que cada gramo de riqueza hay que arrancarlo a la naturaleza a base de esfuerzo. Que los bienes materiales se crean para satisfacer necesidades reales y razonables del ser humano. Que lo superfluo debe desecharse, y que nuestra sociedad no puede guiarse por los conceptos, hábitos y desviaciones absurdas con que ha infestado al mundo el decadente sistema de producción capitalista...
>
> El socialismo no solo significa enriquecimiento material, sino también la oportunidad de crear una extraordinaria riqueza cultural y espiritual en el pueblo y formar un hombre con profundos sentimientos de solidaridad humana, ajeno a los egoísmos y mezquindades que envilecen y agobian a los individuos en el capitalismo.[30]

Es obvio que del bienestar material no brota automáticamente una nueva conciencia social. Se precisa de un trabajo sistemático y concreto dirigido a la formación de una nueva sensibilidad humana; trabajo paralelo, y estrechamente vinculado a la construcción económica de la nueva sociedad. Para esta tarea de orden ideológico y de esenciales reformas estructurales, el socialismo debe crear sus propios *instrumentos* de trabajo, sus propios mecanismos de transformación.

La lenta y compleja transformación ideológica plantea durante un tiempo la contradicción "producción vs. conciencia". Es en este período cuando los hábitos de pensamiento inculcados por el capitalismo (ambición individual, egoísmo, etc.) pesan negativamente en el esfuerzo productivo. El cambio de propiedad, o la supresión de la propiedad en los medios de producción, se produce en un instante. La educación mental para el nuevo estado de cosas requiere de un proceso más largo.

Es en este período crítico cuando la tentación de liberar los resortes capitalistas —competencia, estímulo material, libre concurrencia, etc.— pudiera ser muy grande, sobre todo porque cualquier aplicación de los mismos demostraría su eficiencia en el orden *económico*. Che afirmaba:

> En cuanto a la presencia en forma individualizada del interés material, nosotros la reconocemos (aun luchando contra ella y tratando de acelerar su liquidación mediante la educación) y lo aplicamos en las normas de trabajo a tiempo con premio y en el castigo salarial subsiguiente al no cumplimiento de las mismas.[31]
>
> Consideramos que, en economía, este tipo de palanca adquiere rápidamente categoría *per se* y luego impone su propia fuerza en las relaciones entre los hombres... Estímulo material directo y conciencia son términos contradictorios, en nuestro concepto.[32]

Sin embargo, tiene que haber una utilización inteligente y cualitativamente balanceada de ambos (estímulo material y moral).

El proceso debe tender más a la *extinción paulatina y natural* del estímulo material que a su *supresión*. La enunciación de una política de incentivación moral no implica la negación total del estímulo material.

Se trata simplemente de ir reduciendo —más a través de un intenso trabajo ideológico que de disposiciones burocráticas— el campo de acción de aquel.

> Precisa aclarar bien una cosa: *no negamos la necesidad objetiva del estímulo material*; sí somos renuentes a su uso como palanca impulsora fundamental... No hay que olvidar que viene del capitalismo y está destinada a morir en el socialismo.[33]
>
> Ya hemos dicho varias veces que el estímulo material no se considera como eliminado ni mucho menos, sino a eliminar, y lo que hacemos es no situarlo como palanca indispensable, sino como una palanca que desgraciadamente hay que utilizar como residuo de la anterior sociedad.[34]
>
> La etapa de la construcción socialista es de transición. Aún en ella el estímulo material es importante, pero es también lo que va a morir. Pero por el momento hay que darle la importancia que tiene. Hacemos énfasis en los estímulos morales de la sociedad socialista, y consideramos que los estímulos materiales deben ir en descenso hasta que desaparezcan en la sociedad sin clases.[35]

El 2 de mayo de 1962, Guevara se reunió con los obreros delegados extranjeros asistentes al acto en la Plaza de la Revolución por el Primero de Mayo. El delegado de Canadá le preguntó: "¿Cuáles son los incentivos que usarán los cubanos para con los obreros? ¿Hay algunos para aumentar la producción?" De su respuesta extraemos el siguiente fragmento:

> No sé si usted estuvo el 30 de abril en la reunión anual; allí entregamos 45 casas a los trabajadores más distin-

guidos de cada rama industrial. Fueron 44, porque uno renunció a su premio.

Nosotros consideramos que en la etapa de construcción del socialismo deben reunirse los estímulos morales y materiales. En esta etapa de entusiasmo revolucionario le damos mucha importancia al estímulo moral, pero nos preocupamos del interés material de los trabajadores.[36]

El estímulo material es el rezago del pasado. Es aquello *con lo que hay que contar*, pero a lo que hay que ir quitándole preponderancia en la conciencia de la gente a medida que avance el proceso... El estímulo material no participará en la sociedad nueva que se crea; se extinguirá en el camino.[37]

Pero, precisamente, la acción del partido de vanguardia es la de levantar al máximo la bandera opuesta, la del interés moral, la del estímulo moral, la de los hombres que luchan y se sacrifican y no esperan otra cosa que el reconocimiento de sus compañeros.[38]

Ahora bien, si el proceso histórico nos obliga a emplear durante cierto tiempo una palanca que ya sabemos es nociva, se trata de buscar las variantes menos nocivas de la misma, e incluso aquellas que coadyuven a su autoanulación.

Che estudió estas posibles "variantes" y aplicó algunas de ellas. Podemos enumerar las siguientes:

A. El estímulo material en relación con la escala salarial y el pago de primas por sobrecumplimiento de las normas de trabajo y/o el cumplimiento y sobrecumplimiento del plan de producción;

B. El estímulo material en relación con el incumplimiento de las normas de trabajo y de calidad, y el incumplimiento del plan de producción;

C. El estímulo material como premio colectivo;
D. El incremento de la calidad de vida.

El primer caso consistía en la aplicación de una escala salarial que premiaba con sueldos altos los cargos que requerían de una mayor cualificación. Se trataba, pues, del empleo del estímulo material para incentivar el ansia de superación en un país inculto, donde una gran masa de trabajadores no tenía hábitos de estudio.

Por otra parte, como ya expusimos en páginas precedentes, la escala salarial misma resultaba una limitante al estímulo material, ya que el pago de horas extras trabajadas no podía exceder en ningún caso el monto salarial de la escala inmediatamente superior al obrero que las había trabajado.

El segundo caso se desprendía de la comprensión de la norma laboral como un deber social, "deber" que no solo tiene un sentido ético sino también económico:

> Cada cargo tendrá una norma de calidad y cantidad, y entonces habrá calificación de la calidad y la cantidad del trabajo que haga. Y este será pagado desde la escala inferior, si el trabajo es malo en cuanto a cantidad o calidad; o hasta la escala superior si el trabajo es extraordinariamente bueno en calidad o cantidad.[39]

Pero el "desestímulo material" no solo abarcaba a los obreros. También el sistema contemplaba reducciones en los sueldos a técnicos y dirigentes de los establecimientos productivos cuando los resultados de la producción eran inferiores al plan o cuando aumentaba el costo de producción.

Si partimos del hecho de que el dinero continúa siendo un medio de distribución (situación que lógicamente se prolongará durante un período considerable) y no le restamos una cantidad mediante el descuento al obrero que no cumple las normas de trabajo, estamos permitiendo que el individuo en cuestión reciba una cantidad de valores y beneficios sociales a cuya creación ha contribuido en escasa medida.

Es sabido que ningún obrero recibe íntegramente el fruto de su trabajo. El propio Marx señalaba en las *Glosas marginales al programa del Partido Obrero Alemán* que, del total de valores creados por la sociedad, hay que deducir:

*Primero:* una parte para reponer los medios de producción consumidos.

*Segundo:* una parte suplementaria para ampliar la producción.

*Tercero:* el fondo de reserva o de seguro contra accidentes, trastornos debidos a calamidades, etc....

Queda la parte restante del producto global, destinada a servir de medios de consumo.

Pero antes de que esta parte llegue al reparto individual, de ella hay que deducir todavía:

*Primero:* los gastos generales de administración, no concernientes a la producción...

*Segundo:* la parte que se destine a la satisfacción colectiva de las necesidades, tales como escuelas, instituciones sanitarias, etc....

*Tercero:* los fondos de sostenimiento de las personas no capacitadas para el trabajo, etc....

Solo después de esto podemos proceder a la "distribución", es decir, a lo único que, bajo la influencia de Lassalle y con una concepción estrecha, tiene presente el programa, es decir, a la parte de los medios de consumo que se reparte entre los productores individuales de la colectividad.

El "fruto íntegro del trabajo" se ha transformado ya, imperceptiblemente, en el "fruto parcial", aunque lo que se le quite al productor en calidad de individuo vuelva a él, directamente o indirectamente, en calidad de miembro de la sociedad.[40]

Las normas de trabajo sirven como medida de la productividad y del aparato productivo en su conjunto. Cuando un obrero en la sociedad socialista las incumple y sin embargo percibe su salario íntegro además de los servicios sociales gratuitos —educación, medicina, espectáculos deportivos y culturales, retiro, etc.— se convierte en un parásito del esfuerzo colectivo. Ello, aparte de las consecuencias que esta situación, de ser generalizada, acarrea en el orden inflacionario a la economía.

> La norma de producción es la cantidad media de trabajo que crea un productor en determinado tiempo, con la calificación media y en condiciones específicas de utilización de equipo. Es la entrega de una cuota de trabajo que se hace a la sociedad por parte de uno de sus miembros. *Es el cumplimiento de su deber social.*[41]
>
> Las normas de trabajo y de salario, las escalas de salarios, no se hacen para dar más, no se hacen solo para igualar mejor las normas básicas de salarios. Se hacen también para poder detectar y distinguir a los mejores y detectar y castigar, mediante el salario, a los peores, a los que no son capaces de cumplir con su deber.[42]
>
> *Cada norma de trabajo hay que unirla con la conciencia de que es un deber social y no el nivel mínimo con que se cumple el contrato* entre la empresa y el sindicato. Ese contrato no existe porque empresa y trabajadores no son distintos y la propiedad es una sola.[43]

En relación con el tercer caso, se comenzaron a estudiar en 1964 las posibilidades de los premios colectivos en algunas industrias. Se prefirió ser cauto en este terreno.

La orientación fue en este caso la de que el premio, en lugar de ser en metálico, asumiera la forma de algún servicio social necesario y útil para la colectividad de trabajadores.

Allí donde un colectivo hubiera demostrado su condición de destacamento de avanzada al sobrecumplir las metas del plan, se debería entrar a resolver una serie de cuestiones, o al menos algunas de ellas, lo que incluso redundaría en beneficio de la producción. Estas podrían ser la construcción de un círculo infantil, facilidades para becar a los hijos de los trabajadores, un comedor obrero, mejoras en las condiciones laborales, entrega de ropa de trabajo, facilidades para las vacaciones, o incluso una posible microinversión para mejorar la tecnología de la industria en cuestión y alcanzar un mayor grado de productividad con un esfuerzo menor.

Por último, en el ámbito del estímulo material, el más legítimo, sano y siempre válido es el estímulo material que recibe toda la sociedad cuando se establece en los planes económicos la proporción inversión-consumo y se programa científicamente el elevamiento progresivo y sistemático de los niveles de vida históricos de la población. En el mejoramiento cuantitativo y cualitativo de la calidad de la vida cotidiana, el obrero palpa los resultados de su empeño revolucionario y de sus esfuerzos en el campo de la producción.

Al mismo tiempo, todo lo anteriormente expuesto está basado en la más cabal y realista comprensión marxista de que, durante el período de transición al comunismo, cada cual ha de recibir de acuerdo con lo que ha aportado con su trabajo, o sea, de acuerdo con lo que ha aportado en el cumplimiento de su deber social.

Es cierto que tal enunciado determina una serie de injusticias. Hay obreros que, por tener más calificación, ganan altos salarios sin tener que sostener a una gran familia, mientras otros, no menos trabajadores, pero con menor nivel cultural, ganan menos aun cuando de ellos depende una extensa prole. Marx lo explicaba así:

> Pero estos defectos son inevitables en la primera fase de la sociedad comunista, tal y como brota de la sociedad capitalista después de un largo y doloroso alumbramiento. El derecho no puede ser nunca superior a la estructura económica ni al desarrollo cultural de la sociedad por ella condicionado.[44]

Una vez expuesta la concepción de Che sobre el estímulo y el desestímulo materiales, pasamos a mostrar su pensamiento sobre el papel y el peso del *estímulo moral* y el modo en que él lo practicó.

Hemos presentado, en las páginas precedentes, su concepción integral del período de transición al comunismo, particularmente de su primera fase, el socialismo:

- Su negativa al divorcio entre la creación de la base material y el surgimiento de una nueva conciencia en los hombres de la sociedad que se construye.
- Su rechazo al orden de subordinación que realizan algunos teóricos en el que supeditan el desarrollo de la conciencia al "gradual aumento de los bienes de consumo para el pueblo".[45]
- Su clara comprensión de que ambos aspectos deben marchar intrínsecamente unidos, y que el desarrollo de la conciencia acelera más la creación de la base económica.

El estímulo moral es el vehículo idóneo para la formación de la nueva conciencia, como bien lo expresa Fidel en el Informe Central al Primer Congreso del Partido Comunista de Cuba:

Ningún sistema en el socialismo puede sustituir la política, la ideología, la conciencia de la gente, porque los factores que determinan la eficiencia en la economía capitalista son otros que no pueden existir de ninguna manera en el socialismo, y sigue siendo un factor fundamental, y decisivo el aspecto político, el aspecto ideológico y el aspecto moral.[46]

En una reunión del Ministerio de Industrias, Che afirmaba:

No hay que caer tampoco en el espejismo de considerar que el estímulo moral es el centro del Sistema Presupuestario. El centro del Sistema Presupuestario es el conjunto de acciones, dentro del cual lo fundamental es la organización, la capacidad organizativa para dirigir y al mismo tiempo el desarrollo de la conciencia. Y el elemento de desarrollo —sobre todo a niveles de masa, a niveles más generales— es la conjunción del estímulo material correctamente aplicado y del estímulo moral, dándole un énfasis cada vez mayor a este, a medida que van avanzando las condiciones.[47]

Entonces, se está haciendo el centro de todas las cuestiones la discusión "el estímulo moral". Y el estímulo moral no es en sí el centro de toda la cuestión, ni mucho menos. El estímulo moral es la forma, digamos, la forma que nosotros pensamos, la forma predominante que tiene que adoptar el estímulo en esta etapa de construcción del socialismo, pero la forma predominante que tiene que adoptar el estímulo, es decir, tampoco la forma única.[48]

Unos años después, Che continúa clarificando su punto de vista sobre la incentivación de un modo que no deja lugar a dudas:

El error consiste en tomar el estímulo material en un solo sentido, el capitalista, pero castrado. Lo importante es señalar el deber social del trabajador y castigarlo económicamente cuando no lo cumpla. Cuando lo sobrepase, premiarlo material y espiritualmente, pero sobre todo con la posibilidad de calificarse y pasar a un grado superior de técnica.*

De este modo, exponemos la concepción de Che sobre el tema y nos adelantamos a las conclusiones, afirmando que resulta necesario durante la transición una inteligente y revolucionaria combinación de estímulos morales y materiales.

### III. La emulación

En el desarrollo del modelo de dirección económica, Che consideraba la emulación socialista como un elemento

---

* Guevara, *Apuntes críticos*, p. 151, donde comenta sobre el siguiente pasaje del *Manual de economía política*:
  La enorme importancia que entraña el prestar un estímulo material al trabajo, en la fase del socialismo, se halla condicionada por el hecho de que el trabajo, en esta fase, no se ha convertido todavía en una necesidad vital primaria para todos los miembros de la sociedad, en el hábito de trabajar para el beneficio común.
  En la fase del socialismo, aún no se han superado totalmente las supervivencias del capitalismo en la conciencia del hombre...
  El trabajador que posee un grado más alto de calificación, o es más celoso y posee más iniciativa, crea en la misma unidad de tiempo, si las demás condiciones no difieren, una mayor cantidad de productos.
  Como consecuencia de ello, la remuneración de los trabajadores de la producción no puede ser la misma. Tiene que ajustarse tanto a la cantidad como a la cualidad del trabajo. De no ser así, los trabajadores no tendrían ningún estímulo para elevar su calificación e incrementar la productividad del trabajo.

fundamental dentro de la estructura de todo el sistema. A la competencia generada por la ley del valor, Guevara contraponía la competencia fraternal basada en la camaradería socialista que propiciaba la emulación.

La Revolución Cubana se caracterizó desde sus inicios por la amplia participación del pueblo cubano. El estilo de dirección y de trabajo de Fidel y de la vanguardia siempre ha consistido en que el pueblo intervenga tanto en las decisiones simples como en las más complejas.

Che canalizó e instrumentó este estilo en la esfera económica, en el proceso de construcción de la base material y técnica del socialismo. Él velaba porque la emulación no fuera formal y fría, y revisaba constantemente los mecanismos del sistema para no frenarla. Se interesaba no solo por los conceptos y procedimientos del sistema, sino por su traducción en la base. En las visitas a las unidades de producción y servicios, palpaba cómo se concretaba la dinámica revolucionaria de dirección en el obrero con la responsabilidad más simple. Y encontró para ello un vehículo idóneo en la emulación.

Che fue uno de los primeros promotores de la emulación socialista en Cuba. Participó personalmente en su organización en el Ministerio de Industrias, involucrando en ella a otros colectivos de trabajadores que respondían administrativamente a otros ministerios y a la Central de Trabajadores de Cuba.

Organizó y participó en decenas de actos que culminaban etapas emulativas, entregando los certificados y premios a los obreros y colectivos de vanguardia. En las reuniones de trabajo del Ministerio de Industrias se refería a menudo a los conceptos que debían regir la emulación y a sus mecanismos. Veía en ella un magnífico instrumento de incentivación que permitía engarzar la producción de bienes y la creación de la conciencia comunista.

A continuación, transcribimos algunos fragmentos de sus intervenciones en diversas reuniones obreras:

> La emulación tiene que cumplir una gran tarea de movilización de las masas.[49]
>
> ...Que todos estén interesados en la emulación. Que todos los trabajadores comprendan bien la importancia que tiene el resultado de la emulación, que es producir más y mejor, aumentar la producción, aumentar la productividad y aumentar la calidad de los productos, ahorrar el consumo de todas las materias primas...
>
> La construcción del socialismo está basada en el trabajo de las masas, en la capacidad de las masas para poder organizarse y dirigir mejor la industria, la agricultura, toda la economía del país. En la capacidad de las masas para superar día a día sus conocimientos... En la capacidad de las masas para crear más productos para toda nuestra población. En la capacidad de las masas para ver el futuro, saber verlo cercano como está en este momento —cercano en dimensión de historia, no de la vida de un hombre— y emprender con todo entusiasmo el camino hacia ese futuro.[50]
>
> La emulación debe ser la base fundamental del desarrollo de la conciencia socialista y de los logros en la producción y en la productividad.
>
> ¿Qué es la emulación? La emulación es simplemente una competencia, pero una competencia que está dirigida al más noble de los propósitos, como es el de mejorar, el de tener cada centro de trabajo, cada empresa, cada unidad, a la cabeza de la construcción del socialismo...
>
> Para ello, necesariamente debemos recurrir a las masas. Prácticamente, no debiera haber otra fuerza que la fuerza de dirección de las masas, y solamente dar nosotros los consejos técnicos, la forma de valorar, la

forma de medir la emulación, para que los distintos trabajos puedan llevarse a medidas comunes que permitan después cotejar unos con otros.

Al mismo tiempo, también en la emulación tenemos que establecer estímulos, estímulos morales, como son los de verse los obreros individualmente o colectivamente en un centro de trabajo, como los mejores entre los mejores, y también emulación que establezca los estímulos materiales adecuados al momento en que vivimos.[51]

La emulación es una competencia fraternal. ¿Para qué? Para que todo el mundo aumente la producción. Es un arma para aumentar la producción. Pero no solamente eso: es un arma para aumentar la producción y es un instrumento para profundizar la conciencia de las masas, y siempre tienen que ir unidos.

Siempre insistimos en este doble aspecto del avance de la construcción del socialismo. No es solo trabajo la construcción del socialismo, no es solo conciencia la construcción del socialismo. Es trabajo y conciencia, desarrollo de la producción, desarrollo de los bienes materiales mediante el trabajo, y desarrollo de la conciencia. La emulación tiene que cumplir estas dos metas, es decir, estas dos funciones.[52]

En sus notas al *Manual de economía política* de la Academia de Ciencias de la URSS, escribe:

> Este es un concepto mecánico (arbitrario) de la emulación, proceso deportivo en su esencia, colectivizado al máximo por la educación. Debe tener el menor contacto posible con la retribución para calar realmente donde hace falta: en la conciencia de las masas.\*

---

\* Guevara, *Apuntes críticos*, p. 155, donde comenta sobre el siguiente pasaje del *Manual de economía política*:

Y acto seguido, en otra nota, Che escribe refiriéndose a la emulación socialista:

> Este es un auténtico movimiento socialista, al que se debe dar prioridad sobre los otros. En la emulación socialista, debe recibir mayores estímulos el que logre mayores éxitos en la educación de sus compañeros para el trabajo.[*]

Con estos fragmentos también mostramos cómo en el trabajo cotidiano Che no separaba el trabajo técnico de dirección económica de la labor de formación política e ideológica de las masas.

Che continuó profundizando en estos temas cruciales después de abril de 1965. Sabemos por Inti Peredo[53] que,

---

Poderosa fuerza motriz en el incremento de la productividad del trabajo es la emulación socialista. La emulación socialista es el método inherente al socialismo para la elevación de la productividad del trabajo y para el perfeccionamiento de la producción, basado en la máxima actividad de las masas trabajadoras.

Lenin señalaba que el socialismo crea por primera vez la posibilidad de aplicar la emulación con la amplitud realmente grande, en proporciones de masas, abarcando a millones y millones de trabajadores. La meta de la emulación socialista es cumplir y sobrepasar los planes económicos, asegurar el auge ininterrumpido de la producción socialista.

En el desarrollo de la emulación socialista, desempeña importante papel la distribución a base del trabajo. Como el trabajador es retribuido en proporción a la cantidad y calidad de su trabajo, ello estimula la actividad creadora de las masas en el proceso de la producción.

[*] Guevara, *Apuntes críticos*, p. 155, donde comenta sobre lo siguiente: La tarea de la construcción de la base técnico-material del comunismo planteada por el XXI Congreso del PCUS [1959] ha provocado un nuevo auge de la emulación socialista por el cumplimiento anticipado del plan septenal. Ha surgido una nueva forma de emulación: el movimiento de las brigadas del trabajo comunista.

en plena vida guerrillera en Bolivia, Che no solo continuó investigando y escribiendo, sino que organizaba debates para preparar y profundizar en la formación de los cuadros de la guerrilla para que, cuando la revolución triunfara, no se cometieran en Bolivia y demás países del Cono Sur los errores cometidos por los países del ámbito socialista en la construcción del socialismo, de modo que no se perdiera el camino hacia una sociedad desalienada y libre del capital y de sus mecanismos de funcionamiento.

Creo que el simple conocimiento de estas cavilaciones de Che puede ayudarnos a pensar, pues uno de los pilares principales de la obra de Ernesto Guevara de la Serna es invitarnos a pensar con cabeza propia, a indagar, a cuestionar las verdades eternas. A no buscar respuestas incólumes, sin variaciones, sino a sabernos mover en este mundo tan cambiante que nos ha tocado vivir y donde tantas verdades que se han edificado como eternas entran en crisis y apuntan a desmoronarse y a arrastrar a países enteros a la involución y al capitalismo.

Paso a transcribirlas con el propósito de que el lector comprenda que Che continuaba en plena búsqueda, en pleno estudio y análisis, muy alejado de las verdades eternas que nos llegan a través de los manuales y que nos obligan a recitar y a aceptar para obtener un aprobado en filosofía o en economía en nuestros institutos y universidades.

Veamos:

> La tendencia del capitalismo monopolista es la de la producción en serie o automática. En estos tipos de producción, el obrero no puede bajar ni sobrepasar mucho la norma.
>
> La intensificación del trabajo con pago por tiempo, con castigos por no cumplir la norma o pequeños premios por sobrepasarla, es la característica de la pro-

ducción en serie, y el cumplimiento de una norma de calidad, con salario por tiempo, el de la producción automatizada, donde la maquinaria impone el ritmo. La tendencia de la producción moderna es a hacer menos fuerte físicamente el trabajo del hombre.

Nota: Deben existir publicaciones de la OIT [Organización Internacional del Trabajo] o estudios norteamericanos sobre el tema. Se puede comparar con los tipos de salarios de la URSS y los recientes cambios que apuntan al sistema norteamericano moderno.[54]

Y refiriéndose a lo afirmado por el *Manual* citado, en cuanto a la tendencia decreciente del nivel medio salarial, escribe:

Es uno de los puntos más controvertidos de las afirmaciones de Marx, ya tocado en el 11.* Me parece que aquí se impone un estudio en tres partes:
- La tendencia del capitalismo a rebajar el salario medio;
- La necesidad de aumentar la venta de productos, lo que tiende al aumento del valor de la fuerza de trabajo;
- El imperialismo como sistema mundial que tiende a pauperizar países mientras reparte migajas a su clase obrera.

---

* En la nota 11 de sus comentarios sobre el *Manual de economía política*, Guevara escribe:
La tendencia del imperialismo moderno es hacer participar a los obreros de las migajas de su explotación a otros pueblos. Por otra parte, la tendencia al aumento de la producción exige el aumento del consumo, que solo se logra en forma estable cuando nuevos artículos pasan a constituir parte esencial de la vida del obrero y, por lo tanto, participan en la formación de su valor como fuerza de trabajo (radio, televisión, cine, aparatos domésticos, etc.) Este es un punto delicado que, me parece, Marx no trata con suficiente profundidad.
Nota: Estudiar los índices de salarios reales de los obreros de los principales países capitalistas, incluidos aquellos que no pueden ejercer el imperialismo.

Nota: Se puede repasar "Salario, precio y ganancia" y los escritos sobre el tema en el tomo 1 de *El capital*. Es necesario estudiar a fondo esta cuestión.*

Y en otra nota vinculada a la tendencia decreciente del nivel medio salarial, unas páginas después, Che escribe:

> No estoy de acuerdo con esta afirmación para los países imperialistas. Precisamente, el que no sea cierto hace que la masa de trabajadores de los países imperialistas haya dejado de ser la vanguardia de la revolución mundial.
> Nota: Estadísticas actualizadas. Criterio único para determinar el salario real.†

Y otra nota más que nos ofrece la amplitud de miras de Che para realizar un análisis económico. Sé que muchos economistas se escandalizarán al leer esto, y que se preguntarán qué tiene que ver lo que viene a continuación con la tendencia decreciente del nivel medio salarial:

> La misma observación anterior. Obsérvese la cifra de mortalidad de los Estados Unidos en un período largo de años. Consultar algunos manuales de psicología

---

\* Guevara, *Apuntes críticos*, p. 73, donde comenta sobre lo siguiente:
A base del análisis del modo capitalista de producción. Marx llega a la conclusión de que "la tendencia general de la producción capitalista no es a elevar el nivel medio de los salarios sino, por el contrario, a hacerlos bajar". ("Salario, precio y ganancia", en *Obras escogidas*, tomo 2, p. 75)

† Guevara, *Apuntes críticos*, p. 76, donde comenta sobre lo siguiente:
Como ya hemos indicado, bajo el capitalismo, si nos fijamos en su curva de desarrollo durante un período largo de tiempo, el salario real acusa una tendencia a la baja.

industrial y ver si hay estadísticas del esfuerzo exigido por hora de trabajo y por día.*

En la parte en que se aborda en el *Manual* la aristocracia obrera, Che escribe:

> Se insiste en el concepto de aristocracia obrera, que es real, pero se ignora la importancia de la "aristocracia obrera del imperialismo", uno de los fenómenos más importantes del momento actual.
>
> Nota: Ver *El imperialismo*... etc.... [se refiere a *El imperialismo, fase superior del capitalismo*], y "aristocracia obrera" [en el] índice temático.†

En cuanto al porqué el hombre trabaja, escribe Che:

> Hay que examinar el párrafo completo. En la forma que está escrito es un error. El hombre no trabaja para sí mismo, trabaja para la sociedad de que es

---

\* Guevara, *Apuntes críticos*, p. 77, donde comenta sobre lo siguiente: Por regla general, el mayor desgaste de energías físicas y nerviosas que la intensificación del trabajo impone no se ve compensada por la elevación del salario.

† Guevara, *Apuntes críticos*, p. 74, donde comenta sobre lo siguiente: A costa de rebajar los salarios de la gran masa obrera y de saquear a las colonias, la burguesía de los estados imperialistas crea condiciones privilegiadas para un sector relativamente reducido de obreros altamente pagados.

La burguesía utiliza a la llamada aristocracia obrera —formada por este sector al que se pagan salarios altos, por los representantes de la burocracia sindical y de las cooperativas, por una parte de los contramaestres, etc.— para sembrar la división en el movimiento obrero y emponzoñar la conciencia de la gran masa proletaria con las prédicas de la paz de clases y la armonía de intereses entre explotadores y explotados.

parte. Cumple con su deber social.*

Y en cuanto al uso de las primas en el sistema del Cálculo Económico, Che escribe:

Las diferencias establecidas en cuanto a las primas en empresas y en zonas importantes falsea esta ley [la ley económica de la distribución con arreglo al trabajo] (¿y hasta qué punto será ley?)†

Todo esto se produce porque han fallado los estímulos morales. Es una derrota del socialismo.‡

Sostengo que esta es una de las graves fallas del sistema soviético, pues los estímulos morales son olvidados o relegados.§

---

* Guevara, *Apuntes críticos*, p. 150, donde comenta sobre lo siguiente: Por primera vez, después de siglos de trabajar bajo el yugo de otros, bajo el yugo de los explotadores, es posible el trabajo para sí mismo, y un trabajo además basado en todas las conquistas de la cultura y de la técnica más moderna.

† Guevara, *Apuntes críticos*, p. 168, donde comenta sobre lo siguiente: La ley económica de la distribución con arreglo al trabajo determina la necesidad de distribuir los productos ateniéndose directamente a la cantidad y calidad del trabajo de cada trabajador, ofreciendo una remuneración igual para el trabajo igual, independientemente de las diferencias de sexo, edad, raza y nacionalidad de los ciudadanos de la sociedad socialista. Esta ley sirve de base para la remuneración del trabajo, tanto en la industria como en la agricultura.

‡ Guevara, *Apuntes críticos*, p. 170, donde comenta sobre lo siguiente: En igualdad de condiciones, se remunera también mejor a los obreros, ingenieros y técnicos de las empresas y obras de la construcción de las zonas económicas que tienen especial importancia para la vida económica del país, así como al personal de las empresas situadas en comarcas remotas y poco exploradas.

§ Guevara, *Apuntes críticos*, p. 172, donde comenta sobre lo siguiente: ...elevar el papel de las primas para estimular la introducción

Hemos dado variados ejemplos prácticos y teóricos del modo en que Che abordaba y pretendía organizar y estructurar el sistema de incentivación. En los últimos de sus escritos que he conocido, afirmaba:

> El interés personal debe ser reflejo del interés social. Basarse en aquel para movilizar la producción es retroceder ante las dificultades, darle alas a la ideología capitalista. Es en el momento crucial de la URSS, saliendo de una guerra civil larga y costosa, cuando Lenin, angustiado ante el cuadro general, retrocede en sus concepciones teóricas, y el comienzo de un largo proceso de hibridación que culmina con los cambios actuales en la estructura de la dirección económica*...
>
> Pretender elevar la productividad por el estímulo individual es caer más bajo que los capitalistas. Estos aumentan la explotación al máximo de esta manera, pero es la técnica la que permite dar los grandes saltos de calidad en cuanto a la productividad.†

---

de la nueva técnica, la elevación de la productividad del trabajo y la reducción del precio de costo de los productos.

\* Guevara, *Apuntes críticos*, p. 173. El pasaje del *Manual de economía política* sobre el cual está comentando aparece en la p. 104 de este libro.

† Guevara, *Apuntes críticos*, p. 218, donde comenta sobre lo siguiente: Desempeñaron un papel muy importante en la industrialización del país la implantación consecuente del Cálculo Económico y la aplicación de la ley económica de la distribución con arreglo al trabajo, que conjugaba el interés material personal de los trabajadores con los intereses de la producción social. La implantación del Cálculo Económico y la remuneración del trabajo en consonancia con la cantidad y la calidad de este [trabajo] estimulaban el incremento de la productividad del trabajo y contribuían a elevar la calificación de los trabajadores y a perfeccionar los métodos de producción.

Nuestra experiencia en los recientes años en que hemos aplicado el modelo económico soviético —o Cálculo Económico— apunta a presenciar esos mismos males, esas mismas distorsiones y el alejamiento del ideal socialista que Che advirtió que ocurrirían si no retomábamos la senda de intentar crear un camino propio, ajeno a los mecanismos de funcionamiento del capitalismo.[55]

En nuestro caso es aún más dramático porque, a 90 millas del imperialismo más agresivo de la historia de la humanidad, los cubanos no podemos permitirnos el lujo y el derroche de extraviarnos. Porque no solo podemos perder la posibilidad de crear una sociedad más humana, más elevada ética y económicamente, sino que podemos perder la independencia, la soberanía, la dignidad, el acceso a la cultura, al trabajo: todo lo que la revolución de 1959 significó y dio a nuestro pueblo.

*Capítulo 10*

# Los problemas de dirección, organización y gestión de la producción social en el Sistema Presupuestario de Financiamiento

En las páginas precedentes, hemos abordado diversos temas en los que directa o indirectamente se expone la importancia que Che asignaba a los principios, a las funciones y a los métodos de organización y gestión. En el presente capítulo queremos exponer, brevemente, la importancia que Che le confería también a las funciones de control y supervisión.

En el período que va de 1959 a 1967,[1] la actividad práctica y teórica de Che en el proceso de eliminación del capitalismo y la creación del régimen socialista en Cuba le llevó a concebir y desarrollar el Sistema Presupuestario de Financiamiento. Dicho sistema está formado a su vez por los subsistemas de planificación, organización y normación del trabajo, contabilidad y costos, finanzas, precios, control y supervisión, mecanismos de incentivación, política de cuadros, capacitación, desarrollo científico-técnico, información, estadísticas y dirección y participación de los trabajadores, entre otros.

Al introducirse en el mundo de la organización y la gestión, Che trató otros asuntos: la lucha contra la burocracia, el establecimiento de las instituciones económicas de la sociedad socialista y las relaciones entre ellas, las relaciones entre el partido y el estado, las relaciones entre la administración y el sindicato, la utilización del principio del centralismo democrático, los estudios socio-psicológicos de la organización y la gestión, la computación y los métodos económico-matemáticos y la empresa socialista.

Desde octubre de 1959, cuando le fue encomendada la dirección del Departamento de Industrialización del Instituto Nacional de Reforma Agraria, y posteriormente, al hacerse cargo del Banco Nacional y del Ministerio de Industrias, Che se entregó a la tarea de articular un subsistema en el que toda la gestión económico-administrativa estuviera sometida al máximo control. Podemos afirmar que fue el primero que estableció un subsistema de control y supervisión riguroso en los agitados y convulsos primeros cinco años de nuestra revolución.

En cierto modo, el Sistema Presupuestario de Financiamiento, en el aspecto técnico, surgió, se fue delineando y se estableció a partir de este subsistema de control y supervisión.

Che, entre otras materias, estudió concienzudamente la ciencia de la organización, control y gestión de la producción social en Marx, Engels y Lenin. En Marx y Engels halló la exposición de las leyes principales que rigen el tránsito del capitalismo al comunismo, así como las particularidades generales del socialismo y el comunismo y determinados principios fundamentales, algunos de los cuales hemos expuesto ya en el presente trabajo.

También estudió detenidamente a Lenin, pues el líder de la Revolución de Octubre fue el primer marxista que trató y desarrolló los problemas de organización y gestión de la sociedad socialista. Además de aprender los principios leninistas de la organización y la gestión, Che estudió y tomó lo mejor de las técnicas que los monopolios habían implantado en las subsidiarias cubanas.

El subsistema de control y supervisión creado por Che abarcaba desde aspectos a escala nacional hasta aquellos que afectaban al establecimiento o empresa más insignificante. La forma en que lo implantó y logró que funcionara en el Ministerio de Industrias es digna de estudio. Afirmaba que "sin control no podemos construir el socialismo".[2]

Che pensaba que el Sistema Presupuestario de Financiamiento tenía que poner, entre sus pilares fundamentales, subsistemas de contabilidad general y de costos, con el fin de garantizar una óptima dirección y gestión de las empresas y de todo el aparato estatal. Una buena contabilidad y rigurosos análisis de costos permitirían aprovechar al máximo los recursos materiales, laborales y financieros.

> Hoy los costos nos preocupan mucho y tenemos que trabajar sobre ellos insistentemente. Es nuestro modo fundamental de medir la gestión de las unidades o de las empresas cuando los precios se han mantenido fijos.
>
> Y a través del costo —cuando son costos llevados por proceso de producción o por unidad producida—, cuando se ha fijado el costo, cualquier administrador puede detectar inmediatamente hasta problemas tecnológicos: mayor consumo de vapor, defectos en una tapadora, por ejemplo, que desperdicia demasiadas chapas. En una máquina que desperdicia envases en el momento del llenado. En una pesa automática que envía una cantidad mayor de productos en una caja. Cualquiera de esas cosas se puede detectar simplemente por el análisis de los costos.

No quiere decir que, además, no tengan que estar todos los controles de tipo tecnológico. Pero simplemente tener un análisis de costo bien hecho, le permite a cualquier director de empresa o administrador de unidad dominarla totalmente.[3]

El papel primordial que Che le otorgaba a la contabilidad y a los análisis de costos lo llevaba además a la revisión de los detalles que garantizan en última instancia la fiabilidad del dato elaborado y registrado. Se preocupaba tanto del aspecto técnico como del personal que trabajaría en el aparato económico. Opinaba que los encargados de llevar la contabilidad de una fábrica o de cualquier dependencia estatal debían ser compañeros de una disciplina absoluta, porque eran los constantes guardianes del patrimonio nacional, incluso en oposición al director de la empresa.

El problema es que la gente no es perfecta ni mucho menos, y que hay que perfeccionar los sistemas de control para detectar la primera infracción que se produzca, porque esta es la que conduce a todas las demás. La gente puede ser muy buena, pero cuando, basados en la indisciplina, cometen actos de sustracciones de tipo personal para reponer a los dos o tres días, después esto se va enlazando y se convierten en ladrones, en traidores, y se van sumiendo cada vez más en el delito.[4]

Continúa siendo deficiente el sistema de controles, la tarea más importante a resolver en la empresa, por lo atrasada que estaba, y que no ha sido satisfecha y adelantada a cabalidad.

Entre las tareas fundamentales, el análisis económico con énfasis en los costos y la disciplina financiera, no ha sido cumplido por las razones antes apuntadas. No se puede hacer un análisis correcto y tampoco de los costos, si no hay una contabilidad muy precisa que permita actuar para que después la tecnología o la técnica administrativa resuelvan los problemas que se presentan.

Una vez más los problemas de los ajustes, que ha sido un mal endémico y una lacra a la administración revolucionaria, simplemente por falta de controles y sanciones adecuadas. Ello ha hecho incluso que contadores de larga experiencia profesional, que sabían lo que significaba un ajuste en el período capitalista, los hacen actualmente con irresponsabilidad manifiesta, sin el menor escrúpulo.

Este tipo de indisciplina permite la existencia de un mercado negro por la vía sencilla de la sustracción al estado. Es lo que sucede en los almacenes de piezas de repuesto en todos los lugares donde hay productos susceptibles de ser enviados al mercado. Sencillamente, por esta vía, por la vía de la indisciplina con falta de controles, se crean bandas organizadas de ladrones…

Hay muchos individuos que pueden ser funcionarios magníficos y honrados en los controles. Pero si fallan los controles, se convierten en ladrones, pues como conocemos, la naturaleza humana no es perfecta ni mucho menos.[5]

En los consejos de dirección del ministerio, en las empresas, en las periódicas visitas a las unidades de producción, en las reuniones con los sindicatos y los trabajadores, Che no perdía oportunidad para insistir en la importancia de la organización, el control y la gestión:

Para todo este proceso organizativo, es necesario tener controles muy exactos. Los controles empiezan en la base, empiezan en la unidad productiva, y la base estadística suficientemente digna de confianza para sentir la seguridad de que todos los datos que se manejan son exactos, así como el hábito de trabajar con el dato estadístico, saber utilizarlo.

Que no sea una cifra fría, como es para la mayoría de los administradores de hoy, salvo quizás un dato de la producción, sino que es una cifra que encierra toda una serie de secretos que hay que develar detrás de ella. Aprender a interpretar estos secretos es un trabajo de hoy.

Dentro del trabajo de control, también todo lo relacionado con los inventarios: cantidad de materias primas y cantidad de productos, o, digamos, piezas de repuesto, de productos terminados que están en una unidad o en una empresa. Deben tener una contabilidad perfecta y al día. Y que nunca se pierda esa contabilidad, única garantía de que podamos trabajar con cierta soltura de acuerdo con la distancia de donde tenemos que traer nuestros abastecimientos.

Y dentro de los inventarios, también para poder trabajar en una forma científica, hacer el inventario de medios básicos, o de fondos básicos. Es decir: el inventario de todos los equipos que posee la fábrica, para que también se puedan manejar centralmente. Para tener una idea clara de su depreciación, o sea, del tiempo en que se va a desgastar, del momento en que hay que remplazarlo. Y ver dónde y en qué lugar hay un equipo que no se está utilizando al máximo y pueda ser trasladado de un lugar a otro…

Tenemos que hacer análisis de costos cada vez más detallados, que nos permitan aprovechar hasta las últimas partículas de trabajo que se pierde del hombre. El socialismo es la racionalización del trabajo.[6]

No se puede dirigir si no se sabe analizar, y no se puede analizar si no hay datos verídicos. Y no hay datos verídicos si no hay todo un sistema de recolección de datos confiables. Y no hay un sistema de recolección de datos confiables si no hay una preparación de un sistema estadístico con hombres habituados a recoger el dato y transformarlo en números. De manera que esta es una tarea esencial.[7]

En los apartados anteriores hemos apreciado la importancia que Che le otorgaba a las finanzas. Y también trabajó para que estas fueran utilizadas en el control. En este sentido, explicó lo siguiente:

La disciplina financiera es uno de los aspectos más importantes de la gestión de las empresas, de las fábricas. Y consiste en todo lo que se refiere a la gestión en cuanto a las finanzas, tenerlo al día, por ejemplo los pagos y los cobros. Todos los problemas con los contratos. Por ejemplo, un arbitraje que haya que hacer por un producto malo que llega. Todas esas cosas constituyen la disciplina financiera, los controles.[8]

Che no percibía la tarea de control y supervisión ciñéndola solo a las diversas instancias administrativas. Pensaba que también los trabajadores, el sindicato y el partido tenían que ejercerla puntualmente.

La construcción del socialismo y del comunismo era para Che un fenómeno de producción, organización y conciencia. No era solo una tarea administrativo-técnico-económica, sino una tarea ideológica, técnica, política, económica.

Guevara opinaba, como Fidel, que es necesario preocuparse por producir más, pero con mayor eficiencia y con óptima calidad, y que, simultáneamente, es preciso concebir al nuevo hombre que construye y crea la nueva sociedad socialista, que es el hombre que produce, dirige, controla y supervisa. Y que es imprescindible tener control y supervisión para producir con eficiencia y para que el hombre no se corrompa.

También el sistema tiene que obtener la óptima comunicación en el colectivo de trabajo. Voy a transcribir un fragmento de un consejo de dirección de Che, donde se puede apreciar lo que Ernesto perseguía y a lo que aspiraba:

> Un día fui a inspeccionar su sistema y él estaba trabajando.[9] Pero a cada rato dejaba el trabajo, se daba una vueltecita, preguntaba una cosa, un sistema de comunicación que hace que la gente se sienta gente.
>
> Y esa es una prueba de la paradoja que nosotros tenemos. Un sistema socialista hecho por la gente, por gente honesta, por gente sacrificada para la gente, y que todas esas otras gentes no sienten siempre esa comunicación. Se sienten desligados, sienten que todas esas horas de trabajo no son parte de su vida.
>
> Y eso hay que romperlo. Hay una parte de eso que es, digamos, una cualidad innata. Es lo Boti o lo Arcos, y no todos podemos ser Boti o Arcos, eso es evidente.
>
> Y hay otra parte que se aprende. Se aprende porque los capitalistas lo hacen, y seguramente ellos no están muy ligados a la masa y no le tienen ningún cariño a la masa, ni les importa para nada como productor.
>
> Pero lo hacen y lo sistematizan. Y tienen especialistas en esos aspectos, y desarrollan toda una rama científica que se llama psicología industrial. Nosotros tenemos aquí a la doctora Del Cueto, precisamente para tratar de impulsar eso al máximo. Pero muchas veces, vamos a decir que siempre, ha trabajado sola en todas estas cosas.[10]
>
> Y ustedes son testigos de que ha habido siempre una separación, y muchas veces bastante indiferencia y otras veces desconfianza, en ocasiones de tipo filo-

sófico. Porque habían falsos conceptos marxistas de que los hombres son iguales, que no se puede medir la inteligencia del hombre, que no se puede medir el carácter del hombre, etc.: dogmatismo trasnochado.[11]

*Capítulo 11*

# La política de cuadros: la dirección política y el desarrollo del personal administrativo y técnico

¿Cuál era el panorama en los primeros años de la revolución en lo concerniente a la política de cuadros?

> Innecesario sería insistir en las características de nuestra revolución, en la forma original, con algunos rasgos de espontaneidad, con que se produjo el tránsito de una revolución nacional libertadora a una revolución socialista. Y en el cúmulo de etapas vividas a toda prisa en el curso de este desarrollo, que fue dirigido por los mismos actores de la epopeya inicial del Moncada, pasando por el *Granma* y terminando en la declaración del carácter socialista de la Revolución Cubana. Nuevos simpatizantes, cuadros, organizaciones, se fueron sumando a la endeble estructura orgánica del movimiento inicial, hasta constituir el aluvión de pueblo que caracteriza nuestra revolución.
> 
> Cuando se hizo patente que en Cuba una nueva clase social tomaba definitivamente el mando, se vie-

ron también las grandes limitaciones que tendría en el ejercicio del poder estatal a causa de las condiciones en que encontráramos el estado, sin cuadros para desarrollar el cúmulo enorme de tareas que debían cumplirse en el aparato estatal, en la organización política y en todo el frente económico...

Pero con el aceleramiento del proceso, ocurrido a partir de la nacionalización de las empresas norteamericanas, y posteriormente, de las grandes empresas cubanas, se produce una verdadera hambre de técnicos administrativos. Se siente, por otro lado, una necesidad angustiosa de técnicos en la producción, debido al éxodo de muchos de ellos, atraídos por mejores posiciones ofrecidas por las compañías imperialistas en otras partes de América o en los mismos Estados Unidos. Y el aparato político debe someterse a un intenso esfuerzo, en medio de las tareas de estructuración, para dar atención ideológica a una masa que entra en contacto con la revolución, plena de ansias de aprender.[1]

En estas líneas, Che pone de manifiesto la angustiosa situación entonces existente: cuadros forjados en la lucha sin los conocimientos necesarios para llevar a cabo tareas administrativas; aceleración del enfrentamiento con los yanquis y sus secuelas; éxodo hacia Estados Unidos o América Latina de los cuadros intermedios que poseían la teoría y la práctica del *management*; asunción por el pueblo de responsabilidades que hasta ese instante le estuvieron vedadas. No existía una cultura de la administración al margen de los intereses imperialistas.

De este modo, la necesidad de cuadros cualificados se convirtió para la revolución en uno de sus problemas más graves y más difíciles de resolver. Surgió la necesidad simultánea de cuatro tipos de cuadros: el cuadro político, el militar, el económico y el administrativo.

La política de cuadros se conforma como un subsistema del Sistema Presupuestario de Financiamiento, y se basa en las ideas de Che sobre lo que debe ser un cuadro revolucionario. Esta es una idea fundamental por sus múltiples y raras conexiones con todo el mecanismo interno que hace posible el desarrollo y avance de la revolución.

Esbozaremos en los siguientes apartados algunas de las cualidades que para Che debía tener, cultivar y desarrollar un cuadro para dirigir los distintos estamentos de la Revolución Cubana.

A. *El valor del ejemplo*

Esta cualidad es sumamente importante para Che. En la entrega de Certificados de Trabajo Comunista a los obreros destacados que cumplieron con su compromiso moral, lo señalaba del siguiente modo:

> Nosotros tratamos de ser fieles al principio de que los dirigentes deben ser el ejemplo que ha planteado Fidel en reiteradas oportunidades.
>
> Y hemos venido a este acto también, con el compañero [viceministro del Ministerio de Industrias Orlando] Borrego, a recibir nuestros diplomas. No es un acto pueril y no es un acto de demagogia. Es simplemente la demostración necesaria de que nosotros —los que hablamos constantemente de la necesidad imperiosa de crear una nueva conciencia para desarrollar el país y para que se pueda defender frente a las enormes dificultades que tiene y a los grandes peligros que lo amenazan— podamos mostrar nuestro certificado de que estamos siendo conscientes y consecuentes con lo

que decimos, y que, por lo tanto, tenemos derecho a pedir algo más de nuestro pueblo.[2]

## B. El dirigente debe sentir el trabajo como una necesidad natural

El dirigente que vaya al trabajo a ver cómo puede trabajar ocho horas y, si puede dentro de las ocho robarse una y estar pensando en el horario de salida, pues no es dirigente. No sirve para el momento ni para el futuro tampoco. En el futuro esa clase de hombres tiene que ir desapareciendo, porque evidentemente en el comunismo los controles de este tipo desaparecen. Tienen que desaparecer. No puede existir el control para que el hombre trabaje o no; el trabajo debe ser una necesidad natural.[3]

## C. El espíritu de sacrificio

Eso de creer que el socialismo se va a hacer sin el sacrificio de nadie, en medio de la reacción capitalista, eso es un cuento. Eso es imposible, porque alguien se tiene que sacrificar, y todo el mundo tiene que sacrificarse algo de lo que eventualmente podría tener para ir desarrollándose. Ahora, los hombres de vanguardia, en todos los momentos deben ir sacrificándose, hasta que de pronto el sacrificio se transforme en un modo de ser.

Porque les digo, aunque sea un poquito fatuo poner un ejemplo personal, uno está constantemente metido en el trabajo y ha hecho del trabajo una cosa única. Es decir, el hecho de no salir en verano a bañarse en una piscina, al cine incluso, pues realmente cuando a uno el trabajo le interesa —está metido en el trabajo, y está viendo que todo ese esquema responde a una tarea muchísimo más interesante que una distracción de un momento dado— es en verdad elegir entre dos distracciones, entre dos lugares o dos formas de interpretar la vida. Y realmente, en un momento dado ya no cuenta, ya es simplemente un modo de ser.

Entonces, no se tiene que llegar al extremo de decir que aquí tenemos que convertirnos todos en gente que no va a ningún lado, y que se transformen en lectores de papeles y en ratones de oficina. Pero sí toda esta acción de los hombres de vanguardia tiene que traducirse al principio fuerte. Después tiene que traducirse en una cosa natural y se va haciendo el hábito hacia el trabajo, es decir, el momento ese que el trabajo no sea una obligación penosa, sino que sea realmente un acto creativo.[4]

## D. *La austeridad*

Claro que hay peligros presentes en las actuales circunstancias. No solo el del dogmatismo, no solo el de congelar las relaciones con las masas en medio de la gran tarea. También existe el peligro de las debilidades en que se puede caer. Si un hombre piensa que, para dedicar su vida entera a la revolución, no puede distraer su mente por la preocupación de que a un hijo le falte determinado producto, que los zapatos de los niños estén rotos, que su familia carezca de determinado bien necesario, bajo este razonamiento deja infiltrarse los gérmenes de la futura corrupción.

En nuestro caso, hemos mantenido que nuestros hijos deben tener y carecer de lo que tienen y de lo que carecen los hijos del hombre común, y nuestra familia debe comprenderlo y luchar por ello. La revolución se hace a través del hombre, pero el hombre tiene que forjar día a día su espíritu revolucionario.[5]

## E. La sensibilidad humana

Porque yo digo una cosa: sistemáticamente yo voy a una fábrica y encuentro una cantidad grande de críticas de todo tipo, críticas que algunas de las cuales realmente indican que en todo este aparato hay algo que hay que arreglar. En una visita a una unidad de calzado en Matanzas, un obrero me dice: "Mire cómo estoy de polvo aquí. He pedido un ciclón, alguna forma de resolver este problema o que me cambien de trabajo. Mire cómo estoy, que el asma me va a matar".

Entonces hablo con el jefe de la fábrica y le digo: "Oye, mira este pobre hombre. El asma tiene estas cosas. El asma, donde hay polvo de este tipo, un hombre no puede estar. No se puede hacer esa barbaridad".

"Pero es que no se puede cambiar".

"Bueno, pues, hay que cambiarlo o si no, conseguirle un ciclón".

"Bueno, es que en realidad el hombre no tiene asma, lo que tiene es tuberculosis".

Entonces, ¿qué es lo que pasa? Hay una falta de sensibilidad en estos aspectos.[6]

## F. El estar en continuo y permanente contacto con la masa

[Debemos] estar en continuo y permanente contacto con la masa. Y además de eso, compañeros, practicar también el trabajo físico, que es muy bueno, y que hace estar en mayor contacto con la masa e impide esa tendencia un poco natural que hay del hombre que se sienta aquí en esta sillita y que, además, si heredó una oficina de un antiguo gran industrial, tiene aire acondicionado y a lo mejor tiene un termo con café caliente y otro con agua fría. Y entonces tiene cierta tendencia a dejar cerrada la puerta del despacho para que el aire caliente no lo moleste. Ese tipo de dirigente sí no sirve para nada. Hay que desterrarlo.[7]

### G. El capacitarse constantemente

Ahora, eso es fundamental, elemental: capacitación a todos los niveles, tarea esencial del país... Tenemos que plantearnos —claro que esto no va a ser para hoy— que un analfabeto de la era de la técnica [será el] sexto grado. Ahora, un administrador analfabeto de esta misma era, lo mínimo [será] el bachillerato completo, lo mínimo.[8]

Además, a todos los administradores que están escuchándome o que tengan la desgracia de leer o de enterarse mañana, vamos a seguir haciéndoles estudiar de todas maneras. Y van a seguir estudiando mientras sean administradores.[9]

### H. La discusión colectiva y la responsabilidad de la decisión única

Hace un tiempo se escribió un artículo sobre las tareas del administrador revolucionario. Todos los conceptos más o menos son conocidos por ustedes y no quiero insistir sobre ellos. Pero sí hay uno que es muy importante, que es el concepto de la discusión colectiva, este en que hemos insistido, y de la responsabilidad de la decisión y de la responsabilidad única.

Es decir, que ustedes deben acordarse siempre que son —en el momento de tomar las decisiones de acuerdo con las indicaciones y la línea general del ministerio o de la empresa a que pertenezcan— los capitanes del barco que en ese momento están gobernando.

Sepan individualizar estas dos funciones, compañeros. Sepan que se debe discutir y se debe aprender de la discusión, y saber discutir inteligentemente, para encontrar todos los conceptos necesarios para tomar la decisión.

Pero esa decisión va a ser responsabilidad de ustedes, de lo bueno o de lo malo que hagan, que se haga en todo el centro de trabajo. Serán ustedes los responsables en definitiva, de modo que hay que aprender a trabajar colectivamente, pero con un concepto de dirección.[10]

## I. El administrador, un cuadro político: necesidad permanente de superarse ideológica y políticamente

Hace bastante tiempo, una vez que tuve que hacer una rectificación pública (aunque la gente no se acuerda mucho de lo que uno dice, por cierto). En un congreso de la Central de Trabajadores de Cuba dije una cosa —y hoy digo que es totalmente absurda— que "el administrador no debe ser, no es un dirigente político como ustedes, es un dirigente administrativo".

Y esa afirmación no solamente es absurda, sino que además está contra los principios que nosotros defendemos en el Sistema Presupuestario. Nosotros tenemos que convertir al administrador en un cuadro político-administrativo de calidad de dirigente.[11]

Otra serie de cualidades que debe tener el administrador —y que aparecen señaladas a lo largo de los discursos y escritos de Fidel, Raúl Castro, Che y demás dirigentes de la revolución— son, a saber: que dirigir es conducir y educar; poseer y cultivar la modestia, la sencillez, el valor, la firmeza y la honestidad; ser disciplinado y a la vez combativo; y saber tener una actitud correcta cuando se señalan errores.

La revolución abrió diversas escuelas de administradores para preparar cultural y técnicamente a los distintos cuadros que llevarían la dirección de las empresas capitalistas nacionalizadas. Para suplir la falta de experiencia y los escasos conocimientos de los administradores, Che ordenó emitir un manual de hojas intercambiables para administradores de fábricas y talleres. Él mismo participó en su confección, e hizo un estrecho seguimiento para que se renovaran periódicamente las hojas obsoletas.

Como puede apreciarse en su estructura y contenido, este manual suministraba al administrador los conocimientos necesarios para su labor. Su lectura nos da la naturaleza y profundidad del pensamiento de Che, su forma insuperable de unir la teoría a la práctica, el modo de poner la teoría al servicio de la práctica, y el genuino estilo leninista y fidelista como forma de enriquecer la teoría y desarrollarla.

# Conclusiones

Aun a riesgo de parecer repetitivo, he querido recoger a manera de conclusiones las ideas desarrolladas hasta aquí.

1. A lo largo del estudio del pensamiento económico de Che, puede captarse en toda su dimensión la importancia de la conjugación dialéctica de tres factores: la inviolabilidad de las leyes generales que rigen la formación económico-social comunista, el aprovechamiento de las experiencias de los países socialistas hermanos, y las características concretas nacionales o de una región. No tener en cuenta el primero de estos factores es caer en brazos del idealismo y del voluntarismo. No prestar atención a los otros dos es hundirse en el desconocimiento dogmático antidialéctico.

2. El socialismo no es un sistema acabado perfecto, en el que se conocen todos los detalles y están inscritas todas las respuestas. Nuestro sistema tiene fallas, deficiencias y aspectos aún por desarrollar. El pensamiento económico, político e ideológico de Che buscó solu-

ciones —siempre dentro de los principios socialistas— a los problemas concretos de la implantación del régimen socialista en Cuba y a las fallas que se presentan en nuestro sistema.

Che, siguiendo las orientaciones de Fidel, buscó "fórmulas socialistas a los problemas y no fórmulas capitalistas, porque no nos damos cuenta y empiezan a corroernos, empiezan a contaminarnos".[1]

3. En sus trabajos sobre el período de transición, Che lleva a cabo una síntesis de dos elementos que en la obra de Marx y Engels aparecen indisolublemente ligados, como un todo único. El primero de estos elementos es la producción económica. El segundo es la producción y reproducción del modo de actividad mediante el cual se realiza la producción económica; esto es, las relaciones sociales que los hombres establecen en el proceso de producción y fuera de este.

La originalidad de Che en este aspecto está en el hecho de haber defendido estos y otros importantes principios del marxismo-leninismo en la teoría económica del período de transición al comunismo a partir de las nuevas variables presentes, derivadas del sistema socioeconómico y político que le tocó vivir.

4. De la sentencia anterior se deriva que existe una vinculación dialéctica entre el modelo de dirección económica de la sociedad socialista y las formas de la conciencia social que lo acompañan. Las relaciones económicas que emergen de las estructuras del modelo de dirección económica condicionan esencialmente y deciden la configuración y las posibilidades de desarrollo de la conciencia social. Por ello, la efectividad del modelo transicional *no* puede evaluarse exclusivamente por la optimización de los recursos a su alcance, y tampoco por el monto cuantitativo de los beneficios y utilidades

obtenidos por sus empresas, sino por su capacidad de armonizar los objetivos estratégicos y tácticos, sociales y económicos.

5. El Sistema Presupuestario de Financiamiento creado por Che "es parte de una concepción general del desarrollo de la construcción del socialismo y debe ser estudiado entonces en su conjunto".[2]

Ernesto Che Guevara de la Serna siguió desarrollando el Sistema Presupuestario de Financiamiento incluso mientras participaba en la lucha guerrillera del Congo y de Bolivia, porque estaba persuadido de que el Cálculo Económico no conducía ni al socialismo ni al comunismo.

> Siempre ha sido oscuro el significado de "Cálculo Económico", cuya significación real parece haber sufrido variaciones en el transcurso del tiempo. Lo extraño es que se pretenda hacer figurar esta forma de gestión administrativa de la URSS como una categoría económica definitivamente necesaria.
>
> Es usar la práctica como rasero, sin la más mínima abstracción teórica, o peor, es hacer un uso indiscriminado de la apologética. El Cálculo Económico constituye un conjunto de medidas de control, de dirección y de operación de empresas socializadas, en un país dado, en un período con características peculiares.[*]

Che llama la atención sobre el contrasentido de los soviéticos:

> Todos los residuos del capitalismo son utilizados al máximo para eliminar el capitalismo. La dialéctica es

---

[*] Guevara, *Apuntes críticos*, p. 174. El pasaje del *Manual de economía política* sobre el cual está comentando aparece en las pp. 136–37 de este libro.

una ciencia, no una jerigonza. Nadie explica científicamente este contrasentido.*

6. Para Che:

El socialismo económico sin la moral comunista no me interesa. Luchamos contra la miseria, pero al mismo tiempo luchamos contra la alienación. Uno de los objetivos fundamentales del marxismo es hacer desaparecer el interés, el factor "interés individual" y provecho de las motivaciones psicológicas.

Marx se preocupaba tanto de los hechos económicos como de su traducción en la mente. Él llamaba eso un "hecho de conciencia". Si el comunismo descuida los hechos de conciencia, puede ser un método de repartición, pero deja de ser una moral revolucionaria.[3]

7. Che pensaba que la transformación de la conciencia humana debía comenzar en la primera fase del período de transición del capitalismo al comunismo. Opinaba que la creación de la nueva conciencia social requería el mismo esfuerzo que el que dedicáramos al desarrollo de la base material del socialismo. Y veía en la conciencia un elemento activo, una fuerza material, un motor de desarrollo de la base material y técnica.

Che estimaba que la sociedad socialista debe construirse con los hombres que luchan por salir del cieno burgués, pero no sometiéndose a sus motivaciones pasadas. Hay que conjugar lo viejo y lo nuevo de forma dialéctica y desde principios socialistas.

---

* Guevara, *Apuntes críticos*, p. 206. El pasaje del *Manual de economía política* sobre el cual está comentando aparece en la p. 137 de este libro.

8. Como economista revolucionario, Che no perdía nunca de vista que, en el socialismo, la formación de un nuevo tipo de relación humana debía ser el objetivo central de todo esfuerzo, y que los demás factores serían positivos o negativos en la medida en que contribuyeran a acelerarlo o alejarlo.

De otro modo se correría el gravísimo riesgo de que la necesidad de trascender la miseria acumulada durante siglos llevara a la vanguardia revolucionaria a situar el éxito productivo como la única meta central, perdiendo de vista la razón de ser de la revolución. La persecución de logros puramente económicos podría llevar a la aplicación de métodos que, aunque resultaran económicamente exitosos a corto plazo, hipotecarían el futuro revolucionario por el progresivo deterioro del proceso de concientización.

En este sentido, Fidel afirmaba:

> A mi juicio, el desarrollo de la sociedad comunista es algo en que el crecimiento de las riquezas y de la base material tiene que ir aparejado con la conciencia, porque puede ocurrir, incluso, que crezcan las riquezas y bajen las conciencias...
>
> Tengo la convicción de que no es solo la riqueza o el desarrollo de la base material lo que va a crear una conciencia, ni mucho menos. Hay países con mucha más riqueza que nosotros, hay algunos. No quiero hacer comparaciones de ninguna clase, no es correcto. Pero hay experiencias de países revolucionarios donde la riqueza avanzó más que la conciencia. Y después vienen, incluso, problemas de contrarrevoluciones y cosas por el estilo.
>
> Puede haber, quizás, sin mucha riqueza mucha conciencia.[4]

Con una clara visión de estos problemas, Che seleccionó cuidadosamente los elementos que integrarían el Sistema

Presupuestario de dirección de la economía, sus formas institucionales, sus mecanismos de control y motivación, etc. A 90 millas de las costas imperialistas, el socialismo no se podía permitir el lujo de que "que los árboles impidan ver el bosque" y errar el camino.[5]

Para Che:

> El comunismo es un fenómeno de conciencia y no solamente un fenómeno de producción; y que no se puede llegar al comunismo por la simple acumulación mecánica de cantidades de productos puestos a disposición del pueblo. Ahí se llegará a algo, naturalmente, de alguna forma especial de socialismo.
>
> Eso que está definido por Marx como comunismo y lo que se aspira en general como comunismo, a eso no se puede llegar si el hombre no es consciente. Es decir, si no tiene una conciencia nueva frente a la sociedad.[6]

Para Che, "productividad, más producción, conciencia, eso es la síntesis sobre la que se puede formar la sociedad nueva".[7]

9. Uno de los principales méritos teóricos de Che es, sin duda, su comprensión acerca de las complejas relaciones entre la base y la superestructura durante la transición socialista. La forma en que cada una de las nuevas estructuras económicas e instituciones repercute, se expresa y condiciona las motivaciones del hombre corriente resulta un aspecto vital que debe ser tenido en cuenta en cualquier ensayo sobre el período de transición.

Esta comprensión del fenómeno base-superestructura en esa etapa le permitía asumir una posición revolucionaria en relación con la economía socialista, en la que la racionalidad económica *per se* no aparecía como indicador seguro de la transformación revolucionaria. Y le servía a Che para no perder el rumbo y tener muy en cuenta las relaciones que se iban desarrollando en la base, de modo que la superestructura se correspondiera con la determinación de construir verdaderamente una sociedad ajena a los principios capitalistas. Y viceversa.

Che tenía como espejo lo que acaecía en la URSS:

> Se sabe desde viejo que es el ser social el que determina la conciencia, y se conoce el papel de la superestructura. Ahora asistimos a un fenómeno interesante, que no pretendemos haber descubierto pero sobre cuya importancia tratamos de profundizar: la interrelación de la estructura y de la superestructura.
>
> Nuestra tesis es que los cambios producidos a raíz de la Nueva Política Económica (NEP) han calado tan hondo en la vida de la URSS que han marcado con su signo toda esta etapa.
>
> Y sus resultados son desalentadores. La superestructura capitalista fue influenciando cada vez en forma más marcada las relaciones de producción y los conflictos provocados por la hibridación que significó la NEP se están resolviendo hoy a favor de la superestructura. Se está regresando al capitalismo.[8]

10. Guevara pensaba que la perdurabilidad y el desarrollo de las leyes y categorías económicas del capitalismo perpetúan las relaciones sociales de producción burguesa, y con ellas los hábitos de pensamiento y motivaciones de la sociedad capitalista, aunque ahora el fenómeno se ha metamorfoseado bajo formas socialistas.

Esta convicción de Che no era fruto de un extremismo dogmático ni del temor al "contagio" capitalista. Al mismo tiempo que denunciaba con vehemencia los peligros implícitos en el intento, por parte de algunos economistas, de entender la economía socialista mediante las categorías de la economía política del capitalismo, él señalaba la posibilidad de apoderarse de las últimas adquisiciones técnico-económicas capitalistas en materia de control, organización y contabilidad de las empresas y la producción.

Sin embargo, Che no propugnaba el uso de categorías de la economía política del capitalismo, tales como "mercado", "interés", "estímulo material directo", "beneficio". Él pensaba que:

> Todo parte de la errónea concepción de querer construir el socialismo con elementos del capitalismo sin cambiarles *realmente* la significación. Así se llega a un sistema híbrido que arriba a un callejón sin salida o de salida difícilmente perceptible que obliga a nuevas concesiones a las palancas económicas, es decir, al retroceso.*

En este sentido, cabe señalar también la insistencia de Guevara en que no se empleasen términos tomados de la economía política capitalista para describir o expresar los fenómenos de la transición. El insistía en esto no solo por la confusión que implicaba en el análisis, sino porque el empleo de tales categorías va configurando una lógica en la que el pensamiento marxista queda desnaturalizado.

> Es muy discutible la existencia de estas llamadas categorías económicas. A los más, se podría decir que son categorías económicas de la URSS, no del socialismo (Cálculo Económico, por ejemplo).†

---

\* Guevara, *Apuntes críticos*, p. 126.

† Guevara, *Apuntes críticos*, p. 135. El pasaje del *Manual de economía política* sobre el cual está comentando aparece en la p. 110 de este libro.

11. El Sistema Presupuestario de Financiamiento fue el modo en que se organizó la economía cubana en el sector industrial en una fase muy temprana de la revolución socialista.

12. Para la conformación del sistema, Guevara se basó en:

- Las técnicas de computación aplicadas a la economía y a la dirección, y los métodos matemáticos aplicados a la economía.
- Las técnicas de programación y control de la producción.
- Las técnicas del presupuesto como instrumento de planificación y control por medio de las finanzas.
- Las técnicas de control económico por métodos administrativos.
- Las experiencias de los países socialistas.

13. La planificación debe calificarse como la primera posibilidad humana de regir las fuerzas económicas. Constituye el elemento que caracteriza y define en su conjunto al período de transición y a la sociedad comunista.

> Este es el punto más débil, para mí, de la llamada economía política socialista. La ley fundamental citada puede ser de orden moral, colocarse a la cabeza del programa político del gobierno proletario, pero nunca económico.
>
> Por otra parte, ¿cuál sería esta ley económica fundamental, en caso de existir? Creo que sí existe y que debe considerarse a la planificación como tal.
>
> La planificación debe calificarse como la primera posibilidad humana de regir las fuerzas económicas. Esta daría que la ley económica fundamental es la de interpretar y dirigir las leyes económicas del período.

Para mí no está suficientemente claro. Hay que insistir en el tema.[9]

Che pensaba que el plan no debe reducirse a una noción económica, lo cual significaría deformarlo *a priori* y limitar sus posibilidades. El plan, para él, abarca más bien al conjunto de las relaciones *materiales* (en la acepción que da Marx del término). Por esa razón, la planificación debe contemplar y conjugar dos elementos:

- La creación de las bases para el desarrollo económico de la nueva sociedad, su regulación y control.
- La creación de un nuevo tipo de relaciones humanas, del hombre nuevo.

La eficacia del plan no puede enjuiciarse solo por la optimización de la gestión económica y, por ende, por los bienes económicos que posea la sociedad, ni por las ganancias obtenidas en el proceso productivo. Su eficacia estriba en su potencialidad para optimizar la gestión económica en función del objetivo que se persigue: la sociedad comunista.

Es decir, estriba en la medida en que logre que el aparato económico cree la base material de la nueva sociedad y al mismo tiempo contribuya a la transformación de los hábitos y valores de los hombres que participan en el proceso productivo, y ayude a crear y a inculcar los nuevos valores comunistas.

14. Guevara negaba la vigencia rectora de la ley del valor en el período de transición al comunismo.

Es posible admitir la existencia en el período de transición de una serie de relaciones capitalistas que obligadamente han subsistido. Esto explica, por ejemplo, el hecho de que siga existiendo la ley del valor, por su carácter de ley económica, o sea, como expresión de ciertas tendencias. Pero la caracterización del período de transición al comunismo, ni aun en sus primeros momentos, tiene que venir dada por la ley del valor y demás categorías mercantiles que su uso conlleva.

Por el contrario, otros argumentaban algo muy distinto: la posibilidad de utilizar de forma consciente en la gestión económica la ley del valor y demás categorías que implica su uso. Algunos no solo preconizaban la utilización de la ley del valor y de las relaciones monetariomercantiles en el sector estatal en el período de transición, sino que además afirmaban la necesidad de desarrollar dichas relaciones capitalistas como vehículo para alcanzar la sociedad comunista.

Guevara rechazaba esa concepción. El libre juego de la ley del valor en el período de transición al comunismo implica la imposibilidad de reestructurar las relaciones sociales en su esencia. Significa perpetuar "el cordón umbilical" que une al hombre enajenado con la sociedad. Y conduce como mucho a la aparición de un sistema híbrido en el que el cambio trascendental de la naturaleza social del hombre y de la sociedad no llegará a producirse.

15. Un aspecto no menos importante que los abordados hasta ahora lo constituye la relación que ha de existir entre la planificación y las categorías y mecanismos a través de los cuales aquella ha de expresarse.

La posición de Che en este aspecto es la siguiente: el hecho de que subsista producción mercantil en el período de transición durante un determinado tiempo no implica que el plan deba usar mecanismos capitalistas para su funcionamiento y expresarse a través de categorías capitalistas.

¿Por qué *desarrollar*?[*] Entendemos que durante cierto tiempo se mantengan las categorías del capitalismo y

---

[*] Guevara, "Planificación y conciencia en la transición al socia-

que este término no puede determinarse de antemano. Pero las características del período de transición son las de una sociedad que liquida sus viejas ataduras para ingresar rápidamente a la nueva etapa.

La *tendencia* debe ser, en nuestro concepto, a liquidar lo más vigorosamente posible las categorías antiguas, entre las que se incluye el mercado, el dinero y, por tanto, la palanca del interés material o, por mejor decir, las condiciones que provocan la existencia de las mismas.

Lo contrario haría suponer que la tarea de la construcción del socialismo en una sociedad atrasada es algo así como un accidente histórico, y que sus dirigentes, para subsanar el *error*, deben dedicarse a la consolidación de todas las categorías inherentes a la sociedad intermedia, quedando solo la distribución del ingreso de acuerdo al trabajo y la tendencia a liquidar la explotación del hombre por el hombre como fundamentos de la nueva sociedad, lo que luce insuficiente por sí solo como factor del desarrollo del gigantesco cambio de conciencia necesario para poder afrontar el tránsito. Cambio que deberá operarse por la acción multifacética de todas las nuevas relaciones, la educación y la moral socialista, con la concepción individualista que

---

lismo: Sobre el Sistema Presupuestario de Financiamiento", en *El socialismo y el hombre en Cuba*, p. 109. Está comentando sobre el siguiente pasaje del *Manual de economía política* soviético:
  La producción mercantil, la ley del valor y el dinero solo se extinguirán al llegar a la fase superior del comunismo. Pero, para crear las condiciones que hagan posible la extinción de la producción y la circulación mercantiles en la fase superior del comunismo, es necesario desarrollar y utilizar la ley del valor y las relaciones monetario-mercantiles durante el período de construcción de la sociedad comunista.

el estímulo material directo ejerce sobre la conciencia, frenando el desarrollo del hombre como ser social.

16. El dinero constituye un producto de las relaciones mercantiles y, por tanto, expresa determinadas relaciones de producción. Es, por ello, una categoría social, históricamente condicionada por dichas relaciones. No es posible destruir en un solo día las relaciones mercantiles; estas estarán presentes en el período de transición. Su presencia será más o menos larga según el ritmo de desarrollo de las nuevas relaciones de producción y según la política que se adopte hacia ellas, pero en todo caso son relaciones que deben ser combatidas. La tendencia ha ser la de que se vayan extinguiendo hasta su total desaparición.

Solo dos de las cinco funciones que la forma "dinero" posee en toda producción mercantil —según el estudio de Marx— deben existir en el período de transición. La primera es el "dinero aritmético", esto es, una medida de valores. La segunda es el dinero como medio de circulación y/o distribución entre el estado y los pequeños propietarios privados que aún subsistan y el pueblo como consumidor. La convicción de Che de que el dinero funcione como dinero aritmético viene avalada, entre otras cosas, por el desarrollo de las técnicas más modernas en lo que a organización, control de dirección y análisis económicos ha desarrollado el sistema imperialista.

17. El Sistema Presupuestario de Financiamiento otorga a las finanzas un contenido y un papel distintos. Las finanzas dejan de ser el mecanismo mediante el cual se controla, dirige, analiza y organiza la economía. La compulsión financiera se sustituye por una compulsión técnico-administrativa.

El Sistema Presupuestario de Financiamiento concibe a las empresas como partes de un todo, de una gran empresa: el estado. Ninguna empresa puede, ni necesita, tener fondos propios. Las empresas pueden tener en el banco cuentas separadas para la extracción y el depósito.

18. El sistema bancario está llamado a desaparecer a largo plazo en el período de transición al comunismo. Sobrevivirá durante el período en que perduren las relaciones mercantiles, porque "la existencia del banco está condicionada a las relaciones mercantiles de producción, por elevado que sea su tipo".[10]

El hecho de que el Sistema Presupuestario de Financiamiento sea partidario de la centralización no entraña que sea el banco, precisamente, el que asuma la máxima responsabilidad de la contabilidad y el control del estado, ni que dicte la política económica de la nación.

19. Bajo el Sistema Presupuestario de Financiamiento, el banco no tiene como función la concesión de créditos, menos aun la de obtener dividendos por conceptos de interés. Cuando el banco cobra determinado interés a las empresas estatales por los fondos suministrados, está cobrando por el uso de un dinero que no le pertenece, función típica de la banca privada. El hecho de que lo haga de acuerdo con un plan establecido y no surja la tasa de interés de forma espontánea, como sucede en el capitalismo, no altera en lo más mínimo nuestro razonamiento.

Los bancos socialistas efectúan una operación fetichista cuando prestan dinero a interés. Prestan el dinero de otra empresa y, en última instancia, es el trabajador el que efectivamente da el crédito.

20. Partiendo de los presupuestos explicados en los apartados anteriores, Che hace su incursión en los mecanismos de formación de los precios. Le resulta de inmediato evidente que, al estipular los precios, los mecanismos de control del mercado buscan la coincidencia entre

la oferta y la demanda en cada unidad o mercancía, dejando incluso un margen de utilidad para la empresa. De hecho, el plan se doblega, en esta concepción, a la ley del valor y no a la inversa. El mercado, por lo tanto, sigue operando, con la incomodidad propia de un capitalismo de concurrencia que fuera víctima de la intromisión estatal en su gestión administrativa. En un sistema centralizado se podrían plantear otras soluciones.

El Sistema Presupuestario de Financiamiento no tiene entre sus métodos el estímulo de la producción mediante el precio, lo cual haría una economía de mercado.

21. Che fue pionero en la denuncia de la injusticia que entraña el intercambio desigual. Fue el promotor de la revisión del orden económico internacional. En esta primera etapa de la Revolución Cubana, expuso estos aspectos del pensamiento de Fidel, que se desarrollan y maduran plenamente en la actualidad con sus planteamientos sobre la deuda externa y el nuevo orden económico internacional. Ernesto vinculaba el intercambio desigual y el internacionalismo proletario.

Refiriéndose a la división internacional socialista del trabajo dentro del Consejo de Ayuda Mutua Económica (CAME),[11] escribió:

> De nuevo, esta idea, tan justa en su expresión teórica, tropieza con caracterizaciones éticas. Si el internacionalismo proletario presidiera los actos de los gobernantes de cada país socialista, a pesar de ciertos errores de concepto en que pudieran incurrir, sería un éxito.
>
> Pero el internacionalismo es reemplazado por el chovinismo (de gran potencia o pequeño país) o la sumisión a la URSS manteniendo las discrepancias entre otras Democracias Populares (CAME).

¿Cómo puede catalogarse todo esto? Difícil decirlo sin un análisis profundo y documentado de las motivaciones de cada actitud, pero lo cierto es que atentan contra todos los sueños honestos de los comunistas del mundo.

La referencia a las relaciones económicas con el capitalismo hace pensar en la planificación con vistas a este comercio, donde se deben considerar toda una serie de categorías capitalistas, pero de un modo científico.*

22. Guevara comprendía que la nueva conciencia era el resultado de un proceso progresivo de transformación de las estructuras sociales de las que inevitablemente surge la conciencia. Reconocía que, por tanto, las posibilidades de transformar al hombre estaban dadas —más que por llamados a la conciencia— por la transformación de las relaciones sociales de producción y la correcta selección de las palancas motivadoras de su acción. Para ello, Che articuló un sistema basado, entre otros, en los pilares siguientes: el sistema salarial, los estímulos y la emulación.

23. Che pensaba que el sistema salarial debía tener por base el principio del pago con arreglo a la cantidad y ca-

---

* Guevara, *Apuntes críticos*, pp. 144–45, donde comenta sobre el siguiente pasaje del *Manual de economía política* de la Unión Soviética:
> Con la aparición y el desarrollo del sistema socialista mundial, de la economía nacional, se ha ensanchado el campo de acción de la ley del desarrollo planificado, proporcional. La interdependencia económica entre los países del campo socialista se ve sometida cada vez más a la acción de esta ley...
>
> Es necesario tener en cuenta, asimismo, el desarrollo de las relaciones económicas entre los dos sistemas mundiales, el socialismo y el capitalismo. La colaboración económica planificada y la ayuda mutua entre los países del campo socialista constituyen un rasgo importantísimo de la función del estado socialista en materia de organización económica.

lidad del trabajo. Al mismo tiempo, debía también potenciar los valores comunistas que iban surgiendo en el proceso revolucionario e incentivar la utilización de los estímulos morales, de modo que la política salarial adoptada hiciera uso de los estímulos materiales heredados del capitalismo aún vigentes sin producir un desarrollo de estos, sino su eliminación.

El sistema elaborado por Che, conjuntamente con el Ministerio del Trabajo, resolvía el caos salarial heredado del capitalismo, acrecentado en los primeros tres años del triunfo revolucionario. Aplicaba los principios marxista-leninistas y se desplegaba dentro de las fórmulas socialistas. El sistema salarial creado por Guevara, sin embargo, sufrió una serie de modificaciones posteriores a abril de 1965 que, unidas a la no observancia de algunas de sus estipulaciones, dieron al traste con aquel.

24. El estímulo constituye un subsistema del Sistema Presupuestario de Financiamiento desarrollado por Che que se desconoce, confunde o identifica con la etapa ulterior a su partida de Cuba. Podemos sintetizar algunos de sus aspectos esenciales del modo siguiente:

- La búsqueda de mecanismos de incentivación que difieran de los empleados por el capitalismo está dada por la comprensión de que el socialismo no solo es un hecho económico, sino también un hecho de conciencia.

  El interés personal debe ser reflejo del interés social. Basarse en aquel para movilizar la producción es retroceder ante las dificultades, darle alas a la ideología capitalista. Es en el momento crucial de la URSS, saliendo de una guerra civil larga y costosa cuando Lenin, angustiado ante el cuadro general, retrocede en sus concepciones teóricas, y el comienzo de un largo proceso de hibridación que culmina con los cambios actuales en la estructura de la dirección económica...

Pretender elevar la productividad por el estímulo individual es caer más bajo que los capitalistas. Están aumentando la explotación al máximo de esta manera, pero es la técnica la que permite dar los grandes saltos de calidad en cuanto a la productividad.*

- La lenta y compleja transformación ideológica plantea durante un tiempo la contradicción "producción vs. conciencia". Es en este período cuando los hábitos de pensamiento inculcados por el capitalismo (ambición individual, egoísmo, etc.) pesan negativamente en el esfuerzo productivo. El cambio de propiedad, o la supresión de la propiedad privada en los medios de producción, se produce en un instante. La adecuación mental al nuevo estado de cosas requiere de un proceso mucho más largo.
- Sin embargo, tiene que haber una utilización inteligente y cualitativamente equilibrada del estímulo material y del estímulo moral. El proceso debe tender más a la extinción paulatina y natural del estímulo material que a su supresión. La enunciación de una política de incentivación moral no implica la negación total del estímulo material. Se trata de ir reduciendo —más a través de un intenso trabajo ideológico que de disposiciones burocráticas— el campo de acción de aquel.
- Durante un determinado período tenemos que emplear los estímulos materiales. Se trata de buscar las

---

* Guevara, *Apuntes críticos*, pp. 173 y 218. Los pasajes del *Manual de economía política* sobre los cuales está comentando aparecen en las pp. 104–5 y 297 de este libro.

variantes menos nocivas de estos, e incluso aquellas que contribuyan a su autoanulación. Che estudió las posibles variantes y aplicó algunas de ellas. Durante la transición, es necesaria una inteligente y revolucionaria combinación de estímulos morales y materiales.

25. Che consideraba la emulación socialista como un elemento fundamental dentro de la estructura de todo el sistema. A la competencia generada por la ley del valor, Guevara contraponía la competencia fraternal basada en la camaradería socialista que propiciaba la emulación.

Che fue uno de los primeros promotores de la emulación socialista en nuestra patria. Encontró en la emulación el vehículo idóneo para la vinculación de las masas con el sistema.

26. En el trabajo cotidiano, Che no separaba el trabajo técnico de dirección económica de la labor de formación política e ideológica de las masas.

27. "Sin control no podemos construir el socialismo", dijo Che.[12] En los consejos de dirección del Ministerio de Industrias, en las empresas, en las visitas periódicas a las unidades de producción, en las reuniones con los sindicatos y los trabajadores, Che no perdía la oportunidad de insistir en la importancia de la organización, el control y la gestión.

28. Guevara fue el principal impulsor de la implantación de la planificación en Cuba. Fue el artífice de los métodos de control y supervisión, y el creador de un sistema de formación de cuadros para la economía que es digno de estudio.

Che dirigió la industria y facilitó en aquella la implantación del sistema socialista de producción. Fue él quien hizo posible que la industria cubana se organizara bajo los principios de dirección socialista, aplicándolos hasta el nivel del establecimiento o unidad de producción más pequeño.

Ernesto Che Guevara enseñó a los obreros y a los cuadros de dirección el modo de gestión socialista, aplicando brillantemente las ideas que Fidel tenía al respecto.

# Notas

### Notas para la nota editorial a la edicíon de 2024

1. Arleen Rodríguez Derivet, "La luz de la memoria: 'El pensamiento económico del Che está más vigente que nunca'"(The light cast by memory: "Che's economic thought is more relevant than ever"), *CubaDebate*, 3 de julio de 2019.

### Notas para el prefacio

1. "Discurso en el Segundo Seminario Económico de Solidaridad Afroasiática", 24 de febrero de 1965, en *Ernesto Che Guevara: Escritos y discursos* (La Habana: Editorial de Ciencias Sociales, 1985), tomo 9, pp. 341–42.
2. "Las ideas del Che son de una vigencia absoluta", p. 41 de este libro.
3. Carlos Marx y Federico Engels, "Feuerbach: Oposición entre las concepciones materialista e idealista", primer capítulo de *La ideología alemana*, en *Obras escogidas* (Moscú: Editorial Progreso, 1973), tomo 1, p. 38.
4. *Juventud Rebelde,* 6 de abril de 1997.
5. Ver las pp. 48–49 de este libro.
6. Fidel Castro, discurso pronunciado en la velada solemne en memoria del comandante Ernesto Che Guevara, 18 de octubre de 1967, en *Ernesto Che Guevara: Escritos y discursos,* tomo 1, p. 11.
7. Castro, discurso en la conmemoración de la muerte de Niceto Pérez y del XV aniversario de la primera ley de reforma agraria, 17 de mayo de 1974, en Fidel Castro, *Discursos* (La Habana: Editorial de Ciencias Sociales, 1975), tomo 2, p. 201.
8. Ver la p. 58.
9. Ver la p. 59.
10. Ver las pp. 86–87.

11. Ver la p. 117.
12. Ver la p. 117.
13. Castro, discurso del 18 de octubre de 1967, en *Ernesto Che Guevara: Escritos y discursos*, tomo 1, p. 13.
14. En el número 2 de la revista *Nueva Internacional*, titulado "Che Guevara, Cuba y el camino al socialismo" (Pathfinder, 1991), aparecen artículos que Guevara escribió a principios de los años 60 como parte de este debate, junto con artículos sobre las ideas de Che escritos a fines de los años 80 y principios de los 90.
15. Ver la p. 91.
16. Ver la p. 59.
17. Ver la p. 54.
18. Ver la p. 55.
19. Fidel Castro, discurso de clausura del XVII Congreso de la Central de Trabajadores de Cuba, 30 de abril de 1996. Publicado en *Granma*, 3 de mayo de 1996.

### Notas para el discurso de Fidel Castro, 'Las ideas del Che son de una vigencia absoluta'

1. El 17 de abril de 1961, unos 1,500 mercenarios invadieron Cuba por **Playa Girón**, en la costa sur. Organizados y financiados por el gobierno norteamericano, pretendían declarar un gobierno provisional que pidiera la intervención directa de Washington. Pero los invasores fueron derrotados en 72 horas por las milicias y las Fuerzas Armadas Revolucionarias de Cuba. El día antes de la fallida invasión, en una gran concentración en honor a los muertos y heridos en los ataques aéreos organizados por Washington contra La Habana, Santiago de Cuba y San Antonio de los Baños, Fidel Castro **proclamó el carácter socialista de la Revolución Cubana** y llamó al pueblo de Cuba a tomar las armas en su defensa.

Ante los crecientes preparativos de Washington para una nueva invasión a Cuba en 1962, el gobierno cubano firmó un acuerdo de defensa mutua con la Unión Soviética. En

**octubre de 1962**, el presidente John Kennedy exigió el retiro de misiles nucleares soviéticos emplazados en Cuba tras la firma del pacto. Washington ordenó un bloqueo naval contra Cuba, aceleró sus preparativos de invasión y puso sus fuerzas armadas en estado de alerta nuclear. Millones de trabajadores y campesinos cubanos se movilizaron en defensa de la revolución. Tras un intercambio de comunicaciones entre Washington y Moscú, el primer ministro soviético Nikita Jruschov, sin consultar al gobierno cubano, anunció el 28 de octubre su decisión de retirar los misiles.

En respuesta a la escalada de agresiones por el imperialismo norteamericano, cientos de miles de cubanos se congregaron el 2 de septiembre de 1960 en la Plaza de la Revolución y aprobaron la **Primera Declaración de La Habana**, que reafirmó la trayectoria de la Revolución Cubana y su carácter profundamente antiimperialista. El 31 de enero de 1962, la Organización de Estados Americanos expulsó a Cuba de sus filas. Todos los gobiernos de América Latina excepto el mexicano rompieron relaciones diplomáticas con Cuba. Cuatro días más tarde, en una concentración de un millón de cubanos se proclamó la **Segunda Declaración de La Habana**, que señaló el rumbo socialista de la Revolución Cubana como camino a seguir para los oprimidos y explotados de toda América Latina.

2. Camilo Cienfuegos (1932–59), expedicionario del *Granma*, fue uno de los comandantes del Ejército Rebelde y jefe de la Columna número 2 "Antonio Maceo". En enero de 1959, asumió el cargo de jefe del estado mayor del Ejército Rebelde. Murió el 28 de octubre de 1959 cuando el avión en que volaba se perdió en alta mar.

3. Jorge Ricardo Masetti nació en 1929 en Buenos Aires, Argentina. Entrevistó a Fidel Castro en la Sierra Maestra a principios de 1958. Tras el triunfo de la revolución fue fundador y primer director de la agencia noticiosa Prensa Latina. Cayó en combate en 1964 cuando organizaba un núcleo guerrillero en las sierras de Salta en el norte argentino.

4. El 17 de abril de 1967, la unidad guerrillera fue dividida en dos. El grupo principal estaba encabezado por Guevara y la

retaguardia de 17 combatientes por Joaquín (Juan Vitalio Acuña). Aunque se suponía que la separación sería por solo unos días, los dos grupos perdieron contacto permanentemente. El 31 de agosto, los que quedaban del grupo de Joaquín cayeron en una emboscada y fueron aniquilados.

5. El 25 y 26 de junio de 1987, los directores de empresas estatales en las provincias de La Habana y Ciudad de La Habana se reunieron para evaluar qué avances concretos habían logrado las empresas durante el año anterior en el proceso de rectificación. Fidel Castro fue uno de los que presidieron la reunión. El Primer Congreso del Partido Comunista de Cuba, celebrado en 1975, aprobó el Sistema de Dirección y Planificación de la Economía. Este se basa en el sistema del Cálculo Económico, que Ernesto Che Guevara abordó en el artículo "Planificación y conciencia en la transición al socialismo: Sobre el Sistema Presupuestario de Financiamiento", reproducido en *El socialismo y el hombre en Cuba* (Nueva York: Pathfinder, 1992).

6. Las microbrigadas las conformaban trabajadores de un centro laboral que pedían ser relevados de sus responsabilidades normales por un cierto plazo para participar como voluntarios en la construcción de viviendas, escuelas y círculos infantiles. Fueron suspendidas a mediados de los años 70 y reiniciadas en 1986. Sin embargo, por la escasez de materiales en Cuba, a partir de 1991 solo continuaron unas pocas obras de construcción prioritarias, y con interrupciones.

7. José Martí (1853–1895), el héroe nacional cubano, fue un reconocido poeta, escritor, orador y periodista. Fundó el Partido Revolucionario Cubano en 1892 para luchar contra el dominio español y oponerse a los designios imperialistas norteamericanos sobre Cuba. Lanzó la guerra cubana de independencia en 1895 y cayó en combate.

### Notas para el capítulo 1

1. Ernesto Che Guevara, 12 de marzo de 1965, en *El socialismo y el hombre en Cuba* (Pathfinder, 1992), p. 64 [reimpresión de 2022].

2. Guevara, "Carta a José Medero Mestre", en la colección de nueve tomos *Ernesto Che Guevara: Escritos y discursos* (La Habana: Editorial de Ciencias Sociales, 1985), tomo 9, pp. 384–85.
3. Guevara, *El socialismo y el hombre en Cuba*, pp. 69–70.
4. Fidel Castro, en su discurso pronunciado en conmemoración del Día Internacional del Trabajo, el Primero de Mayo de 1966, afirmaba:
   Podría decirse que si bien la técnica industrial, la ciencia en general, se ha desarrollado de un modo increíble, la ciencia social está todavía bastante subdesarrollada. Y oímos fórmulas. Leemos manuales, pero nada enseña tanto como una revolución. Que a la vez hay que saber apreciar y valorar en toda su importancia la experiencia de los demás pueblos, cada pueblo ha de esforzarse no en copiar sino en dar su aporte a esa ciencia subdesarrollada como son las ciencias políticas y sociales.
   Nosotros vamos desarrollando nuestras ideas. Entendemos que las ideas marxistas-leninistas requieren un incesante desarrollo. Entendemos que un cierto estancamiento se ha producido en este campo. Y vemos incluso que a veces se aceptan, bastante universalmente, fórmulas que en nuestra opinión se pueden apartar de la esencia del marxismo-leninismo. (*Granma*, 2 de mayo de 1966)
5. El 26 de julio de 1953, unos 160 combatientes, bajo el mando de Fidel Castro, participaron en ataques simultáneos al cuartel Moncada en Santiago de Cuba y al cuartel de la cercana ciudad de Bayamo, dando inicio a la lucha revolucionaria popular contra la dictadura de Fulgencio Batista. Tras el fracaso del ataque, las fuerzas batistianas asesinaron a más de 50 de los revolucionarios capturados. Fidel Castro y otros rebeldes fueron apresados, enjuiciados y condenados a presidio. Fueron puestos en libertad en mayo de 1955, después de una campaña pública en su defensa que obligó al régimen de Batista a declarar una amnistía.

6. Guevara, *El diario del Che en Bolivia* (La Habana: Editora Política, 1987), p. 296. Anotación del 26 de julio de 1967.
7. Guevara, "Notas para el estudio de la ideología de la Revolución Cubana", 8 de octubre de 1960, en *Escritos y discursos*, tomo 4, p. 203.
8. Carlos Marx, *El capital*, prólogo a la primera edición (México, Siglo XXI Editores, 1975–1985), tomo 1, vol. 1, p. 6. En la edición de Siglo XXI los tres tomos están contenidos en ocho volúmenes.
9. Marx, *Elementos fundamentales para la crítica de la economía política (Grundrisse), 1857–1858* (México: Siglo XXI Editores, 2007), tomo 1, pp. 26–27.
10. Marx y Engels, *El Manifiesto Comunista* (Nueva York, Pathfinder, 1992), p. 38.
11. Guevara, "Entrega de certificados de trabajo comunista", 11 de enero de 1964, en *Che en la Revolución Cubana*, tomo 5, p. 14.
12. La guerra revolucionaria por la independencia de Cuba comenzó con la Guerra de los Diez Años, iniciada en 1868.
13. Guevara, "Reuniones bimestrales" del Ministerio de Industrias, 12 de octubre de 1963, en *Che en la Revolución Cubana*, tomo 6, p. 283. El subrayado es del autor.
14. Al referirse a un "hecho de conciencia", Marx explicaba cómo la sociedad de clases forma las ideas. Dio como ejemplo el concepto prevaleciente bajo el feudalismo de que "un hombre se hace monarca por nacimiento" (y no debido a las relaciones sociales en un estado con una monarquía hereditaria). (Ver Marx, "Contribution to the Critique of Hegel's Philosophy of Law," en *Marx and Engels Collected Works*, tomo 3, p. 33).
15. Guevara, "Entrevista concedida a Jean Daniel en Argelia", traducida de la revista en francés *L'Express*, 25 de julio de 1963. En *Che en la Revolución Cubana*, tomo 4, pp. 369.
16. "Nuestra aspiración es que el partido sea de las masas, pero cuando las masas hayan alcanzado el nivel de desarrollo de la vanguardia, es decir, cuando estén educadas para el comunismo". Guevara, *El socialismo y el hombre en Cuba*, pp. 74–75.

17. Marx y Engels, primer capítulo de *La ideología alemana*, en *Obras escogidas*, tomo 1, p. 38. Marx subrayó las palabras "revolución", "dominante" y "que la derriba". Las otras palabras fueron subrayadas por el autor.
18. En 1845, con su Tesis sobre Feuerbach, Marx rebasaba esta noción antropológica y falsa del ser humano. En la sexta tesis afirmaba certeramente:
    Feuerbach resuelve la esencia religiosa en la esencia humana. *Pero la esencia humana no es algo abstracto* e inmanente a cada individuo. Es en su realidad *el conjunto de las relaciones sociales*.
    Feuerbach, quien no entra en la crítica de esta esencia real, se ve, por tanto, obligado:
    1. *a prescindir del proceso histórico* plasmando el sentimiento religioso de por sí y presuponiendo un individuo humano abstracto, *aislado*.
    2. La esencia solo puede concebirse, por tanto, de un modo "genérico", como una generalidad interna, muda, que une *de un modo natural* a los individuos.
    (Marx, "Tesis sobre Feuerbach", en *Obras escogidas*, tomo 1, p. 9. Marx subrayó las palabras "humana", "aislado" y "de un modo natural"; las otras palabras fueron subrayadas por el autor).
19. "De todos los instrumentos de producción, la fuerza productiva más grande es la propia clase revolucionaria". Marx, *Miseria de la filosofía* (Moscú: Editorial Progreso, 1979), p. 142.
20. Marx explicó su propio enfoque:
    El modo de producción dado y las relaciones de producción correspondientes al mismo, en suma, "la estructura económica de la sociedad, es la base real sobre la que se alza una *superestructura* jurídica y política, y a la que corresponden determinadas formas sociales de conciencia", ese enfoque para el cual "el modo de producción de la vida material condiciona en general el proceso de la vida social, política y espiritual". (Marx, *El capital*, tomo 1, vol. 1, p. 100. El subrayado es del autor).

21. Marx y Engels, primer capítulo de *La ideología alemana*, en *Obras escogidas*, tomo 1, p. 39.
22. Marx, *Crítica del Programa de Gotha*, en *Obras escogidas*, tomo 3, p. 15. El subrayado es del autor.
23. Guevara, "Planificación y conciencia en la transición al socialismo: Sobre el Sistema Presupuestario de Financiamiento", en *El socialismo y el hombre en Cuba*, p. 98.
24. Guevara, *Apuntes críticos*, p. 98.
25. Guevara, *El socialismo y el hombre en Cuba*, pp. 63–64.
26. Ante el XI Congreso del Partido Comunista de Rusia, en marzo de 1922, Lenin dijo:

    Hemos estado retrocediendo durante un año. Ahora, en nombre del partido debemos decir: ¡Basta! Se ha alcanzado el objetivo que perseguíamos con nuestro repliegue. Este período está llegando, o ha llegado, a su fin. Ahora pasa a primer plano otro objetivo: reagrupar nuestras fuerzas. Hemos llegado a un nuevo punto. En general, hemos realizado el repliegue con relativo orden.

    V. I. Lenin, "Informe al undécimo congreso del partido", 27 de marzo de 1922, *La última lucha de Lenin*, p. 72.
27. Entendemos y utilizamos por *sistema* "un conjunto de elementos, propiedades y relaciones que, perteneciendo a la realidad objetiva, representa para el investigador el objeto de su estudio o análisis. Un sistema es un todo, y como tal es capaz de poseer propiedades o resultados que no es posible hallar en sus componentes vistos en forma aislada. Todo este complejo de elementos, propiedades, relaciones y resultados se produce en determinadas condiciones de espacio y tiempo". (Orlando Borrego, "Acerca de los problemas del perfeccionamiento de la dirección económica en Cuba", tesis de candidato a doctor en ciencias económicas, Moscú, 1979).

    Entendemos por *modelo* el ordenamiento del pensamiento que enseña el funcionamiento y el ulterior desarrollo del objeto de estudio, en nuestro caso, la economía del país. La modelación es el factor de enlace entre la realidad y la teoría, de donde un modelo es una representación de un sistema.

28. Guevara, "Planificación y conciencia en la transición al socialismo: Sobre el Sistema Presupuestario de Financiamiento", en *El socialismo y el hombre en Cuba*, p. 91.
29. Guevara "Reuniones bimestrales", 21 de diciembre de 1963, en *Che en la Revolución Cubana*, tomo 6, p. 310.
30. Guevara, *Apuntes críticos*, pp. 125–26.
31. Guevara, *Apuntes críticos*, p. 157.

### Notas para el capítulo 2

1. En un folleto publicado en enero de 1921, Lenin escribió: "La política es la expresión concentrada de la economía… La política no puede dejar de tener supremacía sobre la economía. Pensar de otro modo significa olvidar el abecé del marxismo". (Lenin, "Una vez más acerca de los sindicatos", *Obras completas*, tomo 42, p. 289).
2. Guevara, *El socialismo y el hombre en Cuba*, pp. 63–64.
3. Guevara, *El socialismo y el hombre en Cuba*, p. 75.
4. Guevara, "Discurso en la asamblea general de trabajadores de la Textilera Ariguanabo", 24 de marzo de 1963, en *Escritos y discursos*, tomo 7, p. 47. El subrayado es del autor.
5. Guevara, "Reuniones bimestrales", 21 de diciembre de 1963, en *Che en la Revolución Cubana*, vol. 6, pp. 311–12. El subrayado es del autor.
6. Guevara, "Discurso en homenaje a obreros destacados", 21 de agosto de 1962, en *Escritos y discursos*, tomo 6, p. 229.
7. Fidel Castro, discurso de clausura del IV Congreso de la Unión de Jóvenes Comunistas, 4 de abril de 1982. Publicado en *Granma*, 6 de abril de 1982.

### Notas para el capítulo 3

1. Los criterios expuestos por Lenin en artículos y discursos sobre la NEP pueden hallarse en los tomos 42–45 de sus *Obras completas*.
2. Las tesis de Lenin a las que se refiere Che —citadas también por este en el ensayo "Sobre el Sistema Presupues-

tario de Financiamiento"— son las siguientes:
La desigualdad del desarrollo económico y político es una ley absoluta del capitalismo. De aquí se deduce que es posible que el socialismo triunfe primeramente en unos cuantos países capitalistas, o incluso en un solo país capitalista.

El proletariado triunfante de este país, después de expropiar a los capitalistas y de organizar la producción socialista dentro de sus fronteras, se enfrentaría con el resto del mundo, con el mundo capitalista, atrayendo a su lado a las clases oprimidas de los demás países, levantando en ellos la insurrección contra los capitalistas, empleando, en caso necesario, incluso la fuerza de las armas contra las clases explotadoras y sus estados.

La forma política de la sociedad en que triunfe el proletariado, derrocando a la burguesía, será la república democrática, que centralizará cada vez más las fuerzas del proletariado de dicha nación o de dichas naciones en la lucha contra los estados que aún no hayan pasado al socialismo.

Es imposible suprimir las clases sin una dictadura de la clase oprimida, del proletariado. La libre unión de las naciones en el socialismo es imposible sin una lucha tenaz, más o menos prolongada, de las repúblicas socialistas contra los estados atrasados. (Lenin, "La consigna de los Estados Unidos de Europa", 23 de agosto de 1915, *Obras completas*, tomo 26, p. 378).

3. Lenin, "Cinco años de la revolución rusa y perspectivas de la revolución mundial", 13 de noviembre de 1922, *Obras completas*, tomo 45, pp. 296–299.

4. Al hablar de las "hordas blancas" se refiere a las fuerzas contrarrevolucionarias organizadas por los latifundistas y capitalistas en el ex imperio zarista de Rusia tras la Revolución de Octubre. Recibieron el apoyo de invasiones militares por parte de las principales potencias imperialistas. Tropas alemanas ocuparon territorios que abarcaban un tercio de la población del ex imperio zarista; los gobiernos británico

y japonés ocuparon el puerto oriental de Vladivostok, y los gobiernos de Londres y Washington tomaron los puertos norteños de Murmansk y Arjángelsk y sus alrededores.

5. Guevara, "Planificación y conciencia en la transición al socialismo: Sobre el Sistema Presupuestario de Financiamiento", en *El socialismo y el hombre en Cuba*, pp. 87–90. El subrayado es del autor.

6. El tratado de Brest-Litovsk puso fin a la guerra alemana contra el nuevo gobierno soviético en marzo de 1918. Lenin argumentó que era necesario aceptar las condiciones muy desfavorables impuestas por el gobierno imperialista alemán. La continuación de la guerra, dijo Lenin, habría destruido la alianza obrero-campesina en la que se basaba el gobierno soviético y su capacidad de defenderse.

7. Wlodzimierz Brus (1921–2007), uno de los principales economistas en Polonia bajo el gobierno del Partido Comunista. En 1968, calificado de "revisionista", fue expulsado del partido y separado de todos sus cargos académicos.

8. Wlodzimierz Brus, *El funcionamiento de la economía socialista* (Barcelona: Editorial Oikos-Tau, 1969), p. 61.

9. Las tesis de Lenin, "Las tareas del proletariado en la presente revolución", redactadas inmediatamente tras su llegada a Rusia en abril de 1917, orientaron al Partido Bolchevique para dirigir a la clase trabajadora hacia la toma del poder. Ver *Obras completas*, tomo 31, pp. 120–125.

10. Los mencheviques comenzaron como fracción minoritaria del Partido Obrero Socialdemócrata de Rusia en su segundo congreso en 1903, en oposición a la mayoría (los bolcheviques) del partido dirigida por Lenin. Ellos se oponían a la toma del poder por la clase trabajadora, bajo el argumento ideológico de que lo que estaba al orden del día en Rusia era solo la revolución burguesa. Después de 1907 se fueron derechizando. A principios de 1917 participaron en el gobierno provisional, un régimen procapitalista, y se opusieron a la Revolución de Octubre de 1917. Sujánov, al que Lenin respondía, fue miembro de los mencheviques de 1909 a 1919 y escribió *Apuntes sobre la revolución* en siete tomos.

11. Al evaluar las perspectivas de un ascenso revolucionario en Alemania, Marx escribió lo siguiente en una carta a Engels en 1856: "En Alemania todo dependerá de la posibilidad de respaldar la revolución proletaria con alguna segunda edición de la guerra campesina. Entonces todo saldrá a pedir de boca". Marx, carta a Engels del 16 de abril de 1856, en *Obras escogidas*, tomo 1, p. 543.
12. Lenin, "Nuestra revolución", 16 de enero de 1923, *Obras completas*, tomo 45, pp. 396–97. El subrayado es de Lenin.
13. El IX Congreso de Soviets, celebrado en diciembre de 1921, calculó que el número de personas directamente afectadas por la hambruna fue de no menos de 22 millones.
14. Lenin, "Discurso pronunciado en el pleno del Soviet de Moscú", 20 de noviembre de 1922, *Obras completas*, tomo 45, p. 320.
15. Lenin, "X Congreso del PC(b) de Rusia: Informe sobre la sustitución del sistema de contingentación por el impuesto en especie", 15 de marzo de 1921, *Obras completas*, tomo 43, p. 68.
16. Lenin, "Nuestra revolución", *Obras completas*, tomo 45, p 396.
17. Lenin, "X Conferencia de Toda Rusia del PC(b)R: Discurso de clausura de la conferencia", 28 de mayo de 1921, *Obras completas*, tomo 43, p. 347.
18. Lenin, "Con motivo del cuarto aniversario de la Revolución de Octubre", 14 de octubre de 1921, *Obras completas*, tomo 44, p. 158.
19. Lenin, "Informe al undécimo congreso del partido", 27 de marzo de 1922, *La última lucha de Lenin*, p. 59. El subrayado es del autor.
20. Lenin, "X Congreso del PC(b) de Rusia: Informe sobre la sustitución del sistema de contingentación por el impuesto en especie", *Obras completas*, tomo 43, p. 60.
21. *Smena Vej* (Cambio de hitos) fue el nombre de un periódico editado en París entre octubre de 1921 y marzo de 1922. Alexandr Kolchak fue un almirante zarista que, después de la Revolución de Octubre, estableció un gobierno

antibolchevique en Siberia. Los Ejércitos Blancos que él dirigió durante la guerra civil fueron derrotados por el Ejército Rojo. Kolchak fue ejecutado en febrero de 1920 por su responsabilidad en la contrarrevolución armada.

22. Lenin, "Informe al undécimo congreso del partido, *La última lucha de Lenin*, p. 82. El subrayado es del autor.
23. Lenin, "Informe sobre la sustitución del sistema de contingentación por el impuesto en especie", *Obras completas*, tomo 43, pp. 60–61. El subrayado es del autor.
24. Lenin, "El papel y las tareas de los sindicatos en las condiciones de la Nueva Política Económica", resolución del Comité Central del PC(b)R, 12 de enero de 1922. *Obras completas*, tomo 44, pp. 352–354.
25. En el XX congreso del Partido Comunista de la Unión Soviética, celebrado en febrero de 1956, tres años después de la muerte de Stalin, el primer secretario Nikita Jruschov dio un informe sobre los crímenes cometidos bajo el dominio de Stalin. Sin embargo, continuó intacta la trayectoria política del régimen de Stalin.
26. Guevara, "Reuniones bimestrales, 5 de diciembre de 1964". *Che en la Revolución Cubana*, tomo 6, pp. 426, 430–31.

### Notas para el capítulo 4

1. Ese departamento se oficializó por la Resolución No. 94 del 21 de noviembre de 1959. El 26 de noviembre, Che además fue nombrado presidente del Banco Nacional por el Consejo de Ministros. Ocupó esta nueva responsabilidad sin restarle atención al Departamento de Industrialización.

    Al crearse en 1961 un Ministerio de Industrias, encabezado por Guevara, el INRA continuó siendo responsable de las empresas industriales vinculadas directamente a la agricultura. De 1962 a 1965 el INRA estuvo dirigido por Carlos Rafael Rodríguez. En 1964 los centrales azucareros, que aún estaban bajo el Ministerio de Industrias, fueron traspasados al Ministerio del Azúcar, encabezado por Orlando Borrego, quien había sido viceministro primero del Ministerio de Industrias.

2. Se refiere al período de la guerra revolucionaria contra la dictadura de Batista, cuando el Ejército Rebelde bajo la dirección de Fidel Castro tenía su base operativa en la Sierra Maestra, sobre la costa suroriental de Cuba.
3. La Ley de Reforma Agraria promulgada el 17 de mayo de 1959 limitó las propiedades individuales a 30 caballerías (400 hectáreas). Se confiscaron las grandes haciendas, muchas de las cuales eran propiedad de compañías estadounidenses, y pasaron a manos del nuevo gobierno. La ley además otorgó a los aparceros, arrendatarios y colonos el título de las tierras que trabajaban. Una segunda Ley de Reforma Agraria, promulgada el 3 de octubre de 1963, limitó las propiedades individuales a 5 caballerías (67 hectáreas).
4. En noviembre de 1959 el gobierno revolucionario promulgó una ley que autorizaba que el Ministerio del Trabajo "interviniera" las empresas, asumiendo su administración sin cambiar el propietario. En muchos casos las "intervenciones" se hacían a iniciativa de los trabajadores para impedir la descapitalización, el sabotaje de la producción, medidas antiobreras u otros abusos. Los dueños privados de las empresas intervenidas guardaban el derecho de percibir ganancias; en la práctica, la mayoría se fueron de Cuba. Las intervenciones continuaron hasta fines de 1960, cuando el gobierno revolucionario nacionalizó las principales ramas industriales de la economía.
5. Guevara, "Intervención en una reunión". Discurso pronunciado en una reunión con los directores y jefes de capacitación de las empresas consolidadas y secretarios de educación y de trabajo de los 25 sindicatos nacionales de industrias, 16 de marzo de 1962, en *Che en la Revolución Cubana*, tomo 4, pp. 91–92.
6. En *Nuestra Industria: Revista Económica*, editada por el Ministerio de Industrias, se expone en los artículos de diversos compañeros el funcionamiento contable-financiero del Sistema Presupuestario de Financiamiento.
7. Guevara, "Yugoslavia, un pueblo que lucha por sus ideales", en *Che en la Revolución Cubana*, tomo 1, pp. 48–50. El subrayado es del autor.

8. El Departamento de Industrialización del INRA se disolvió. Las otras leyes eran la nueva Ley del Banco Nacional de Cuba, en la que se centralizó el sistema bancario, la Ley Orgánica del Ministerio de Hacienda y la Ley Orgánica de la Junta Central de Planificación.

9. "La Empresa Consolidada del Petróleo, formada a partir de la unificación de las tres refinerías imperialistas existentes (Esso, Texaco y Shell), mantuvo y en algunos casos perfeccionó sus sistemas de controles, y es considerada modelo en este ministerio [de Industrias]. En aquellas en que no existía la tradición centralizadora ni las condiciones prácticas, estas fueron creadas sobre la base de una experiencia nacional, como en la Empresa Consolidada de la Harina, que mereció el primer lugar entre las del Viceministerio de la Industria Ligera." Guevara, "Planificación y conciencia en la transición al socialismo: Sobre el Sistema Presupuestario de Financiamiento", en *El socialismo y el hombre en Cuba*, p. 82.

10. En diciembre de 1959, Che comenzó a estudiar matemáticas superiores con el doctor Salvador Vilaseca. Este le impartió clases hasta que Guevara partió de Cuba en 1965 para realizar misiones internacionalistas en África y Bolivia.

11. Guevara, "Reuniones bimestrales", 21 de diciembre de 1963 en *Che en la Revolución Cubana*, tomo 6, p. 309.

12. El 31 de diciembre de 1962, mediante la Ley 1084, se oficializó la interconexión entre las operaciones y los planes financieros de las empresas y el presupuesto nacional. El 23 de agosto de 1963, mediante la Ley 1122, se oficializó el Sistema Presupuestario de Financiamiento.

13. Lenin repitió este punto en varias ocasiones, por ejemplo en su discurso para conmemorar el primer aniversario de la Revolución de Octubre, cuando dijo:
> Siempre nos hemos percatado de que, si hemos tenido que empezar la revolución, que dimanaba de la lucha en todo el mundo, no ha sido en virtud de méritos algunos del proletariado ruso o en virtud de que él estuviera delante de otros.

Antes al contrario, solo la debilidad peculiar, el atraso del capitalismo y, sobre todo, las agobiadoras circunstancias estratégicas y militares nos hicieron ocupar, por la lógica de los acontecimientos, un lugar delante de otros destacamentos, sin esperar a que estos se acercasen, se alzasen. (Lenin, "VI Congreso Extraordinario de los Soviets de Toda Rusia: Discurso sobre el aniversario de la revolución, 6 de noviembre de 1918", *Obras completas*, tomo 37, p. 142).

14. Guevara, "Reuniones bimestrales", 11 de julio de 1964, en *Che en la Revolución Cubana*, tomo 6, p. 378.
15. Guevara, "Planificación y conciencia en la transición al socialismo: Sobre el Sistema Presupuestario de Financiamiento", en *El socialismo y el hombre en Cuba*, pp. 92–93. El subrayado es de Guevara.
16. Guevara, "Reuniones bimestrales", 21 de diciembre de 1963, *Che en la Revolución Cubana*, tomo 6, pp. 310–311.
17. Guevara, *El socialismo y el hombre en Cuba*, pp. 121–122.
18. Guevara, "Reuniones bimestrales", 11 de julio de 1964, *Che en la Revolución Cubana*, tomo 6, p. 378.

### Notas para el capítulo 5

1. Guevara, "Notas para el estudio de la ideología de la Revolución Cubana", 8 de octubre de 1960, en *Escritos y discursos*, tomo 4, p. 203.
2. Guevara, *Apuntes críticos*, p. 114.
3. Guevara, *El socialismo y el hombre en Cuba*, p. 110.
4. Guevara, *Apuntes críticos*, p. 146.
5. Marx, *El capital*, tomo 1, vol. 1, p. 93. El subrayado es de Marx.
6. Marx, *El capital*, tomo 1, vol. 1, pp. 88–89. El subrayado es del autor.
7. Marx, *El capital*, tomo 1, vol. 1, pp. 97–99. El subrayado es del autor.
8. Guevara, *El socialismo y el hombre en Cuba*, p. 110.

9. Guevara, *El socialismo y el hombre en Cuba*, p. 64.
10. Guevara, *El socialismo y el hombre en Cuba*, p. 61.
11. "Todas las anteriores revoluciones dejaban intacto el modo de actividad y solo trataban de lograr otra distribución de esta, una nueva distribución del trabajo entre otras personas. En cambio, la revolución comunista va dirigida contra el *carácter* anterior de actividad." Marx y Engels, primer capítulo de *La ideología alemana*, en *Obras escogidas*, tomo 1, p. 38. El subrayado es de Marx y Engels.
12. Guevara, *Apuntes críticos*, p. 162.
13. Guevara, "Planificación y conciencia en la transición al socialismo: Sobre el Sistema Presupuestario de Financiamiento", en *El socialismo y el hombre en Cuba*, pp. 106–110. El subrayado es de Che.
14. Guevara, "Consideraciones sobre los costos de producción", junio de 1963, en *Escritos y discursos*, tomo 7, p. 97.
15. Se refiere al artículo de Alberto Mora, entonces ministro del comercio exterior, titulado, "En torno a la cuestión del funcionamiento de la ley del valor en la economía cubana en los actuales momentos", publicado en la revista *Comercio Exterior*. Se reprodujo en el número de octubre de 1963 de *Nuestra Industria: Revista Económica*, publicación del Ministerio de Industrias, junto al artículo de Guevara. La respuesta de Guevara, "Sobre la concepción del valor: Una respuesta a Alberto Mora", aparece en el número 2 de la revista *Nueva Internacional* (Pathfinder, 1991).
16. Se refiere al artículo de Guevara, "Consideraciones sobre los costos de producción".
17. Guevara, "Sobre la concepción del valor", en *Nueva Internacional* no. 2, pp. 208–210.

### Notas para el capítulo 6

1. Ver *El capital*, en particular el tomo 1, vol. 1, capítulo 3, "El dinero, o la circulación de mercancías", y el tomo 3, vol. 7, capítulos 21–36, "Escisión de la ganancia en interés y ga-

nancia empresarial". Ver además Guevara, "La banca, el crédito y el socialismo", marzo de 1964, en *Escritos y discursos*, tomo 8. En ese artículo se encuentra la caracterización que realiza Che de la banca a través de una inteligente utilización de pasajes de *El capital*.

2. Guevara, "La banca, el crédito y el socialismo", en *Escritos y discursos*, tomo 8, p. 40.
3. Las otras tres funciones del dinero mencionadas por Marx son: atesoramiento, medio de pago y dinero mundial (divisas). Ver "El dinero, o la circulación de mercancías", en *El capital*, tomo 1, vol. 1, capítulo 3, pp. 158–178.
4. Guevara, "Planificación y conciencia en la transición al socialismo: Sobre el Sistema Presupuestario de Financiamiento", en *El socialismo y el hombre en Cuba*, p. 95.
5. Marx, *El capital*, tomo 1, vol. 1, p. 168. El subrayado es de Marx.
6. Guevara, "Reuniones bimestrales", 20 de enero de 1962, en *Che en la Revolución Cubana*, tomo 6, p. 89.
7. Guevara, "Reuniones bimestrales", 10 de marzo de 1962, en *Che en la Revolución Cubana*, tomo 6, p. 112.
8. Guevara, *El socialismo y el hombre en Cuba*, pp. 95–96.
9. Ver Luis Álvarez Rom, "Sobre el método de análisis de los sistemas de financiamiento", en *Cuba Socialista* no. 35, julio de 1964, donde aborda estas cuestiones.
10. Guevara, *Apuntes críticos*, p. 157.
11. Guevara, *Apuntes críticos*, p. 158.
12. Guevara, "La banca, el crédito y el socialismo", en *Escritos y discursos*, tomo 8, p. 42.
13. Guevara, *Escritos y discursos*, tomo 8, p. 57.
14. Guevara, "Reuniones bimestrales", 12 de septiembre de 1964, en *Che en la Revolución Cubana*, tomo 6, p. 397.
15. José Stalin, *Cuestiones del leninismo* (Moscú: Ediciones en Lenguas Extranjeras, 1941), p. 416. Citado por Guevara en "La banca, el crédito y el socialismo, en *Escritos y discursos*, tomo 8, p. 51.

16. Guevara, "La banca, el crédito y el socialismo", en *Escritos y discursos*, tomo 8, pp. 50–51. El subrayado es del autor.
17. Marx subrayó las palabras "jamás" y "crédit gratuit"; el resto del subrayado es de Che. Citado en "La banca, el crédito y el socialismo", en *Escritos y discursos*, tomo 8, pp. 44–46. Ver Marx, *El capital*, tomo 3, vol. 7, capítulo 36, "Condiciones precapitalistas", pp. 781–783.
18. Guevara, *Apuntes críticos*, p. 178.
19. Guevara, *Apuntes críticos*, p. 199.
20. Guevara, "La banca, el crédito y el socialismo", en *Escritos y discursos*, tomo 8, p. 46. La cita de Marx es de *El capital*, tomo 3, vol. 7, p. 499. Ver el capítulo 24, "Enajenación de la relación de capital bajo la forma del capital que devenga interés". El subrayado es de Marx.
21. Guevara, "La banca, el crédito y el socialismo", en *Escritos y discursos*, tomo 8, p. 47.
22. Guevara, *Apuntes críticos*, p. 193.
23. Che se refiere al artículo "Sobre el método de análisis de los sistemas de financiamiento", en la revista *Cuba Socialista*, no. 35, julio de 1964.
24. Guevara, "La banca, el crédito y el socialismo", en *Escritos y discursos*, tomo 8, pp. 47–48.
25. Guevara, "Planificación y conciencia en la transición al socialismo: Sobre el Sistema Presupuestario de Financiamiento", en *El socialismo y el hombre en Cuba*, p. 94.
26. Guevara, "La banca, el crédito y el socialismo", en *Escritos y discursos*, tomo 8, pp. 53–55.
27. Guevara, "Planificación y conciencia en la transición al socialismo: Sobre el Sistema Presupuestario de Financiamiento", en *El socialismo y el hombre en Cuba*, pp. 111–112. El subrayado es de Che.
28. Guevara, "Consideraciones sobre los costos de producción", en *Escritos y discursos*, tomo 7, pp. 97–98, 100–102. El subrayado es del autor.
29. Guevara, *El socialismo y el hombre en Cuba*, pp. 111, 112–114.

30. Guevara, "Reuniones bimestrales", 12 de septiembre de 1964, en *Che en la Revolución Cubana*, tomo 6, pp. pp. 399–400.
31. Guevara, "Reuniones bimestrales", 12 de septiembre de 1964, en *Che en la Revolución Cubana*, tomo 6, p. 405.
32. Guevara, "Reuniones bimestrales", 11 de julio de 1964, en *Che en la Revolución Cubana*, tomo 6, pp. 376–77.

### Notas para el capítulo 7

1. Fidel Castro, discurso pronunciado en un acto de masas en Katowice, Polonia, 7 de junio de 1972, en *Resumen Semanal Granma*, 18 de junio de 1972.
2. Guevara, "Planificación y conciencia en la transición al socialismo: Sobre el Sistema Presupuestario de Financiamiento", en *El socialismo y el hombre en Cuba*, p. 110.
3. Guevara, "Discurso en el Segundo Seminario Económico de Solidaridad Afroasiática", 24 de febrero de 1965, en *Escritos y discursos*, tomo 9, pp. 343–44.
4. Guevara, *Escritos y discursos*, tomo 9, pp. 342–344, 347. El subrayado es del autor.
5. Guevara, "Discurso en la Conferencia de Naciones Unidas sobre Comercio y Desarrollo", 25 de marzo de 1964, en *Escritos y discursos*, tomo 9, pp. 266–267.
6. Marx, *Elementos fundamentales para la crítica de la economía política (Grundrisse)*, tomo 2, p. 451.
7. Marx, *El capital*, tomo 3, volumen 6, p. 304. El subrayado es del autor.
8. Guevara, "Discurso en el Segundo Seminario Económico de Solidaridad Afroasiática", 24 de febrero de 1965, en *Escritos y discursos*, tomo 9, p. 345. El subrayado es del autor.
9. Guevara, *Escritos y discursos*, tomo 9, p. 345.
10. Castro, "Conferencia de prensa ofrecida a los periodistas extranjeros en Santiago de Chile", 3 de diciembre de 1971, en *Cuba-Chile: Encuentro simbólico de dos procesos históricos* (La Habana: Editora Política, 2009), pp. 560–61.
11. Guevara, *Escritos y discursos*, tomo 9, pp. 344–345. El subrayado es del autor.

12. Guevara, *Escritos y discursos*, tomo 9, pp. 345–346.
13. Ver el contenido de los cinco convenios en Fidel Castro, "Informe al pueblo cubano sobre los acuerdos suscritos con la Unión Soviética", en *Granma*, 4 de enero de 1973. Aparece también en *La Revolución de Octubre y la Revolución Cubana* (La Habana: Ediciones del Departamento de Orientación Revolucionaria del Comité Central del Partido Comunista de Cuba, 1977), pp. 227–233.
14. *Granma*, 4 de enero de 1973.
15. *Resumen Semanal Granma*, 21 de enero de 1973.
16. El Consejo de Ayuda Mutua Económica (CAME) se fundó en 1949 a iniciativa de Moscú. Su propósito declarado era coordinar la política comercial y de inversiones de la Unión Soviética y los gobiernos de Europa Oriental. Posteriormente se incorporaron Mongolia (1962), Cuba (1972) y Vietnam (1978). Albania se retiró en 1961. Yugoslavia, Corea del Norte y China nunca fueron miembros.
17. Guevara, *Apuntes críticos*, p. 211.
18. Guevara, *Apuntes críticos*, p. 62.

## Notas para el capítulo 8

1. Guevara, "Discurso pronunciado en la clausura del seminario 'La juventud y la revolución'", 9 de mayo de 1964, en *Escritos y discursos*, tomo 8, p. 79.
2. Lenin, *Obras completas*, tomo 39, pp. 1–31.
3. Guevara, "El trabajo voluntario, escuela de conciencia comunista", 15 de agosto de 1964, en *El socialismo y el hombre en Cuba*, p. 139.
4. Guevara, "Discurso pronunciado en la clausura del seminario 'La Juventud y la Revolución'", en *Escritos y discursos*, tomo 8, p. 77.
5. Guevara, "El trabajo voluntario, escuela de conciencia comunista", *El socialismo y el hombre en Cuba*, p. 139.
6. Guevara, "Discurso pronunciado en la entrega de premios a los ganadores de la Emulación Socialista en el Ministerio

de Industrias", 22 de octubre de 1964, en *Escritos y discursos*, tomo 8, p. 202.

7. Guevara, "Reuniones bimestrales", 11 de julio de 1964, en *Che en la Revolución Cubana*, tomo 6, p. 381.

8. Se refiere a la "crisis de misiles" de octubre de 1962. Ver la nota 1 en las pp. 340–41.

9. Guevara, "Reuniones bimestrales", 11 de julio de 1964, en *Che en la Revolución Cubana*, tomo 6, pp. 381–82.

10. Guevara, "Plan especial de integración al trabajo", octubre de 1964, en *Che en la Revolución Cubana*, tomo 6, pp. 550–51.

11. Guevara, "Reuniones bimestrales", 5 de diciembre de 1964, in *Che en la Revolución Cubana*, tomo 6, pp. 423–24.

12. Guevara, "Reuniones bimestrales", 11 de julio de 1964, in *Che en la Revolución Cubana*, tomo 6, p. 379.

13. Guevara, "Entrega de certificados de trabajo comunista", 15 de agosto de 1964, en *Che en la Revolución Cubana*, tomo 5, p. 178.

14. **Narciso López** (1798–1851), capturado y ejecutado durante la guerra de independencia contra España.

    **Ignacio Agramonte** (1841–1873), mayor general en el Ejército Libertador. Cayó en combate contra una columna de caballería española.

    **Carlos Manuel de Céspedes** (1819–1874), comandante supremo del ejército independentista cubano, y luego presidente. Muerto en combate.

    **Antonio Maceo** (1845–1896), líder militar en las guerras de independencia contra España. Cayó en combate.

    **José Martí** (1853–1895), héroe nacional de Cuba, poeta y escritor. Organizó y planificó la guerra de independencia de 1895. Murió en combate.

    **Máximo Gómez** (1836–1905), fue general en la guerra independentista cubana de 1868–78 y llegó a ser mayor general del Ejército Libertador en la guerra de 1895–98 contra la coloniaje español.

    **Julio Antonio Mella** (1903–1929), dirigente fundador del Partido Comunista de Cuba en 1925. Asesinado por la dictadura de Machado.

Camilo Cienfuegos (1931–1959), jefe del estado mayor del Ejército Rebelde. Murió cuando su avión se perdió en el mar en octubre de 1959.

15. Ver la nota 1 sobre Playa Girón en la página 340.
16. Guevara, "Entrega de premios de la emulación socialista", 22 de octubre de 1964, *Che en la Revolución Cubana*, tomo 5, pp. 199–200.
17. Guevara, "El trabajo voluntario, escuela de conciencia comunista", en *El socialismo y el hombre en Cuba*, p. 140.

### Notas para el capítulo 9

1. Notas de una entrevista realizada por el autor en 1979 al doctor Orlando Borrego Díaz, viceministro primero de Che en el Ministerio de Industrias.
2. Guevara, "Discurso en la entrega de premios a obreros destacados del Ministerio de Industrias", 30 de abril de 1962, en *Escritos y discursos*, tomo 6, pp. 157–158.
3. Guevara, "A los obreros más destacados durante el año 1962", 27 de enero de 1963, en *Che en la Revolución Cubana*, tomo 4, p. 273.
4. Guevara, "Participación en programa televisado acerca de la implantación de normas de trabajo y escala salarial en los sectores industriales", 26 de diciembre de 1963, en *Escritos y discursos*, tomo 7, p. 181.
5. Guevara, *Apuntes críticos*, p. 170.
6. Acerca de la producción de plusvalía, ver Marx, *El capital*, tomo 1, vol. 1, especialmente la "Sección segunda: La transformación de dinero en capital" y la "Sección tercera: Producción del plusvalor absoluto".
7. Guevara, "Entrega de premios a obreros más destacados en julio", 15 de septiembre de 1962, en *Che en la Revolución Cubana*, tomo 4, p. 214.
8. Guevara, "Participación en programa televisado acerca de la implantación de normas de trabajo y escala salarial en los sectores industriales", 26 de diciembre de 1963, en *Escritos y discursos,* tomo 7, p. 179.

9. Guevara, en *Escritos y discursos*, tomo 7, pp. 163–64.
10. *La organización salarial en Cuba (1959–1981)*, Departamento de Orientación Revolucionaria, Comité Central del Partido Comunista de Cuba, 1983.
11. *La organización salarial en Cuba (1959–1981)*.
12. Guevara, "Participación en programa televisado acerca de la implantación de normas de trabajo y escala salarial en los sectores industriales", 26 de diciembre de 1963, *Escritos y discursos*, tomo 7, p. 164.
13. Augusto Martínez Sánchez, "La implantación del nuevo sistema salarial en las industrias de Cuba", en *Cuba Socialista*, no. 26, octubre de 1963, p. 10.
14. Guevara, *Escritos y discursos*, tomo 7, pp. 179–81.
15. Guevara, "Discurso en la clausura del Consejo Nacional de la Central de Trabajadores de Cuba", 15 de abril de 1962, en *Escritos y discursos*, tomo 6, p. 143.
16. Martínez Sánchez, *Cuba Socialista*, no. 26, p. 11.
17. Martínez Sánchez, *Cuba Socialista*, no. 26, pp. 10–11.
18. Martínez Sánchez, *Cuba Socialista*, no. 26, p. 9.
19. Guevara, *Escritos y discursos*, tomo 7, pp. 165–66.
20. Guevara, "Intervención en una reunión", 16 de marzo de 1962, en *Che en la Revolución Cubana*, tomo 4, p. 87.
21. Guevara, *Che en la Revolución Cubana*, tomo 4, p. 94.
22. Guevara, "Discurso en el acto de graduación de la escuela 'Patricio Lumumba'", 21 de diciembre de 1962, en *Escritos y discursos*, tomo 6, p. 277.
23. Guevara, "Participación en programa televisado acerca de la implantación de normas de trabajo y escala salarial en los sectores industriales", en *Escritos y discursos*, tomo 7, p. 184.
24. Guevara, "Planificación y conciencia en la transición al socialismo: Sobre el Sistema Presupuestario de Financiamiento", en *El socialismo y el hombre en Cuba*, p. 106. El subrayado es de Che.
25. Las formas de pago se expusieron con detalle en el folleto *Bases para la organización de los salarios y sueldos de los tra-*

*bajadores*, editado por el Ministerio del Trabajo. De este documento tomaremos lo esencial para la exposición del presente apartado.

26. Guevara, *Apuntes críticos*, p. 153.
27. "En marzo de 1968 se llevó a cabo una ofensiva revolucionaria, en virtud de la cual un gran número de pequeñas empresas pasó a manos de la nación. Tal medida no era necesariamente una cuestión de principios en la construcción del socialismo en esa etapa, sino el resultado de la situación específica de nuestro país en las condiciones de duro bloqueo económico impuesto por el imperialismo y la necesidad de utilizar de modo óptimo los recursos humanos y financieros, a lo que se sumaba la acción política negativa de una capa de capitalistas urbanos, que obstruían el proceso.

    "Esto, desde luego, no exonera a la revolución de la responsabilidad y las consecuencias de una administración ineficiente de los recursos, que contribuyeron a agravar el problema financiero y la escasez de fuerza de trabajo. Como únicas formas de propiedad privada permanecieron las parcelas campesinas, que abarcaban un 30 por ciento de las tierras, y una parte reducida del transporte que siguió funcionando como propiedad personal de los que la explotaban directamente."

    Fidel Castro, "Informe Central al Primer Congreso", en *Informe Central: I, II y III Congreso del Partido Comunista de Cuba* (La Habana: Editora Política, 1990), p. 47.

28. A mediados de los años 60, la dirección cubana inició una batalla contra el burocratismo, centrándose en las plantillas infladas y las malas normas de trabajo en el aparato administrativo. Este esfuerzo se describió en una serie de editoriales en el diario *Granma* en marzo de 1967. Ver las ediciones de *Resumen Semanal Granma* del 5 y 12 de marzo de 1967.
29. Castro, en *Informe Central: I, II y III Congreso del Partido Comunista de Cuba*, pp. 104–105.
30. Castro, en *Informe Central: I, II y III Congreso del Partido Comunista de Cuba*, p. 92.

31. Guevara, "Planificación y conciencia en la transición al socialismo: Sobre el Sistema Presupuestario de Financiamiento", en *El socialismo y el hombre en Cuba*, p. 103.
32. Guevara, *El socialismo y el hombre en Cuba*, pp. 97–98.
33. Guevara, *El socialismo y el hombre en Cuba*, p. 97. El subrayado es de Che.
34. Guevara, "Reuniones bimestrales", 12 de octubre de 1963, en *Che en la Revolución Cubana*, tomo 6, p. 283.
35. Guevara, "Con los visitantes latinoamericanos", publicado en el periódico *Hoy* del 21 de agosto de 1963, en *Che en la Revolución Cubana*, tomo 4, p. 378.
36. Guevara, "Charla con delegados extranjeros al Primero de Mayo", 2 de mayo de 1962, en *Escritos y discursos*, tomo 6, p. 186.
37. Guevara, "Discurso en la asamblea general de trabajadores de la Textilera Ariguanabo", 24 de marzo de 1963. Ver *Escritos y discursos*, tomo 7, pp. 43–44. El subrayado es del autor.
38. Guevara, *Escritos y discursos*, tomo 7, p. 43.
39. Guevara, *Escritos y discursos*, tomo 6, p. 187.
40. Marx, *Crítica del Programa de Gotha*, en *Obras escogidas*, tomo 3, p. 13 (el subrayado es de Marx). Él estaba criticando las concesiones innecesarias hechas por sus partidarios en Alemania al adoptar el programa político del recién fundado Partido Obrero Socialista de Alemania, que estaba fuertemente influenciado por las concepciones pequeñoburguesas de Ferdinand Lassalle.
41. Guevara, "Planificación y conciencia en la transición al socialismo: Sobre el Sistema Presupuestario de Financiamiento", en *El socialismo y el hombre en Cuba*, p. 103. El subrayado es del autor.
42. Guevara, "Homenaje a trabajadores y técnicos más destacados durante el año 1962", 30 de abril de 1963, en *Che en la Revolución Cubana*, tomo 4, p. 336.
43. Guevara, "A los obreros más destacados del Ministerio de Industrias en noviembre y diciembre de 1962", 2 de fe-

brero de 1963, en *Che en la Revolución Cubana*, tomo 4, p. 280. El subrayado es del autor.

44. Marx, *Crítica del Programa de Gotha*, en *Obras escogidas*, tomo 3, p. 15.
45. Guevara, *El socialismo y el hombre en Cuba*, p. 98.
46. Castro, *Informe Central: I, II y III Congreso del Partido Comunista de Cuba*, p. 111.
47. Guevara, "Reuniones bimestrales", 22 de febrero de 1964, en *Che en la Revolución Cubana*, tomo 6, p. 323
48. Guevara, *Che en la Revolución Cubana*, tomo 6, p. 320.
49. Guevara, "Intervención en una reunión", 16 de marzo de 1962, en *Che en la Revolución Cubana*, tomo 4, p. 85.
50. Guevara, "Discurso en homenaje a trabajadores destacados", 21 de agosto de 1962, en *Escritos y discursos*, tomo 6, pp. 227, 238.
51. Guevara, "Discurso en la clausura del Consejo Nacional de la Central de Trabajadores de Cuba", 15 de abril de 1962, en *Escritos y discursos*, tomo 6, pp. 134-135.
52. Guevara, "Discurso en la Plenaria Azucarera en Camagüey", 9 de febrero de 1963, en *Escritos y discursos*, tomo 7, pp. 15-16.
53. Guido "Inti" Peredo (1937-1969), miembro del Partido Comunista de Bolivia, se incorporó a la guerrilla en ese país dirigida por Che Guevara y formó parte de su estado mayor. Cayó en combate en La Paz en septiembre de 1969.
54. Guevara, *Apuntes críticos*, pp. 71-72.
55. Esta afirmación por mi parte no solo viene avalada por los estudios teóricos que he venido haciendo desde 1969, sino por mi quehacer práctico durante una década (1976-1984) al frente de la dirección económica de una gran empresa nacional estatal (Empresa de Producciones Varias, EMPROVA), donde hemos aplicado el Cálculo Económico y hemos podido constatar los cambios que produce, no solo en las relaciones económicas de producción, sino en la naturaleza humana, en las conductas de los trabajadores, funcionarios y dirigentes a

todos los niveles. Che tenía razón en sus convicciones al respecto.

### Notas para el capítulo 10

1. Che no abandonó sus estudios del período de transición al socialismo cuando, entre fines de 1966 y octubre de 1967, fue a Bolivia para dirigir un movimiento guerrillero contra la dictadura militar en ese país. Llevó consigo los libros indispensables para su estudio. Y también impartió clases de economía política a sus compañeros en la selva boliviana.
2. Guevara, "El trabajo voluntario, escuela de conciencia comunista", 15 de agosto de 1964, en *El socialismo y el hombre en* Cuba, p. 143.
3. Guevara, "En el programa de televisión 'Información Pública'", 25 de febrero de 1964, en *Che en la Revolución Cubana*, tomo 5, pp. 43–44.
4. Guevara, "Empresa Consolidada de Equipos Eléctricos", 11 de mayo de 1964, en *Che en la Revolución Cubana*, tomo 6, pp. 60–61.
5. Guevara, "Empresa Consolidada de Tenerías", 8 de agosto de 1964, en *Che en la Revolución Cubana*, tomo 6, p. 73.
6. Guevara, *Che en la Revolución Cubana*, tomo 5, pp. 37–38.
7. Guevara, *Che en la Revolución Cubana*, tomo 5, p. 45.
8. Guevara, "Discurso en la asamblea de emulación del Ministerio de Industrias", 22 de octubre de 1964, en *Escritos y discursos*, tomo 8, p. 193.
9. Se refiere a lo realizado por el compañero Regino Boti en la fábrica que estaba dirigiendo en aquel momento.
10. Guevara nombró a Graciela del Cueto, una psicóloga en el Ministerio de Industrias, para buscar a trabajadores que tuvieran un mínimo nivel de educación formal y demostrado potencial de liderazgo.
11. Guevara, "Reuniones bimestrales", 5 de diciembre de 1964, en *Che en la Revolución Cubana*, tomo 6, p. 423.

## Notas para el capítulo 11

1. Guevara, "El cuadro, columna vertebral de la revolución", septiembre de 1962, en *Escritos y discursos*, tomo 6, pp. 239–240.
2. Guevara, "El trabajo voluntario, escuela de conciencia comunista", en *El socialismo y el hombre en Cuba*, pp. 130–31.
3. Guevara, "Reuniones bimestrales", 22 de febrero de 1964, en *Che en la Revolución Cubana*, tomo 6, p. 336.
4. Guevara, *Che en la Revolución Cubana*, tomo 6, pp. 335–36.
5. Guevara, "El socialismo y el hombre en Cuba", en el libro del mismo nombre, p. 77.
6. Guevara, "Reuniones bimestrales", 22 de febrero de 1964, en *Che en la Revolución Cubana*, tomo 6, p. 327.
7. Guevara, "En el programa de televisión 'Información pública'", 25 de febrero de 1964, en *Che en la Revolución Cubana*, tomo 5, p. 44.
8. Gracias a una campaña sistemática de educación para adultos, Cuba se fijó la meta de elevar el nivel educativo de la población general. En 1973, este esfuerzo se concretó con la Batalla por el Sexto Grado, cuyo objetivo se alcanzó antes de 1980, el año proyectado. Cuba entonces lanzó la Batalla por el Noveno Grado.
9. Guevara, "En el programa de televisión 'Información pública'", en *Che en la Revolución Cubana*, tomo 5, pp. 41–42.
10. Guevara, "Discurso en el acto de graduación de administradores del Ministerio de Industrias", 21 de diciembre de 1961, en *Che en la Revolución Cubana*, tomo 3, p. 454–55.
11. Guevara, "Reuniones bimestrales", 5 de diciembre de 1964, en *Che en la Revolución Cubana*, tomo 6, pp. 414–15.

## Notas para las Conclusiones

1. Castro, discurso de clausura del IV Congreso de la Unión de Jóvenes Comunistas, 4 de abril de 1982. Publicado en *Granma*, 6 de abril de 1982.
2. Guevara, "Reuniones bimestrales", 12 de octubre de 1963, en *Che en la Revolución Cubana*, tomo 6, p. 283.

3. Guevara, "Entrevista concedida a Jean Daniel en Argelia", 25 de julio de 1963. En *Che en la Revolución Cubana*, tomo 4, p. 369.
4. Castro, *Granma*, 6 de abril de 1982.
5. Guevara, *El socialismo y el hombre en Cuba*, pp. 63–64.
6. Guevara, 21 de diciembre de 1963, *Che en la Revolución Cubana*, tomo 6, pp. 311–12.
7. Guevara, 21 de agosto de 1962, *Escritos y discursos*, tomo 6, p. 229.
8. Guevara, *Apuntes críticos*, p. 31.
9. Guevara, *Apuntes críticos*, p. 114.
10. Guevara, "La banca, el crédito y el socialismo", marzo de 1964, en *Escritos y discursos*, tomo 8, p. 40.
11. Ver la nota 16 en la página 359 sobre el Consejo de Ayuda Mutua Económica.
12. Guevara, "El trabajo voluntario, escuela de conciencia comunista", 15 de agosto de 1964, en *El socialismo y el hombre en Cuba*, p. 143.

# Índice

Administración. *Ver* Gestión administrativa
Agramonte, Ignacio, 250, 360n
Agricultura, 64, 70, 107, 133, 139, 206–7, 219, 235, 250, 289, 351n
  campesinos, 99
    en Bolivia, 48, 50
    en Polonia, 219–20
    en Rusia, 122–23, 126–29
    en Yugoslavia, 141–42
  cooperativas, 134, 172, 177, 197, 200
  trabajadores asalariados, 35, 142, 260–62, 272–76
Allende, Salvador, 89
Álvarez Rom, Luis, 201, 203, 356n
Angola, 17, 35, 71
*Apuntes críticos a la economía política* (Guevara, 2006), 14
  *Ver también* Manual de economía política (soviético)
Arbenz, Jacobo, 9
Argel, conferencia de (1965), 19, 222–24, 231–33
Asociación de Economistas de América Latina y el Caribe, 15
Autogestión Financiera, sistema de. *Ver* Cálculo Económico, sistema de
Azúcar, 231–32, 351n

"Banca, el crédito y el socialismo, La" (Guevara, 1964), 187–88, 356n
Banco Nacional, 10, 23, 58, 150, 300, 351n, 353n
Bancos y sistema bancario, 187–220, 356n
  Banco Nacional (Cuba), 10, 23, 58, 300, 351n, 353n
  en el Cálculo Económico, 154–55, 191–94, 199–203
  y finanzas, 150, 153–54, 195–96, 201–2, 204, 211–12, 215–17, 304–5
  y precios, 172–77, 204–6, 208–16
  y relaciones mercantiles, 188–89, 194
  en el Sistema Presupuestario de Financiamiento, 154, 191–204, 331–32
    centralización de, 147–50, 166, 195, 353n
    puede ser "una simple caja", 196
  *Ver también* Crédito; Interés sobre el capital
Batista, Fulgencio, 9–10, 22, 46, 343n, 352n
Bayamo, cuartel de, 26
Bloqueo de Washington a Cuba, 44, 75, 231–32, 341n, 363n
Bolcheviques. *Ver* Revolución Rusa (octubre 1917)

Bolivia, Guevara en, 10, 20, 41, 48, 162, 292, 321, 353n, 365n
Borrego, Orlando, 311, 346n, 351n, 361n
Boti, Regino, 306, 366n
Brest-Litovsk, tratado de, 124, 132, 134–35
Brus, Wlodzimierz, 125, 176
Burocracia, 34, 54, 62, 159, 249, 275, 279, 295, 300, 336, 363n

Cálculo Económico, sistema de, 14, 32, 60–61, 110, 193, 195–202, 204–5, 213, 326
  como "antimarxista", 14
  en Cuba. *Ver* Sistema de Dirección y Planificación de la Economía
  dinero y la banca en el, 187, 194–95
  Guevara sobre, 136–37, 139–42, 156–57, 178–81, 218–20, 296–98, 321–22
    estudiantes en Moscú, discusión con, (1964), 140–42
    Sistema Presupuestario de Financiamiento, comparación con, 189, 191–93, 200–203
  Ley del valor, depender de, 134, 178–81, 213, 219
  y Nueva Política Económica (NEP), 125–26, 133–34
  y precios, 135, 151, 205–6, 212–13

Cálculo Económico, sistema de (*continuación*)
  y regreso al capitalismo, 142, 241
    Castro sobre, 16
    en Polonia, 218–19
    en Yugoslavia, 150–52
Calidad, en producción, 60–61, 64–65, 67, 69–70, 73–75, 91
Canadá, 279
Capacitación técnica, 65, 149, 262–64, 271
*Capital, El* (Marx), 163, 167–70, 189–90, 197–99, 228, 294, 345n, 355–56n, 361n
  estudio realizado por Guevara de, 30
Capitalismo de estado, 122–23, 128
Capitalismo, métodos y categorías del, 166–85, 194, 204, 298
  Castro sobre, 55, 59, 62–63, 67
    capitalistas de pacotilla, 56, 61–62
  Guevara sobre, 104, 109–10, 134–35, 170–74, 180–81, 194, 219–20, 320, 325–26, 328–30
    "armas melladas que nos legara el capitalismo", 101, 116, 158
"Capitalistas de pacotilla", 56, 61–62
Casa de las Américas, 12–13, 58
Castro, Fidel, 41–76, 221–22, 234–36, 288

Castro, Fidel (*continuación*)
  sobre Carlos Tablada, 58–59
  sus acciones para que
    se publicaran ideas de
    Guevara, 15–16
  sobre conciencia comunista,
    277, 285–86
  críticas sobre aplicación del
    Cálculo Económico en
    Cuba, 16
  sobre errores económicos en
    Cuba, 56–57, 59, 275–76
  sobre intercambio desigual
    en el comercio exterior,
    234–37
  sobre ley del valor, 59–62, 71
  sobre trabajo voluntario, 54,
    60–63
  sobre la Unión Soviética,
    139, 234–37
  sobre uso de métodos y
    categorías capitalistas, 55,
    59, 62–63, 67
    y capitalistas de pacotilla,
      56, 61–62
  *Ver también* Rectificación,
    Proceso de
Castro, Fidel, sobre Che
  Guevara, 13, 19, 41–76
  "que se conozca su
    pensamiento económico en
    el mundo", 13, 46, 57–66
  sus cualidades, 49–53, 56–58,
    66–67
  su ejemplo, 51–52, 53, 73–76
Castro, Raúl, 316
Central de Trabajadores de
  Cuba (CTC), 38, 288
Centralización, 182, 191–95,
  205–18

Centralización (*continuación*)
  beneficios de, 86, 109,
    205–12
  contabilidad y banca, 147–
    50, 153–54, 158–59, 191–95,
    331–32, 353n
  economía como una sola
    gran empresa, 154, 192–93,
    202, 331
  y planificación, 164–65, 174,
    180, 191–95, 201–2, 206–18,
    353n
Centro de Estudios Che
  Guevara (La Habana), 14
Centro de Investigaciones de
  la Economía Mundial (La
  Habana), 11
Centro Tricontinental
  (Bélgica), 12
Céspedes, Carlos Manuel de,
  250, 360n
Checoslovaquia, 142
Chile, 89, 231
China, 99, 239
CIA, 10
*Cien horas con Fidel* (Castro),
  17
Cienfuegos, Camilo, 46, 52,
  250, 341n, 361n
Circular 90 (Ministerio de
  Industrias), 217
Círculos infantiles, 35, 62, 72,
  284
Clase trabajadora
  internacionalización de la,
    182, 222, 230, 232, 237–
    39
  *Manual de economía política*
    (soviético) sobre, 89–90,
    98–100

Clase trabajadora (*continuación*)
en países imperialistas, 99–100
Ver también Dictadura del proletariado; Internacionalismo
"Coexistencia pacífica", 240
*Comercio Exterior* (revista), 355n
Comercio, 107, 132, 137, 191, 210, 226–40
  interior, 172–73, 205
  y productores pequeños, 122, 132
  con países coloniales y semicoloniales, 222–24, 229, 237–38
  entre países socialistas, 181–82, 237–41
  Ver también Intercambio desigual
Competencia, 225, 239
  en el Cálculo Económico, 151–52, 182–83, 209
  capitalista, 150–51, 156, 213, 337
  comunista, 132, 278
  y emulación, 287–91
Computación, técnicas de, 31, 69, 74, 153, 300, 327
Comunicaciones, 100, 107–9, 152, 206, 306
Comunismo. Ver Transición al socialismo y comunismo
Conciencia, transformación de, 91, 97, 105–6, 163–64, 190, 223, 237, 271, 276–78
  no es automática, 57, 93–98, 100–104, 115–17, 181–82, 276–78

Conciencia, transformación de (*continuación*)
Castro sobre, 26–27, 57, 59, 65, 75, 119–20, 275, 323
  y "cieno" del pasado arrastrado de la sociedad capitalista, 20, 33, 92–93, 277–78
  desarrollo gradual de, 259, 277–78
  y ejemplo que deben dar dirigentes, 311–12
  y futuro del socialismo, 105–6, 114, 134, 160, 178, 285–86, 322–24
Guevara sobre, 26–27, 29, 57, 59, 65, 75, 86–87, 91–97, 113–18, 155–56, 161–62
Marx sobre, 29, 92–94, 106, 117, 324, 345n
  nuevas relaciones de producción, 79, 92–93, 183, 253–54, 285–86, 288–91, 320, 322–24, 334–36
"Nuevo hombre comunista", 51–52, 55, 91–92, 105–6, 113–16, 119, 181, 243, 330
  y planificación económica, 84–85, 161–65, 175–78, 182
  y política de estímulos, 278–81, 283–87, 334–36
  y sistema salarial, 261–62, 263–66
  y trabajo voluntario, 244–47, 277–80
Ver también Transición al socialismo y comunismo; Valores morales

ÍNDICE / 373

Conferencia Mundial de Comercio y Desarrollo (Suiza, 1964), 222-24
Congo, 10, 24, 321
Consejo de Ayuda Mutua Económica (CAME), 238, 333
Consejo de Estado (Cuba), 11
"Consideraciones sobre los costos de producción" (Guevara, 1963), 182-83
Consumidores y artículos de consumo, 93, 161-62, 189-90, 208, 276-77, 282, 294
   y conciencia política, 118-20, 285-86
   y precios, 205-6, 210-12, 281-83, 331
Contabilidad, 55-56, 68, 154, 202-5, 212, 217, 299, 301-4
   y bancos, 147-50, 193, 195, 331-32
   centralización de, 147-50, 159, 195
   técnicas modernas de, 108-5, 153, 190, 301, 326
   en la Unión Soviética, 154-57, 195-97
*Contribución a la crítica de la economía política* (Marx, 1857-58), 163, 227
Controles y supervisión, 31, 68-69, 153-54, 156, 160, 172-73, 203-4, 210-11, 299-307
   contabilidad y análisis de costos, 109, 150, 153-57, 190

Controles y supervisión (*continuación*)
   y corporaciones imperialistas, 108, 153-54
   fundamentos del sistema en su conjunto, 249, 300
   "guardianes del patrimonio nacional", 302
   informes anuales (Circular 90), 150, 217
   lucha contra robo, indisciplina, corrupción, 216-17, 303, 305-6
Cooperativas, 96, 134, 172, 177, 197, 200, 295
Costos
   y contabilidad de costos, 68, 109, 191-92, 205-6, 281-82
   como índice de eficiencia, 68-69, 212-16, 301-3
   y precios, 173-75, 183, 206-7, 209-16, 218
   y producción, productividad, 149, 196, 215-16, 257-58, 272-74, 281-82
   y salarios, 257-58
Crédito, 154, 180, 204
   en el Sistema Presupuestario de Financiamiento, no hay cabida para, 154, 197-203
   y el internacionalismo proletario, 232-36
   *Manual de economía política* (soviético) sobre, 135-38, 179, 196-97
   Marx sobre, 199-200
   y propiedad privada, 197-200
   y salarios, 204
"Crisis de misiles" de octubre 1961, 44

*Crítica del Programa de Gotha* (Marx, 1875), 30, 94, 163, 282–83, 365n
Cuadros, política de, 46, 60, 158, 262, 292, 309–11
　administradores, cualidades deseadas, 311–16
　capacitación, 311–17
*Cuba Socialista* (revista), 267–68
*CubaDebate* (publicación digital), 15

Declaraciones de La Habana
　Primera (1960), 44, 341n
　Segunda (1962), 44, 341n
Del Cueto, Graciela, 306, 366n
Democracias Populares, 87, 89–90, 108–9, 142, 156, 221, 223–25, 231
Dengue hemorrágico, 11
Departamento de Industrialización. *Ver* Instituto Nacional de Reforma Agraria (INRA), Departamento de Industrialización del
Desempleo, 107, 147–49, 173
Deuda externa, 234–35
Dictadura del proletariado, 86–90, 97–100, 163–64
　*Ver también* Transición al socialismo y comunismo
Dinero, 55–56, 192–94
　funciones del, 189–90, 355–56n
　　como dinero aritmético en transición al socialismo, 189–97, 210, 255, 331

Dinero
　funciones del (*continuación*)
　　como medio de circulación entre el estado y productores pequeños, 189, 331
　　e interés sobre el capital, 198–200, 204, 332
　　*Manual de economía política* (soviético) sobre, 135–38, 180, 191
　　como medida de valor, 177, 190, 193
　y relaciones monetario-mercantiles, 125–26, 138–39, 170–72, 180, 183–84, 188, 194, 197–98, 255, 329–31
　　eliminación gradual del, 171, 180, 188, 190, 255, 330
Distribución, 150–51, 158–59, 173–74, 183, 189–90, 209, 257, 293, 296, 331, 355n
　y cantidad y calidad del trabajo, 282, 296
　*Manual de economía política* (soviético) sobre, 14, 290–91, 296–97
　socialismo no es solo distribución de riquezas, 26–27, 29, 59, 91, 117, 123, 181, 323, 330

Economía, estructura y superestructura de la, 94, 97–98, 101–5, 137–38, 200, 324–25
Editorial José Martí, 14

Educación, 62, 96, 221, 270–71, 274, 283, 285, 290–92, 316, 346n, 366–67n
  para el comunismo, 102, 116, 138, 274, 330, 344n
  en Cuba, 65, 73, 221, 281
  elevar nivel de, 150, 155–56, 160, 315
  y niveles salariales, 262, 281, 284–85
  y trabajo voluntario, 246
  *Ver también* Capacitación técnica
Eficiencia económica, 94–95, 175, 195, 211, 215, 254, 257–60, 275–76
  tras cambio en relaciones de propiedad, 278
  medición de, 94–95, 175, 195–96, 211, 215, 254, 257–60
    en el capitalismo, 257, 286
  como meta, 75, 92, 103, 149, 153, 305–6
    y Nueva Política Económica (NEP), 133–34
  en el uso de recursos, 70, 114, 212–13, 301, 320, 363n
Egipto, 150
Empresa Consolidada de la Harina, 353n
Empresa Consolidada del Petróleo, 353n
Empresas estatales bajo Sistema Presupuestario de Financiamiento, 32
  administración, 309–17

Empresas estatales bajo Sistema Presupuestario de Financiamiento (*continuación*)
  banca, finanzas e interés, 147, 154–55, 191–93, 198–200, 203–4, 331–33
  centralización en, 153–54, 158–60, 216–17, 353n
  contabilidad de costos, 301–2, 304
  controles y supervisión, 204–5, 212–13, 259, 301–3, 305–6, 337
  dinero de cuenta para transacciones entre, 189–90
  dirigentes deben ser el ejemplo, 249–50
  EMPROVA, 11, 365n
  estímulos, 159
  "una gran empresa", 182, 192–93, 202
  nacionalizaciones de, 310
  normas para evaluación, 114–15, 190, 320–21
  normas del trabajo, 159–60
  precios, política para fijar, 177, 189–90, 204–16
  principales características de, 201–4
  relaciones de dinero-mercancía, 171, 182, 193
    y empresas cooperativas, 172, 177, 197, 200
  y sindicatos, 267–69
  trabajo voluntario, 246–49
  *Ver también* Sistema Presupuestario de Financiamiento

Empresas estatales bajo sistema de Cálculo Económico
 banca, finanzas, e interés, 191–97, 204
 Castro sobre deficiencias en Cuba, 54–56, 59, 61
 competencia y conflicto de intereses bajo, 174, 193–94, 202–3
 normas para medir producción, 133–36, 190–91
 precios, política para fijar los, 201–7
 relaciones dinero-mercancía, 329
 salarios, 151, 296–97
EMPROVA, 11, 365n
Emulación, 287–91, 334, 337
 Lenin sobre, 244
 *Manual de economía política* (soviético) sobre, 290–91
Enajenación, 56, 91, 249, 306, 322
Engels, Federico, 30, 79–80, 84–85, 92, 97, 184, 232, 244, 300
*Estado y la revolución, El,* (V.I. Lenin, 1917), 88
Estados Unidos, imperialismo, 17, 223
 ataques de EE.UU. a
  Chile, 89
  Revolución Cubana, 44, 76, 230–32, 340–41n, 363n
  Revolución Rusa, 240
  Revolución Vietnamita, 240

Estímulos materiales, sistema de, 96–97, 115, 142, 172, 275–98
 autoanulación de, 91, 278–80, 286–87
 de carácter social, 80
 y desarrollo de conciencia, 95–96, 277–78
 no como palanca fundamental, 96–97, 278–79
 primas, 67, 265, 268–69, 272–73, 278, 280–81
  en el Cálculo Económico, 296–97
  colectivas, 281, 284
  no merecidas, 56, 62
 como rezago del capitalismo, 278–79
 sanciones, uso de, 161, 269, 271, 275, 278, 281–83, 287, 292
 y uso equilibrado con estímulos morales, 278–80, 286–87
Estímulos morales, sistema de, 80, 158–59, 253–98
 errores en, después de partida de Che, 276
 *Ver también* Emulación
Etiopía, 71
Europa Oriental, 17, 21, 32–37,

Feudalismo, 184, 254, 344n
Feuerbach, Ludwig, 163, 345n,
Finanzas. *Ver* Contabilidad; Bancos y sistema bancario; Controles y supervisión

Fuerza de trabajo
  en el capitalismo, 168–69,
    173, 245
  en el socialismo, 204, 245
*Fundamentos de la crítica
  de la economía política
  [Grundrisse]* (Marx, 1858–
  89), 227

Ganancia y rentabilidad,
  124–25, 133, 172, 203–4
  y equilibrio económico, 169,
    173, 175–77, 183, 204–5,
    209
Gestión administrativa, 66,
  148
  centralización de, 109,
    116–17, 158–60
  concepciones de Guevara
    sobre, 58–66
  eficiencia de, 67–70, 75, 95,
    103–4, 109, 114, 134, 153
Gómez, Máximo, 25, 250,
  360n
"Gran iniciativa" (Lenin, 1919),
  243–44
Granada, 35
*Granma* (diario), 236
*Granma* (expedición), 9, 44
Guatemala, 9
Guerra civil (Rusia, 1918–20),
  104, 123–24, 127–28
Guerra cubana de
  independencia, primera
  (1868–78), 25
Guevara, Che, 9–10, 19–33,
  44–45, 291–92
  Castro, recuerdos de, 31,
    43–59

Guevara, Che (*continuación*)
  reforma agraria (1959), su
    ayuda en redactar la, 23
  ejemplo de, 26, 28, 46, 48–49,
    51–54, 73–76
  escritos de, 24–25
    todas sus obras
      publicadas (2006–16),
      13–14
  estudiantes en Moscú,
    discusión con (1964),
    140–42
  y Proceso de Rectificación,
    53–57
  sus responsabilidades en
    Cuba, 9–10, 58, 147–48,
    300
    en Ejército Rebelde, 9,
      46–47
    Movimiento 26 de Julio,
      (1959–65), 10
    La Cabaña, Fortaleza de
      (1959), 148
    Departamento de
      Industrialización del
      Instituto Nacional de
      Reforma Agraria, INRA
      (1959–61), 23, 147–50,
      300
    Banco Nacional (1959–
      61), 10, 23–24, 58, 300,
      351n, 353n
    Ministro de Industrias
      (1961–64), 24, 152, 300
    Partido Comunista
      de Cuba, dirigente
      fundador (1965), 10, 24
  sus responsabilidades
    internacionales, 10, 24, 31

Guevara, Che
  sus responsabilidades
    internacionales
      Congo, misión en
        (1965–66), 10
      Bolivia, misión en (1967),
        10, 45–48, 162, 292
  *Ver también* Trabajo
    voluntario
Guillén, Nicolás, 42

Hegel, Georg Wilhelm
  Friedrich, 156
*Historia de la banca en Cuba*
  (Tablada), 12
Horas extras, 55

*Ideología alemana, La* (Marx y
  Engels, 1845–46), 92, 97,
  163
Imperialismo, 20–21, 29–30,
  224, 226–27, 230, 250,
  293
  "aristocracia obrera" en el,
    295
  ataques a Revolución Rusa
    por el, 124, 230, 348–49n
  imperialismo
    norteamericano, 89, 240
      Cuba, ataques contra, 44,
        75, 121, 230–31, 234,
        298, 340–42n, 363n
  ruptura del eslabón más
    débil, 155, 184
*Imperialismo, fase superior
  del capitalismo, El* (Lenin,
  1916), 295
Impuestos, 204–5
India, 150
Indonesia, 150

Inflación, 261, 275–76, 283
Instituto Nacional de
  Reforma Agraria (INRA),
  32, 58, 159
  Departamento de
    Industrialización del,
    147–50, 300, 353n
Intercambio desigual, 176–77,
  222–30, 232, 237–40
Interés sobre el capital, 67,
  135, 193
  como base del crédito en el
    capitalismo, 198
  y comercio entre países
    socialistas, 223–24, 234–35,
    239
  como deducción del
    plustrabajo, 200
  excluido bajo Sistema
    Presupuestario de
    Financiamiento, 197–201,
    204, 331–32
  *Ver también* Crédito
Internacional Comunista,
  26, 30
Internacionalismo, 55, 182,
  239
  Castro sobre, 38
  Guevara sobre, 222, 229–30,
    232–33, 237–38, 333–34
  y voluntarios cubanos, 16–17,
    20, 24, 35, 71, 158
Inversión, 201–2, 215, 218,
  260, 284, 359n
  en países en vías de
    desarrollo, 181–82, 233
  decisión política, no
    bancaria, 201–2, 211–12
Iraq, 20

Japón, 150
Jruschov, Nikita, 341n

Kampuchea (Camboya), 71
Kolchak, Alexander V., 129-30
Kronstadt, 127

La Cabaña, Fortaleza de, 148
Lange, Oskar, 155
Las Villas, 9, 46
Lassalle, Ferdinand, 364n
Lenin, V.I., 26-27, 30, 88-89, 291, 295
   Guevara, su estudio de, 30, 58, 80-82, 300-301
      sobre ruptura del eslabón más débil del imperialismo, 155, 184
   y Nueva Política Económica (NEP), 104, 121-24, 126-35, 347n
      opción entre NEP "o nada" (1921), 128
      como repliegue táctico, 104, 123-25, 133
   sobre la política como economía concentrada, 347n
   sobre trabajo voluntario, 243-44
Ley del valor, 140, 167-77, 204, 208-9
   en el Cálculo Económico, 134, 178-81, 213, 219
   y comercio internacional, 181, 211, 227-29
      con Democracias Populares, 223-27
   y equilibrio social, 175-77

Ley del valor (*continuación*)
   extinción paulatina de, 171-72, 188
   e intercambio entre sector estatal y sector privado, 177
   Marx sobre (*Capital, El*), 167-70
   como mecanismo regulador, 171
   *Ver también* Oferta y demanda
López, Narciso, 250, 360n
Lumumba, Patricio, 10

Maceo, Antonio, 25, 250, 360n
*Manifiesto Comunista, El* (Carlos Marx, Federico Engels), 85, 163, 344n
*Manual de economía política* (soviético), 14, 188, 273, 293-94
   agricultura, 206-7, 296
   aristocracia obrera, 295
   Cálculo Económico, 297
   "coexistencia pacífica", 239-41
   dictadura del proletariado, 88-90, 99-100
   dinero, 135-38, 180, 330
   emulación, 290-91
   estímulos materiales, 162, 287, 295-97
   intercambio desigual, 239
   "ladrillos soviéticos", 14
   ley del valor, 138-39, 173, 178-82
   métodos y categorías capitalistas, 135-38, 329-30

*Manual de economía política*
(soviético) (*continuación*)
pequeña producción
mercantil, 125
precios, 135, 173, 207
productividad, 162, 207
salarios, 293-94, 296
sistema bancario, 196-97
Stalin, José, 138-39
Martí, José, 25, 76, 250, 360n
Marx, Carlos, y marxismo,
29-30, 58, 79-111, 117-18,
155-56, 232, 282, 284-85,
307, 320, 322
  sobre combinar "guerra
  campesina" y movimiento
  obrero, 126-27
  Guevara, estudios sobre, 30,
  58, 80-88, 300
  sobre intercambio desigual,
  226-29
  sobre ley del valor, 167-71,
  258-59
  sobre transición al
  socialismo y comunismo,
  79-80, 88, 117-18, 134
"Más vale poco y bueno"
  (Lenin, 1923), 88
Masetti, Jorge Ricardo, 47,
  341n
Materialismo histórico, 97
Mecanismos de mercado. *Ver*
  Capitalismo, métodos y
  categorías del
Médicos voluntarios, 71
Medios de producción,
  socialización de, 85, 87, 96,
  117, 167, 184, 198, 209,
  214, 225, 244-45, 278, 282,
  304

Medios de producción,
  socialización de
  (*continuación*)
  limitaciones en papel del
  dinero, banca y ley del
  valor, 172, 183, 193-95
  ajustes a, entre
  trabajadores, 167, 244,
  283, 334-37
  y nueva actitud hacia el
  trabajo, 93-94, 243-53,
  258-59, 276-77, 286-87
  y relaciones de producción,
  183-84, 209
Mella, Julio Antonio, 250,
  360n
Mencheviques, 126
Mercancías, producción de,
  96, 116, 132-33, 167-70,
  181-82
  y pequeña producción
  mercantil, 122, 125, 17
  relaciones monetario-
  mercantiles, 125-26, 138,
  170-72, 180, 183-84, 188-
  89, 193-94, 255, 328-31
  relaciones sociales en la, 79,
  83, 93-94, 182-84, 208-9,
  253-54
  *Ver también* Ley del
  valor; Producción y
  productividad
México, 9, 22, 29
Microbrigadas, *Ver* Trabajo
  voluntario
Micropresas y presas, 68-69
Ministerio de Comercio
  Exterior, 159, 214-15
Ministerio de Comercio
  Interior, 158-59, 214-15

Ministerio de Hacienda, 201–2
Ministerio de Industrias, 58, 70, 140, 152, 154, 158, 248–49, 261, 286, 288
Ministerio del Trabajo, 261–62, 274–75
Moncada, cuartel, 82
Mora, Alberto, 32, 355n
Moscú, discusión con estudiantes en (1964), 140–42
Movimiento 26 de Julio, 10
Mozambique, 71

Naciones Unidas, 24
Namibia, 17
Newton, Isaac, 82
Nicaragua, 35, 71
Normas de trabajo, 54–56, 69, 256, 261–63, 283, 299
  y calidad, 270, 280–81
  como deber social, 270–71, 283–84
  y disciplina laboral, 244, 269–71, 273–76
  como medida de productividad, 283–84
  y primas y castigos, 265, 269, 272–73, 280–83
  y salarios, 159–60, 255–76, 278–82
  y trabajo voluntario, 250–51
*Nuestra Industria: Revista Económica* (del Ministerio de Industrias), 183, 219, 352n, 355n
Nueva Política Económica (NEP), 124–26
  apoyo de contrarrevolución a, 129–32

Nueva Política Económica (NEP) (*continuación*)
  Guevara sobre, 124–25, 134–35, 297, 325
  Lenin sobre, 121–35
  opción entre NEP "o nada" (1921), 128
  como repliegue táctico, 104, 124–25, 133
"Nuevo hombre comunista", 51, 55, 92, 105–6, 113–16, 119, 243

Ocupaciones, clasificación de. *Ver* Salarial, sistema
Ofensiva Revolucionaria (1968), 275, 363n
Oferta y demanda, 67, 151, 173–74, 177, 207–9
  en el capitalismo, 161, 173, 204–5, 208
  en el socialismo, 175–77, 183, 204–6, 214
  *Ver también* Ley del valor
Organización de Estados Americanos, 24, 341n
Organización Internacional del Trabajo (OIT), 293
Oro, reservas de, 191, 197

Pacto de Varsovia, 151
"Papel del dinero, la banca y los precios, El" (Guevara), 154
Partido Comunista de Cuba, 10, 24, 51, 66–67, 69, 73–75, 236
  Primer Congreso (diciembre 1975), 342n
Partido Democrático Constitucional, (Rusia), 129–31

Pasteur, Louis, 82
Pathfinder, editorial, 13–14, 18, 39
*Pensamiento Crítico* (revista), 11
*Pensamiento económico de Ernesto Che Guevara, El* (Tablada, 1987), 12–13
  efuerzos por impedir su publicación, 14–16
Pequeña producción mercantil. *Ver* Mercancías, producción de, pequeña producción mercantil
Peredo, Inti, 291, 365n
"Período Especial" (Cuba, años 90), 17, 36–37
Pioneros, 51
Planificación económica, 163–82, 327–28
  bases para, del capitalismo, 108–9
  y controles, 166
  y eficiencia, medida de la, 116–17
  como ideal a lograr, 174
  y ley del valor, 165
  Marx y Engels sobre, 163
  y mecanismos de mercado, 67, 96, 125–26
  y oferta y demanda, 67, 151, 173–74, 177
  y participación de productores en, 27, 31–33, 161–62, 206
  como primera oportunidad de dominar fuerzas económicas, 86, 163–67
  y racionamiento, 209
  y la sociedad socialista, 91–92, 94–96, 115–16, 164–66, 175–76, 182

Planificación económica (*continuación*)
  y valores morales, 91–96
  *Ver también* Transición al socialismo y comunismo
Plantillas infladas, 75
Playa Girón, invasión norteamericana (1961), 44, 250, 340n
Polonia, 142, 218–20
Precios, 151, 204–9, 232, 255
  bajo Sistema Presupuestario de Financiamiento controles, racionamiento, 172, 208–9
  determinados por políticas, no por valor o costo, 172–77, 181–83, 204–16, 222
  índices de, establecimiento de, 214–16, 332–33
  en el Cálculo Económico, 135, 151, 176, 205, 213–14
  en el capitalismo, 204, 257
  y el intercambio desigual, 223–35, 237–39
  *Manual de economía política* (soviético) sobre, 135, 173, 175, 191, 207
  en el mercado mundial, 176–77, 209–11, 215–16, 222
Prensa Latina, 47, 341n
Producción en serie (en líneas de ensamblaje), 292
Producción y productividad, 83–84, 117, 149, 206, 292–93
  calidad en la, 60–61, 64–65, 67, 69–70, 73–75, 91

Producción y productividad
(*continuación*)
  relaciones sociales en la, 29, 79, 83, 93, 253-54
  social, 28, 87, 117, 208, 225
Proletariado. *Ver* Clase trabajadora
Proudhon, Pierre-Joseph, 198

Ramonet, Ignacio, 17
Rectificación, Proceso de (Cuba), 16-17, 35-37, 53-57, 59-63
  aportes de Guevara al, 16, 33
  como contraofensiva política, 35-36
Reforma agraria, 23, 148, 352n
Renta, 67, 84, 172
República Democrática Alemana, 142
Revolución Cubana, 87, 99-100, 288
  ataques imperialistas norteamericanos contra, 44, 75, 230-31, 236, 340-41n
  condiciones heredadas, 70, 107-8, 152-53
  "Período Especial" (años 90), 17, 36-37
  presiones económicas sobre, y repliegues tácticos, 37-38
  "rebelión contra los dogmas", 82
  Rectificación, Proceso de (1986-principios de los 90), 16-17, 35-37
    aportes de Guevara, 16, 33
    como contraofensiva política, 35

Revolución Cubana
(*continuación*)
  Unión Soviética, ayuda de, 232-37
Revolución Francesa, 27, 86
Revolución Rusa (octubre 1917), 26, 86-87, 108, 184-85, 230, 348-50, 353-54n
  alianza obrero-campesina, 128, 349n
  comienzo de la "nueva conciencia" del hombre (Guevara), 26-28, 86-87
  y Nueva Política Económica (NEP), 121-35
  *Ver también* Agricultura, campesinos; Lenin, V.I.
Robo, en empresas, 54-55, 216-17
Rodríguez Derivet, Arleen, 15-16
Rodríguez, Carlos Rafael, 32, 351n

Saint-Simon, Claude Henri, 198
Salarial, sistema, en Cuba, determinación de salarios, 263-69
  por capacidad técnica y calificaciones adquiridas, 65, 149-50, 263-66, 281
  por complejidad de tarea, 263-64
  por condiciones de trabajo, grado de dificultad, 267
  destajo, lucha contra pago por, 265

Salarial, sistema, en Cuba,
determinación de salarios
(*continuación*)
salario "histórico"
preservado, 260–61, 267–69
Ver también Normas de
trabajo
Salarial, sistema, en Cuba,
pasos en implementación,
256–91
y sistema heredado del
capitalismo, 258, 260–62
primeros años (1962–65),
261–63, 273–74
posterior a 1965, 274–76
Salarial, sistema, en el
capitalismo, 254–58,
273–74
Salarios, 62, 65, 69, 116, 132–
33, 154, 193, 204–5, 281–83
"Salario, precio y ganancia"
(Marx, 1865), 294
Salud pública, hospitales, 11,
35, 71–73, 282–83
Sánchez, Celia, 11
Segunda Internacional, 79–80,
126
Seminario Económico de
Solidaridad Afroasiática
(Argel, 1965), 222–24,
231–33
Sik, Ota, 176
Sindicatos, 262, 269–70, 283,
295
Central de Trabajadores de
Cuba (CTC), 288, 316
y controles económicos,
303, 305
y gestión, 260–61, 267–69
y "salario histórico", 260–61,
267–69

Sistema de Dirección y
Planificación de la
Economía (sistema de
Cálculo Económico usado
en Cuba), 60–61
su aplicación (1975 a
mediados de los 80), 34,
342n
debate público sobre sus
méritos (1963–64), 31–32
como desviación del
socialismo, 298
como "penco cojo" (Castro),
60–63, 66–67
Ver también Rectificación,
Proceso de
Sistema Presupuestario de
Financiamiento, 158–59,
305–6, 323–24, 327
y el Cálculo Económico,
136, 178–82, 187–95,
200–203
eficiencia del, 114–15, 156,
215
equilibrio del sistema en su
conjunto
económico, 114, 173–77,
183, 204–6, 208–10, 211,
214, 256, 332
social, 91–92, 95–96,
102–4, 114–17, 177,
258–59, 324
debate público sobre
(1963–64), 31–33
objetivos del, 58, 113–20,
147–62, 203–4, 218–20
desarrollo y
correcciones del, 33,
56–57, 59, 158–60,
217–20, 319–20

Sistema Presupuestario de Financiamiento objetivos del *(continuación)*
 "una gran empresa", 202
 concepción general para construcción del socialismo, 32, 82–83, 91, 114, 119–20, 154, 288–90
 "arma para la destrucción de las relaciones económicas capitalistas", 178
 participación de trabajadores en el, 75, 92, 160–61, 206, 248–49, 286–92, 305, 310, 336–37, 344n
 *Ver también* Conciencia, transformación de; Rectificación, Proceso de
Sistema Presupuestario de Financiamiento, componentes del. *Ver* Bancos y sistema bancario; Centralización; Contabilidad; Controles y supervisión; Cuadros, política de; Empresas estatales; Estímulos materiales; Estímulos morales; Planificación económica; Precios; Producción y productividad; Salarial, sistema; Trabajo voluntario
"Sistema Presupuestario de Financiamiento, Sobre el" (Guevara, 1964), 108, 121–24, 178–82, 212–16

*Smena Vej*, 129–31
"Sobre la concepción del valor" (Guevara, 1963), 183–85
*Socialismo y el hombre en Cuba, El*, (Guevara, 1965), 344n
Socialismo. *Ver* Transición al socialismo y comunismo
*Some Thoughts of the Interests of England* (1697), 197
Stalin, José, 138, 155, 195–96
Sudáfrica, 17, 35
Sujánov, N.N., 126

Tablada, Carlos, 11–15, 58
 Fidel Castro sobre, 25
Técnicos, 70–71, 74, 251
 escasez de, 44, 107, 310
 *Manual de economía política* (soviético) sobre, 296
 salarios y castigos, 272–73, 281–82
Tercera Guerra Mundial, primeras salvas, 20
Tesis de Abril (Lenin, 1917), 126
"Tesis sobre Feuerbach" (Marx, 1845), 163
Trabajo voluntario, 16, 31, 243–51
 Castro sobre, 34–35, 54
 certificados de, 249
 Guevara sobre, 54, 243–51
 como "escuela de conciencia", 246
 y "nuevo hombre comunista", 246
 Lenin sobre, 243–44
 y microbrigadas, 61
 y motivación interna, 248–49

Trabajo voluntario
(*continuación*)
y normas de trabajo, 251
participación en,
  de Guevara, 247
  de administradores, 246–47
  de trabajadores, 244–49
supervisión de, 246, 249–50
visión de burócratas sobre, 54
*Ver también* Emulación
Transición al socialismo y comunismo, 26, 31, 82–83, 87–89, 100–101, 103–14, 174–75, 184–85, 244, 246, 305
  y el "cieno" arrastrado del capitalismo, 20, 33, 92–93, 96
  y dinero y banca, 187–204
  división del trabajo bajo, 94, 216, 222, 233, 238, 333
  eficiencia económica y, 92, 102–4
  y ley del valor, 171
  Marx y Engels sobre, 79–80, 88, 106, 117, 134, 184
  y nivel cultural, 127, 181
  y "nuevo hombre comunista", 51–52, 55, 81, 92, 103, 106, 113–14, 243
  producción y creciente conciencia en la, 117, 134, 171, 182
  y relaciones mercantiles en la, 182, 188
  y revolución internacional, 126, 128–29

Transición al socialismo y comunismo (*continuación*)
  riqueza no es el único objetivo, 26–27, 29, 59, 65, 93–94, 115–17, 119–20, 243
  "no es una sociedad de beneficencia", 28, 117
  y trabajo, como necesidad interior, 94, 243–45, 259–60, 286
  y valores morales, 91–92, 181
  *Ver también* Sistema Presupuestario de Financiamiento

Unión de Escritores y Artistas de Cuba (UNEAC), 12
Unión de Jóvenes Comunistas, 69
Unión Soviética, 14, 21, 32–37, 88–90, 139–42, 157, 196–97, 239–40, 293, 297, 340–41n
  y "coexistencia pacífica", 240
  y comercio con Cuba, 17, 222, 230–39
  divisiones sociales en, 138
  Guevara sobre, 21, 89–90, 110–11, 124–25, 134–35, 138, 155, 191, 239–40, 321–22, 325–26, 333–34
    estudiantes en Moscú, discusión con, 140–42
  Partido Comunista, congresos del, 137–39
    Fidel Castro, y, 139
  sistema bancario, 200–1
Ustriálov, N.V., 130–31

Valores morales,
 Castro sobre, 17–18, 57,
  285–86
 Guevara sobre, 91, 164, 181,
  223–24, 238–39, 248–49,
  259–60, 271, 311–12, 322
 *Ver también* Estímulos
  morales

Vaticano, jerarquía del, 89
Vietnam, 71, 99, 240
Vilaseca, Salvador, 353n
Vivienda, 35, 54–55, 61–62,
 72, 172, 279–80
Voluntarismo, 106–7, 253

Yugoslavia, 20, 141–42, 150–52

# TAMBIÉN
# DE ERNESTO CHE GUEVARA

### Episodes of the Cuban Revolutionary War, 1956–58
*(Pasajes de la guerra revolucionaria cubana, 1956–58)*

Un relato de primera mano sobre los sucesos políticos y campañas militares en Cuba que llevaron a la insurrección popular de enero de 1959 que derrocó a la dictadura de Batista. Con claridad y sentido del humor, Guevara describe su propia formación política y explica cómo la lucha transformó a los hombres y mujeres del Ejército Rebelde y del Movimiento 26 de Julio, dando paso a la primera revolución socialista en América. En inglés. US$23

### Che Guevara, Cuba y el camino al socialismo
ERNESTO CHE GUEVARA
CARLOS RAFAEL RODRÍGUEZ
CARLOS TABLADA, MARY-ALICE WATERS
STEVE CLARK, JACK BARNES

Intercambios de los primeros años de la Revolución Cubana y actuales sobre las perspectivas políticas que Che Guevara reivindicó al ayudar a dirigir al pueblo trabajador a impulsar la transformación de las relaciones económicas y sociales en Cuba. En *Nueva Internacional* no. 2. US$14. También en inglés.

### Che Guevara habla a la juventud
Guevara desafía a los jóvenes de Cuba y del mundo a que trabajen. A que sean disciplinados. A que se sumen a la vanguardia de luchas tanto pequeñas como grandes. A que se conviertan en seres humanos diferentes al luchar junto a trabajadores de todas las tierras para transformar el mundo. US$12. También en inglés y griego.

# La revolución norteamericana que viene

## Cuba y la revolución norteamericana que viene
**JACK BARNES**

Sobre el ejemplo ofrecido por el pueblo cubano: que una revolución socialista no solo es necesaria sino también es posible. Sobre las luchas del pueblo trabajador en Estados Unidos, donde hoy los gobernantes descartan las capacidades revolucionarias de los trabajadores tan erradamente como descartaron las del pueblo cubano. US$10. También en inglés, francés y persa.

## Ya superamos el punto más bajo de la resistencia del pueblo trabajador
*El Partido Socialista de los Trabajadores mira hacia adelante*
**JACK BARNES**
**MARY-ALICE WATERS**
**STEVE CLARK**

El orden global impuesto por Washington tras su victoria en la II Guerra Mundial se está desmoronando. Se acabó el largo repliegue de la clase obrera y los sindicatos. Los patrones y su gobierno aumentan sus ataques a nuestros salarios, condiciones y derechos constitucionales. Las oportunidades para forjar un partido obrero capaz de dirigir una lucha que ponga fin al dominio capitalista están creciendo. US$10. También en inglés, francés y griego.

**PATHFINDERPRESS.COM**

# MÁS LECTURA

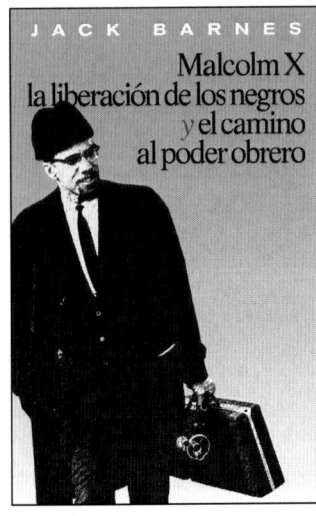

## Malcolm X, la liberación de los negros y el camino al poder obrero
JACK BARNES

"El poder estatal conquistado por una vanguardia consciente de la clase trabajadora es el arma más poderosa posible en la lucha contra la opresión de los negros, la subyugación de la mujer, el odio a los judíos y toda forma de degradación humana heredada de la sociedad de clases". US$20. También en inglés, francés, persa, árabe y griego.

## El viraje a la industria
Forjando un partido proletario
JACK BARNES

Un libro sobre el programa, la composición y la conducta proletaria del único tipo de partido digno de llamarse revolucionario en la época imperialista. Sobre la construcción de dicho partido en Estados Unidos y otros países capitalistas. US$15. También en inglés, francés, persa y griego.

## Los tribunos del pueblo y los sindicatos
CARLOS MARX
V.I. LENIN, LEÓN TROTSKY
FARRELL DOBBS, JACK BARNES

Un tribuno del pueblo utiliza cada manifestación de opresión capitalista para explicar por qué los trabajadores, en las batallas de clases, romperán con los partidos patronales, organizarán una lucha revolucionaria por el poder estatal y sentarán las bases para un mundo socialista de solidaridad humana. US$12. También en inglés, francés, persa y griego.

# DIRECCIÓN PROLETARIA Y LA REVOLUCIÓN SOCIALISTA

*¡Nuevo!*
### La revolución y el camino a la paz en Colombia
El ejemplo de la Revolución Cubana
FIDEL CASTRO

"Ningún crimen puede ser cometido en nombre de la revolución", afirma Fidel Castro, destacando el ejemplo sentado por el pueblo trabajador de Cuba al tomar el poder estatal de manos de los gobernantes capitalistas. En 2008, como parte del esfuerzo por poner fin a seis décadas de conflicto armado en Colombia, él compartió esta experiencia con las Fuerzas Armadas Revolucionarias de Colombia (FARC) y con el mundo. US$10. También en inglés.

### El socialismo y el hombre en Cuba
ERNESTO CHE GUEVARA, FIDEL CASTRO

"El hombre realmente alcanza su plena condición humana cuando produce sin la compulsión de la necesidad física de venderse como mercancía".
—*Ernesto Che Guevara*, 1965. US$10. También en inglés, francés, persa y griego.

### La última lucha de Lenin
Discursos y escritos, 1922–23
V.I. LENIN

En 1922 y 1923, V.I. Lenin, dirigente central de la primera revolución socialista, libró su última batalla política, la cual se perdió tras su muerte. Era una lucha para decidir si esa revolución y el movimiento comunista internacional mantendrían el curso proletario que había llevado al poder a los trabajadores y campesinos en Rusia en 1917. US$17. También en inglés, persa y griego.

**PATHFINDERPRESS.COM**

# LA CLASE TRABAJADORA Y LA LUCHA CONTRA EL ODIO ANTIJUDÍO

## La lucha contra el odio antijudío y los pogromos en la época imperialista
Lo que está en juego para la clase trabajadora internacional

V.I. LENIN, LEÓN TROTSKY
FARRELL DOBBS, JAMES P. CANNON
JACK BARNES, DAVE PRINCE

El odio antijudío y los pogromos —como el que realizó Hamás el 7 de octubre de 2023— ya son parte de las permanentes convulsiones y guerras de la época imperialista. Los autores explican la necesidad de que la clase trabajadora y las naciones oprimidas del mundo combatan el odio antijudío. *Y qué hacer para ponerle fin.* US$10. También en inglés, francés y griego.

## La marcha del imperialismo hacia el fascismo y la guerra
JACK BARNES

"Habrá nuevos Hitlers, nuevos Mussolinis. Eso es inevitable. Lo que no es inevitable es que triunfen. La vanguardia obrera organizará a nuestra clase para combatir el terrible precio que nos hacen pagar los patrones por la crisis capitalista. El futuro de la humanidad se decidirá en la contienda entre estas dos fuerzas enemigas de clase". En *Nueva Internacional* no. 4. US$14. También en inglés, francés, persa y griego.

## La cuestión judía
Una interpretación marxista
ABRAM LEON

La batalla contra las fuerzas reaccionarias que buscan exterminar a los judíos sigue siendo crucial en la política mundial, como lo demostró el pogromo genocida en octubre de 2023 en Israel. ¿Por qué sigue resurgiendo el odio antijudío? ¿Cuáles son sus raíces de clase? ¿Por qué, como explica Abram Leon, no hay solución "independientemente de la revolución proletaria mundial"? Con una traducción revisada, nueva introducción y 40 páginas de ilustraciones y mapas. US$17. También en inglés, francés y griego.

# MISIONES INTERNACIONALISTAS DE CUBA EN EL MUNDO

### De la sierra del Escambray al Congo
En la vorágine de la Revolución Cubana
VÍCTOR DREKE

Dreke, segundo al mando de la columna internacionalista dirigida por Che Guevara en el Congo en 1965, describe el júbilo creativo con que el pueblo trabajador ha defendido su trayectoria revolucionaria: desde la sierra del Escambray hasta África y más allá. US$15. También en inglés.

### Junto a Che Guevara
HARRY VILLEGAS ("POMBO")

En dos entrevistas Villegas habla sobre luchas en las que participó a lo largo de cuatro décadas, incluyendo la misión internacionalista de 16 años en Angola que derrotó al ejército sudafricano. Describe sus experiencias luchando junto a las fuerzas antiimperialistas en el Congo en 1965, en la columna de Guevara durante la guerra revolucionaria cubana y cuando ayudó a fundar la primera escuela militar en Cuba revolucionaria. US$5. También en inglés.

### Cuba y Angola
Luchando por la libertad de África y la nuestra
FIDEL CASTRO, RAÚL CASTRO, NELSON MANDELA

En marzo de 1988 el régimen sudafricano del apartheid sufrió una derrota aplastante a manos de combatientes cubanos, angolanos y namibios en Angola. Aquí, dirigentes y protagonistas relatan la historia de la misión internacionalista, que también fortaleció a la Revolución Cubana. US$12. También en inglés.

**PATHFINDERPRESS.COM**

# TAMBIÉN DE PATHFINDER

## Los cañonazos iniciales de la Tercera Guerra Mundial: El ataque de Washington contra Iraq
JACK BARNES

La mortífera agresión contra Iraq en 1990–91 anunció crecientes conflictos entre las potencias imperialistas, una mayor inestabilidad del capitalismo y más guerras. También incluye:

**1945: Cuando las tropas norteamericanas dijeron '¡No!'**
por Mary-Alice Waters

**Lecciones de la guerra Irán-Iraq**
por Samad Sharif

En *Nueva Internacional* no. 1. US$14. También en inglés, francés y persa.

## Ha comenzado el invierno largo y caliente del capitalismo
JACK BARNES

Explica que la crisis capitalista global de hoy es la etapa inicial de décadas de convulsiones económicas, financieras y sociales y de batallas de clases. Los trabajadores con conciencia de clase necesitamos trazar un curso revolucionario para afrontar esta coyuntura histórica del imperialismo. En *Nueva Internacional* no. 6. US$14. También en inglés, francés, persa, árabe y griego.

## El imperialismo norteamericano ha perdido la Guerra Fría
JACK BARNES

El colapso de los regímenes en la URSS y Europa Oriental, que falsamente se autodenominaban comunistas, no significó la derrota de los trabajadores y agricultores en esos países. En los actuales conflictos y guerras capitalistas, ellos se han sumado a trabajadores en otras partes del mundo en la lucha contra la explotación. En *Nueva Internacional* no. 5. US$14. También en inglés, francés, persa y griego.

# DEFENSA DE LAS LIBERTADES CONSTITUCIONALES

*Bajo la constitución, "el poder de censura está en manos del pueblo frente al gobierno y no del gobierno frente al pueblo".*
—James Madison, *1794*

### 50 años de operaciones encubiertas en EE.UU.
La policía política de Washington y la clase obrera norteamericana

LARRY SEIGLE, FARRELL DOBBS
STEVE CLARK

Cómo los trabajadores con conciencia de clase han luchado contra los intentos de expandir el "estado de seguridad nacional" que es esencial para mantener el dominio capitalista. US$10. También en inglés y persa.

### FBI on Trial
The Victory in the Socialist Workers Party Suit Against Government Spying

*(El juicio contra el FBI: La victoria en la demanda judicial del Partido Socialista de los Trabajadores contra el espionaje del gobierno)*

MARGARET JAYKO

Relata la victoria histórica en la lucha por los derechos políticos. Incluye el texto del fallo de 1986 de la corte federal contra el espionaje del gobierno y fragmentos del testimonio de dirigentes del PST Farrell Dobbs y Jack Barnes en el juicio. En inglés. US$17

### El socialismo en el banquillo de los acusados
Testimonio en el juicio por sedición en Minneapolis

JAMES P. CANNON

El programa revolucionario de la clase trabajadora, presentado en una corte federal en respuesta a cargos fabricados de "conspiración sediciosa", en vísperas del ingreso de Washington a la Segunda Guerra Mundial. Los acusados eran dirigentes del movimiento obrero en Minneapolis y del Partido Socialista de los Trabajadores. US$15. También en inglés, francés y persa.

**PATHFINDERPRESS.COM**

# PROGRAMA Y CONTINUIDAD COMUNISTA

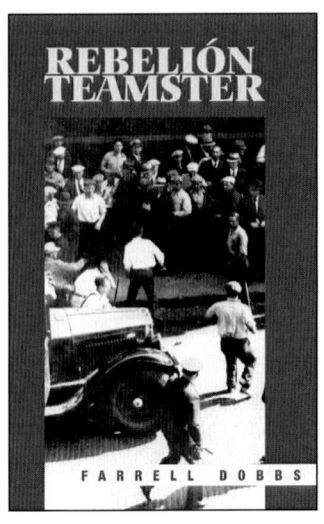

### Rebelión Teamster
FARRELL DOBBS

Sobre las huelgas de 1934 que lograron la sindicalización de camioneros y trabajadores de depósitos en Minneapolis y allanaron el camino para el movimiento social obrero que forjó los sindicatos industriales. El primero de cuatro tomos narrados por un dirigente central de estas batallas. US$16. También en inglés, francés, persa y griego.

### Su Trotsky y el nuestro
JACK BARNES

Para dirigir a la clase trabajadora en una revolución, se requiere un partido proletario de masas cuyos cuadros desde mucho antes han asimilado un programa comunista, son proletarios en su vida y su trabajo, derivan una profunda satisfacción de su actividad política y han desarrollado un agudo sentido de lo próximo que toca hacer. US$12. También en inglés, francés y persa.

### ¿Son ricos porque son inteligentes?
Clase, privilegio y aprendizaje en el capitalismo
JACK BARNES

En las batallas que nos impondrán los capitalistas, los trabajadores empezaremos a transformar nuestras actitudes hacia la vida y el trabajo y entre nosotros. Descubriremos nuestro valor, negado por los gobernantes y las clases medias altas que insisten en que ellos son ricos porque son inteligentes. Al luchar aprenderemos lo que la clase trabajadora es capaz de ser. US$10. También en inglés, francés, persa y árabe.

## The Transitional Program for Socialist Revolution

*(El programa de transición para la revolución socialista)*

LEÓN TROTSKY

El programa del Partido Socialista de los Trabajadores, redactado por el dirigente bolchevique León Trotsky en 1938 sigue guiando al PST y a comunistas por todo el mundo. El partido "combate intransigentemente a todas las agrupaciones políticas que están atadas a las faldas de la burguesía. Su tarea: la abolición del dominio capitalista. Su objetivo: el socialismo. Su método: la revolución proletaria". En inglés y persa. US$17

## En defensa del marxismo

Contra la oposición pequeñoburguesa en el Partido Socialista de los Trabajadores

LEÓN TROTSKY

Una repuesta a aquellos en el movimiento obrero revolucionario a fines de los años 30 que claudicaron ante el patriotismo burgués cuando Washington se aprestaba a ingresar a la Segunda Guerra Mundial. Trotsky explica que solo un partido que luche por integrar a trabajadores a sus filas y dirección puede mantener un rumbo comunista. Trotsky defiende las bases materialistas y dialécticas del marxismo. US$17. También en inglés, francés y persa.

## El desorden mundial del capitalismo

Política obrera al milenio

JACK BARNES

La devastación social y las crisis financieras, el carácter más tosco de la política, la brutalidad policiaca y los actos de agresión imperialista que crecen a nuestro alrededor: todos son productos, no de un mal funcionamiento del capitalismo, sino de su funcionamiento normal y reglamentado. Sin embargo, el futuro puede ser cambiado a través de la lucha unida de trabajadores y agricultores conscientes de su capacidad de transformar el mundo. US$20. También en inglés y francés.

**PATHFINDERPRESS.COM**

# AMPLÍE SU BIBLIOTECA REVOLUCIONARIA

*¡Nueva edición ampliada!*
### Los cosméticos, la moda y la explotación de la mujer
MARY-ALICE WATERS
JOSEPH HANSEN, EVELYN REED

"Las normas de belleza y moda son inseparables de la lucha de clases" es el nuevo capítulo inicial de esta oportuna edición ampliada sobre un animado debate en los años 50 en el *Militant*, un semanario socialista. Cómo los monopolios de cosméticos y moda sacan ganancias aprovechando las inseguridades sociales de las mujeres y los adolescentes. Por qué la integración de las mujeres a la fuerza laboral y a los sindicatos es un avance importante en la lucha por su emancipación. Un clásico del marxismo sobre el origen de la opresión de la mujer y el camino a seguir para la clase trabajadora. US$15. También en inglés, francés, persa y griego.

### El Manifiesto Comunista
CARLOS MARX Y FEDERICO ENGELS

El comunismo, según explican los dirigentes fundadores del movimiento obrero revolucionario, no es un conjunto de ideas o "principios" preconcebidos, sino el camino de la clase obrera hacia el poder. Surge de un "movimiento que se desarrolla ante nuestros ojos". US$5. También en inglés, francés, persa y árabe.

### El capital
CARLOS MARX

Marx explica cómo funciona el sistema capitalista y cómo produce las contradicciones irresolubles que engendran la lucha de clases. Demuestra la inevitabilidad de la lucha revolucionaria para crear una sociedad gobernada por primera vez por la mayoría productora: la clase trabajadora. Tres tomos: tomo 1, US$30 / tomo 2, US$16 / tomo 3, US$20. También en inglés. Tomo 1 está disponible además en francés.

## El trabajo, la naturaleza y la evolución de la humanidad
La visión larga de la historia
FEDERICO ENGELS, CARLOS MARX
GEORGE NOVACK
MARY-ALICE WATERS

Sin comprender cómo el trabajo social transforma la naturaleza, cómo ha sido la fuerza motriz de la evolución de la humanidad a lo largo de milenios, no podremos ver más allá de la explotación de clase de la época capitalista que deforma cada aspecto de las relaciones, las ideas y los valores humanos. US$12. También en inglés y francés.

## Las mujeres en Cuba: Haciendo una revolución dentro de la revolución
VILMA ESPÍN, ASELA DE LOS SANTOS, YOLANDA FERRER

La integración de las mujeres a las filas y a la dirección de la Revolución Cubana fue parte inseparable del curso proletario dirigido por Fidel Castro desde el principio. Esta es la historia de esta revolución y cómo transformó a las mujeres y hombres que la hicieron. US$17. También en inglés, persa y griego.

Libros de Pathfinder **en formato e-book** para personas no videntes, de baja visión o con otros retos para leer libros impresos.

Para obtener una lista de estos libros visite:
pathfinderpress.com/collection/books-for-the-blind.

Para inscribirse, visite bookshare.org.

**PATHFINDERPRESS.COM**

# PATHFINDER POR EL MUNDO

**ESTADOS UNIDOS**
(y América Latina, el Caribe y el este de Asia)
> Pathfinder Books, 306 W. 37th St., 13th Floor
> New York, NY 10018

**CANADÁ**
> Pathfinder Books, 7107 St. Denis, Suite 204
> Montreal, QC H2S 2S5

**REINO UNIDO**
(y Europa, África, el Medio Oriente y el sur de Asia)
> Pathfinder Books, 5 Norman Rd.
> Seven Sisters, London N15 4ND

**AUSTRALIA**
(y Nueva Zelanda, el sureste de Asia y Oceanía)
> Pathfinder Books, Suite 2, First floor, 275 George St.
> Liverpool, Sydney, NSW 2170
> Dirección Postal: P.O. Box 73, Campsie, NSW 2194

## ¡AMPLÍE SU BIBLIOTECA!
## ÚNASE AL CLUB DE LECTORES DE PATHFINDER

### $10 POR AÑO
### 25% DESCUENTO PARA TODOS LOS TÍTULOS
### 30% DESCUENTO PARA LOS LIBROS DEL MES

Válido en pathfinderpress.com y los centros locales de libros Pathfinder

Visite: pathfinderpress.com/
products/pathfinder-readers-club